tunc memoriæ mandauerat, tibique adhuc infanti Historiam Cæsarum ex xvj. Poetis inscripserat, ac postea sacri baptismatis tui diem solemnem annotauerat. Eo igitur iàm vita functo, hoc postremum ipsius opusculum sub sacris tuæ maiestatis auspicijs in lucem emittit, tibique gratum & acceptum fore sperat,

MAIESTATIS TVÆ,

Eleemosynarius, & apud Deum Opt. Max. deprecator assiduus

IO. BAP. MA. SSONVS.

PRIVILEGE DV ROY.

PAr grace & priuilege du Roy, il est permis à M. Iean le Masson Aumosnier ordinaire de sa M* de faire imprimer par tel Imprimeur & Libraire que bon luy semblera, vn liure de feu Papirius le Masson son frere, intitulé, *Descriptio fluminum Galliæ quæ Francia est*, pendant le temps & terme de six ans, sans qu'aucuns autres Libraires ou Imprimeurs le puissent imprimer ou vendre, ny traduire ou faire traduire en François durant ledit temps sinon ledict le Masson ou celuy ou ceux qu'il aura commis à cest effect, sur les peines contenues audit priuilege, donné à Paris le 27. iour de Iuin, l'an 1618.   Ainsi signé.

Par le Roy en son Conseil.

THIBAVT.

LE susdict Iean le Masson a consenty, & permis, que Iacques Quesnel Marchand Libraire en l'Vniuersité de Paris, imprime & vende ledit liure en Latin durant le temps & terme de six ans mentionné par le priuilege, duquel il luy a fait transport ce sixiesme iour d'Aoust 1618.

I. LE MASSON.

DESCRIPTIO FLVMINVM GALLIÆ, QVA FRANCIA EST.

PAPIRII MASSONI OPERA.

Nunc primùm in lucem edita, Christianissimoque Regi dicata.

PARISIIS,
IACOBVM QVESNEL,
Iacobea, sub intersignio
Columbarum.

cIↃ IↃ XVIII.
Cum Priuilegio Regis.

LVDOVICO XIII.
FRANCIÆ ET NAVARRÆ
REGI CHRISTIANISSIMO.

MVLTORVM annorum labores Papirij Massoni quondam fratris mei Majestati tuæ supplex offero (Rex Christianissime) Descriptionem scilicet Regiorum Galliæ Fluminum, quæ tamquam venæ in hominis corpore regnum tuum irrigant, fertilissimumque ac ditissimum reddunt. Quemadmodum enim Reges priuatis hominibus & subditis suis eminent, sic illa Franciæ flumina quæ in hoc libro describuntur, cæteris omnibus antecellunt. In ea etiam descriptione res quamplurimæ ad antiquitatem & historiam pertinentes referuntur ab Auctore, qui inter alios regni subditos, de natali tuo plurimum gaudens, Deóque immortales laudes agens, eum

LECTORI.

SCias, Lector, hæc verba, *Papirij Massoni descriptio Franciæ per Flumina*, quæ in singularum huius libri paginarum superscriptione reperiuntur, à Typographo inconsultè apposita fuisse.

REGVLAE
GENERALES
DE FLVVIIS.

ALIQVOT generales Regulas huic Operi necessarias initio inserere placet, ne legentium oculi fallantur.

I.

Fluuij Regales ij soli dicuntur, qui nomen suum nunquam mutant, nec alijs permiscentur; sed mare rectà petunt, siue Oceanum, siue Mediterraneum.

II.

Constat Galliam abundare fluminibus, quia cœlo humido vtitur; & ne nostris quidem imbribus caret. Seneca Philosophus III. natural. quæst.

III.

Fluuius, qui nec maiorem aquarum

copiam trahit, neque minorem quàm opus sit ferendus mercimonijs, in optimo statu esse existimatur, cumq; nec minus nec plus aquæ habet quàm expedit, videtur mercatoribus satis placere.

IIII.

Minorum amnium vocabula maior amnis absorbet. Cassiodorus lib.x. Variarum.

V.

Carolus Magnus à Theodulpho Aurelianensi Episcopo dicitur imperasse fluminibus, quæ sequuntur.

Cui parent Vvallis, Rhodanus, Mosa, Rhenus, & Anas,
Sequana, Vvisargis, Vvarda, Garumna, Padus.
Rura, Mosella, Liger, Vvlturnus, Matrona, Lædus,
Hister, Atax, Gabalus, Olitis, Albis, Arar.
Et paucis interpositis, addit, de vrbibus loquens.

Quas Arar,& Vvarda, Rhodanus
quas abluit acer,
Ælauris,siue his connumerandus
Atax.

VI.

Omnia autem Galliæ flumina aut in alia fluunt, aut in mare Oceanum, aut in Mediterraneum labuntur. Et præclarè Plautus in Pœnulo, Actu III. *ait,*
Viã qui nescit quâ deueniat in mare,
Eum oportet amnem quęrere comitem sibi.

VII.

Sidonius Epistola 5. *lib.* 1. *ad Heronium scripta, post abeundi facultatem ab amicis, qui Rhodanisiæ, idest Lugduni erant, & qui itum reditumque felicem certantibus votis ab Italia comprecabantur, adijcit:* Sic Alpium iugis appropinquatum, quarum mihi citùs & facilis ascensus, & inter vtrinque tetrentis latera prærupti cauatis in callem niuibus itinera mollita. Fluuiorum quoque, si qui non nauigabiles, vada commoda, vel certè peruij pontes, quos antiquitas à fundamentis ad vsque aggerem calcabili silice constratum cripticis arcubus fornicauit. *Hæc de pontibus præfati, addimus & hunc Cæsaris locum ex Lib.* v. Galli, *inquit*, vitandi æstus causa, plerumque siluarum ac fluuium petunt propinquitates, ac domicilia sua sylua circumdari cupiunt.

DESCRIPTIO FLVMINVM GALLIAE, QVA FRANCIA EST.

LVMINA Galliæ, quā FRANCIA est, non quidem omnia, sed quatuor duntaxat, alumni eius Regia appellant, Rhodanum, Ligerim, Garumnam, & Sequanam: quæ flumina in finibus Regni oriū́tur, dempto primo, & sunt nauigabilia, maximásque & incolis & externis vtilitates commodáque affe-

A

runt. Idcirco autem Regia vocant, quia si comparentur cum aliis quæ in hoc regno penè sunt innumera, regij nominis & dignitatis esse iudicabuntur. Vt enim Reges priuatis hominibus & subditis suis eminent, ita hæc quatuor flumina cæteris omnibus antecellunt, ac labuntur in Oceanum Liger, Garumna, & Sequana, solus ex his Rhodanus in Mediterraneum mare funditur: Id quidem à meridie Galliam claudit, Oceanus à Septentrionibus, & Solis occasu.

per flumina.

LIGER.

LIGERIS clari amnis, vt *Loyri Riuiere,* Plinius in naturali Historia vocat, longior est cursus quàm omnium fluuiorum Europæ, si Danubium exceperis. In Vellau- *Vellay,* nis autem, Aquitaniæ primæ populis, oritur: quæ regio nunc Vellania dicitur, vltra tres montes Heluiis contigua; *Mesincum*, *Alambrain*, *Mesinc.* *Clergeacium*, qui sunt intra fines Vel- *Lambre. Clergeat.* launorum gentis. Eorum altitudine tegitur *Gerbarium Jugum*, à postre- *Gerbier de* mo non amplius distans, quàm *Iong.* mille passibus. Pone enim est instar mergitis figuratum, ferméque nudatum herbis: propterea aspectu longè deformius. Sola enim saxa & rupes ferè ostendit, & ab *Auicio* **Le Pvy.**

A ij

Pap. Mass. descriptio Franciæ

LIGER.] Vellaunorum præclara vrbe dissitum est leucis sex longioribus: singulæ enim excurrunt in quatuor passuum millia. Inde ortus per mediam Galliam planicie & bonitate agrorum fœlix, longissimo cursu in Armoricum Oceanum seu Britannicum euoluitur. Hoc enim præ cęteris fluminibus gloriari potest longiùs se fluere, nauigarique, & velis aduersum impelli ab ostio vsque

Roanne. Rodumnam, vt nunc loquimur, proximum SEGVSIANIS portum tota Europa celebrem: qui Segusiani, nunc Forenses particulatim à

Feurs. FORO oppido ad Ligerim dicti sunt. Certum autem est eum existimari præcipuum Galliæ fluuium, quod centum sexaginta leucas nauigationis habeat; cùm cæteri amnes vix dimidium tanti spatij obtineant. Accedit alia quoque ratio, quòd Galliam ipsam diuidit in duas

per flumina.

partes penè æquales: quæ laus illi so- LIGER.
li debetur. Rodumnenses quidem
nauicularij, seu Rodunenses nauigationem Ligeris Aureliam vsque
septuaginta leucis metiri solent. Igitur è Gerbarij iugi radicibus velut
è fonte manans, statim pratum, cui
Ligerulo nomen, irrigat vicinium *Loyret.*
parrochiæ diuæ Eulaliæ, progrediturque ab oriente sole versus meridiem: mox in septentriones, postremò in occidentem fluit. Vna
tantùm leuca à fonte ipso abest *Eu-*
lalia, læuæ rippæ apposita : *Reotor-* *Riotier.*
tium verò tribus, vbi primùm lapideo ponte exiguo iungitur. Nobilis Amberij domina, nupta Caponi
Florentino iuueni, cùm Ligerim se
nascentem super argenteo ponte
traiecisse narraret, auditores in se citò conuertit: tunc illa quod negarent vllum ibi pontem esse, lepidè
iocū interpretata est, vt supposito

A iij

6. *Pap. Mass. descriptio Franciæ*

LIGER.
vnius pedum argenteo poculo se traiecisse diceret sicut fecerat. Ligeris fons surgit inter Mesincum & Stabula, appellaturque Latinè vt diximus, Gallicè *Loyre*, Velaunicè *Leyry*. Ab illo fonte vsque *Auicium* spatium est leucarū quatuor terrestri itinere, decem aqua. Inde *Godetium*

Codet.
petit vbi traiicitur lapideo fornice siue arcu, cui turris superposita cernitur: & non multo spatio interiecto, aquis *Colentiæ* riui etiam

Colence,
ruisseau.
Brive &
Villeneusue.
augetur: mox apud *Briuam* & *Villamnouam* duos ligneos pontes habet. Duobus enim passuum millibus ab Auicio, matre vrbium Vellaunicarum in colle Auicij sita, ab eoque nomen accipiente, & montibus vndique altissimis circumdata, fluit. Cis eam verò duo riui fluunt,

D'Olizon
& Borne
rivieres.
Olizo & *Borna*, qui in Ligerim decurrunt, & ab ostio eius Sulmo marinus piscis delicatissimus contem-

per flumina.

pta Oceani Britannici salsugine as- LIGER.
cendit, dulci aqua illectus; magnoque numero quotannis in Bornam,
& propius fontem inuehitur. Borna duabus leucis ab Auicio surgit, &
tamen ad Aruernos pertinet. Is riuus prope muros Auicij ipsius fluit,
& paruus Olizo excipitur à Borna
iuxta eandem vrbem.

Fluuius Liger decurrit ab Auicio, *Loyre.*
id est prope illam vrbem vna leuca
Francica, & lapideo ponte transitur
sex leucis ab ortu, vt Petrus Vialius
nepos ex sorore ex Auicio mihi Lutetiam rescripsit. Duabus leucis ab
Auicio distat *Volta* non ignobile *La Voulte.*
castellum in aduersa fluminis ripa
positum, quæ secundo amne læua
est. In eadem sinistra ripa *Bassa* op- *Bas.*
pidulum visitur, sed transito amne,
Regio HELVIORVM statim oc- *Vinarais.*
currit, qui Viuarienses nunc appellantur à loco Episcopij, quod apud

A iiij

LIGER.

Monistrol.

Foresiens.

Le pont de S. Rambert.

Lyon.

ALBAM vrbem Sidonio & veteribus celebrem ante euersionem eius olim fuit, non apud *Albenastrum* oppidum, vt quidam ineptè putant, tametsi *Monasterioli* oppiduli templũ, collegium, Flaminũ seu Canonicorum ab Auicij Episcopatu dependens cùm sit in finibus Heluiorum, Vellaunis attribui notissimum sit.

Segusiani autem seu *Forenses* sequuntur in eadem ripa contigui Vellaunis. In his occurrit Diui *Ragneberti* genere Sabaudi pingue Monasterlũ ordinis Benedictini, quod parum quidem abest à ripa fluminis in quo pontem lapideum maiores fieri curârunt: Isque constitutus est in gratiam LVCDVNI Coloniæ Romanæ à Lucio Numatio Planco olim deductæ, & mercatorum à Tholosatibus vicinioribusque & remotioribus populis eò commeá-

per flumina.

tium. Plinij testimonium de Se- LIGER.
gusianis planum est, cùm ait libro
quarto naturalis historiæ, *Segusiani*
liberi, in quorum agro Colonia Lucdu-
num, quos Cæsar ipse clientes Heduorum esse dicit his verbis, *Impe-*
rant Heduis & eorum clientibus Segu-
sianis, libro septimo de bello Gallico. Sequitur Forensium aliud oppidum *Furania,* quod à templo loci
Diui Stephani nomen etiam acce- S. Estienne
pit in radicibus montis à Barbara de Furan.
martyre virgineque dicti. Iuxta id
oppidum assurgūt tres alij montes,
in quibus perpetuo æstuantes flam-
mæ conspiciuntur, vnus eorum
Mina, alter *Viala,* tertius *Buta* ap- Mine, Via-
pellatur. In iis naturalis & lapidei le & Bute.
carbonis fodinæ sunt, tàm commo-
dæ, vt eo pro lignis aut carbonibus
ex eo factis singuli oppidani in focis
suis atque tabernis quotidie vtan-
tur. Ignis ille vehementior arden-

Liger. tiorque eo, qui è ligno fit, deprehenditur. Ex quo carbone artifices calcẽ optimã faciunt. Habent ijdẽ opidani lapidicinas, vnde lapis exscinditur colore cineritio, quo tota regio importato velut ornaméto & decore ædificiorũ vtitur. Quin anno millesimo sexcentesimo quinto excisus est lapis altitudinis stupendæ, prorsusque inusitatæ; vnde solertiâ artificũ, egregia crux in insula, cui *Pratum fori & nundinarum* nomen est, extra murum posita erectaque aspicitur, è regione præcipuę portæ oppidi illius, tota Europa celebris ob artificum industriam copiamque qui ferream supellectilem & arma, bellicaque instrumenta cũdendo fabricant in tabernis & officinis suis, quas Vulcaneas dicere & affirmare licet, ac nefastis diebus vultus, pectora, manusque eorum tãta nigredo ex ferro & carbone contracta

per flumina.

inficit, vt non Forenses, sed Afri & LIGER.
Æthiopes potius appellari posse videantur, septingenti ad minimum
artifices sunt incolæ loci illius siti in
extrema planicie regionis latæ leu- *La plaine*
cas tres, lógæ circiter decem. Cæte- *de Forest.*
rum remedium malo huic est in
promptu & facillimum, scilicet a-
qua *Chanaualetis* modici amnis, sed *Cheneuales*
admodum rapidi, & tamen auriferi; *Riuiere.*
arenas enim habet permixtas granis
aureis, ex auro, inquam puro, putóque: Aqua vero eiusdem amnis in-
dusia & lineam supellectilem ne ad-
hibito quidem sapone, vt fieri assolet, mundicissimam facit. Qui tandem nactus ripam Ligeris, quæ Forensium etiam est, eo excipitur,
cùm oriatur prope *Rupemscissam* ca- *Rochetaillée*
stellum, & *Vallem Benedictam*. Dio- *& Vaube-*
dorus Siculus eximius scriptor ait, *niste.*
Galliam omnem sine argento esse, sed au-
rum ei datum à natura sine arte & sine

LIGER.

12 *Pap. Maff. descriptio Franciæ* labore propter arenas mixtas auro, quas flumina extra ripas diffluentia montesque longo circuitu per montes eijciunt in finitimos agros, quas sciunt lauare & fundere, vnde homines & fœminæ, inquit, solent sibi anulos, zonas, & armillas conficere.

Vesise, Riuiere.

Reuertor ad læuam, in quam *Vesesia* amnis postea influit, qui *Brisonis* municipij partem inferiorem in planitie sitam interluit. Nam altera in monte edito posita est, vnde nomen accepit regiæ iurisdictionis, Prætorium. Municipium enim ipsum integrum *Montembrisonis* incolæ vocant, exitusque Vesesiæ est è regione castelli nobilis à monte rotundo, dicti, sitique in diuersa ripa fluminis. Propè quam etiam est FORVM oppidum, vnde nomen regioni Forensium, qui olim Segusiani erant. Petrus venerabilis Cluniacensium Abbas totam regio-

Bailliage de Forest.

MONT-BRISON:

Feurs.

Loyre.

per flumina. LIGER.

nem Forensium in diœcesi Lucdunensi sitam, *pagum Forensem* appellat. Forinates alij malunt dicere, quod Aruerni, ipsis vicini faciunt. Inscriptio vetus Fori in muro templi visitur, & in lapide subnigro literis cinerei penè coloris positi iuxta viam publicam, ita se habet: eam enim sæpe legi.

NVMINI AVG.
DEO SILVANO
FABRI TIGNVAR.
QVI FORO SEGVS.
CONSISTVNT.
D. S. P. P.

Segusianorum autem præter Plinium meminit Claudius Ptolomeus genere Alexandrinus, idemque insignis Mathematicus.

Ansa, à tribus leucis supra *Sancti Antemij* vicum originem petens, procedit ad pontes lapideos *Vauceteum* & *Imperatum*, mox *Chalanco*- Anse riuie re.

Le pont Imperat.

14 *Pap. Maff. descriptio Franciæ*

LIGER.

nam Vellaunorum, tum *Vianam* pontem, *Ausellas*, denique *Tholinum* & ipsum pontem fertur; ac

Bas.

prope *Bassam* vicum separat Vellaunos ab Aruernis & Forensibus populis, id est Segusianis. In eisdem

S. Bonnet le Chasteau.

Forensibus *S. Boniti castrum*, fonsque ad temperandum Fuxense in Pyreneis ferrum, dulce vt ita dicam ac flexibile, ita tamen vt aciem mirè secantem habeat, vnde maxima copia grandium forcipum fit propter aquæ innatam temperaturam huiusmodi, quia nusquam talis & tam excellens reperiri potest, & chalibs nulli ad eam rem conficiendam vsui est. *Linio* etiam fluuiolus fini-

Lignon, r.

bus Forensium propè parrochias

Noire estable.
S. Didier.
Boen.

Nigri Stabuli & *Sancti Desiderij* iuxta hospitale Rupisfortianum colles primùm adiens; inde *Boencum*, oppidû procerum è nobilitate Leuianæ, tum ad *Boteressiam* ligneum pó-

per flumina.

LIGER.

tem habet quo Montembrisonem itur caput Præfecturæ Forensium, postea altero ponte ligneo tremuloque in Ligerim flumen labitur præcursis antè Bastiæ amœ- *La Bastie.* nissimæ villæ hortis dædalo, & alijs preciosis rebus, maximè autem sacello mirabili quod Claudius Vlphiaci dominus LegatusqueRegius apud Romanum Pontificem, ædificari fecit.

A Foro autem secundùm Ligerim descendere cupienti, *Barbiniacum* *Barbigny.* præter cætera citò occurrit, *Austre-* *S. Austre-* *gesilli* ædes sacra, religione singula- *liege.* ri. Is Aruernorum quódam Episcopus fuit; ab eo vsque ad *Pineum* ve- *Piney.* terem pontem parum abest. Eius stant pilæ quinque firmissimæ, quarum vna larga admodum, crassáque; è durissimo enim lapide ad extrema pontis ipsius è lapidicina deprompta coloris cinericij, tanto ar-

Liger. tificio & solertiâ connexa est, vt nec rectius nec melius cęmento tenacissimo alligari potuerit. Eo loco flumen propter angustias strangulari putes, rupibus vtrinque aquam illius fluminis cogentibus vsque ad
Villereſiū. *Villereſium* quinque leucis distantē; estque Liger toto illo spatio admodum sinuosus, vt facilius vimineis, aliisque piscatorum instrumentis capiantur lampetræ, carpiones, lucij, vmbri, sulmones, alięque pisciū species, qüę sagenam propter angustias vitare nequeunt. A centum retro annis aut circiter tanta inundatio fluminis ▬▬▬ fuit, vt præter illas quinque lapideas pilas, trabes omnes, trigilla, langurię, apparatus motus loco in præceps abierit.
Dé riuiere. Dea amnis in monte Lunę oritur ad sylvam Magdalenes emensus, quæ longè latéque patet, & ad radi-
S. Iuſt en Cheualet. ces oppidi *S. Iuſti*, cui *Caballino* cognomen

Franciæ per flumina.

gnomen est decurrit. In cuius loci prioratu, D. Theobaldi dicto, sepultus est auunculus & Mœcenas meus Philibertus Girinetus Eques Basilicæ Lugdun. Prior dicti oppidi. Inde parrochias *Iurensē* & *S. Marcelli* percurrit, nō procul à castro *Vlphei* Marchionatus titulo insignito, edito admodū colli ædificato, vt ferè è tota Forensiū prouincia conspici possit. Post inter rupes fluens tres lapideos pontes habet, *Morrunium*, alterum *Diuæ Virginis* in Valle situm, & infra dorsum asini tertium, *pontem Magnum dictum*: & supra subiectam vallem situm est *Diui Germani* oppidum valde salubre, quæ Itaca mea est, videlicet patria & natale solum. In eo amne troctarum & cancrorum feraci sunt gurgites aliquot, postea continuato in planicie cursu pratorum faciem lætā alit, & prioratum *Pomeriorum* attingit or-

Iure & S. Marcel. Chasteau d'Vrphé

Pont Morrū Pōt Nostre Dame, grand pont, Sainct Ger: main la Val

Pemieri.

18 *Pap. Mass. descriptio Franciæ*

dinis Benedictini, qui à Nantua Alpino cœnobio dependet. Deinde *Argenteum* amnem, *Aureum*, & *Scutum*, preciosa, vt videtur, nomina, vltrò complectitur, & torrentem *Isablium* suscipit, sæpe noxium, & regioni vicinæ periculosum: impletoque cursu octo leucarum adsummum ab occidéte adoriétem in Ligerim demergitur, quarta parte leucæ à veteribus quinque pilis Pinei pontis. In eundem quoque fluuium cadit *Vso* amnis ab orientali ripa veniens. Prædictæ autem Pilæ adhuc visuntur, & reficiendi eius cura Forensium mentes sollicitat, & viatorum institorumque calamitates, quas patiuntur cùm Liger aut ex aquis pluuiis aut imbribus creuit, primùm apud Linionem fluuiosum natura rapidum, & ligneo tantùm ponte eoque tremulo stratum; deinde in transitu Ligeris extra ripas

Argent.
Or.
Escu.
Isable.
ruisseaux.

Pont de
Piney.

Vs. ruisseaux.

per flumina.

latissimè diffluentis, vt pernoctare, LIGER.
ac biduum, triduumue morari cogantur. Quòd si apud Pineum vbi Liger rupibus praealtis veluti strangulatur, pons qui olim fuit reficiatur vt Rex fieri iussit, architectus ad hunc pontem conficiendum se offert, qui petit sibi dari Francicas libellas tricies mille, quinquies additis, secundùm morem Gallicae regionis, ea lege vt quindecim annorũ spatio vectigalia tributaque accipiat, & ea habiturus sit persolutis fisco quotannis sexcentis tantùm. Altitudo autem cuiuslibet pilae erit quatuordecim pedum, accipiendo tantum à sperone qui hinc & illinc impetum aquae ab imo arcet atque repellit glaciem abrumpens, pontemque ipsum ab his defendit ac tuetur: speronis enim est scindere occurrentes glacies geluquè ponti noxium, vt fulcimen eius & praesi-

B ij

LIGER. dia aduersus vim externam. Spero quoque superior decem pedum erit, podicum sex, inferior longus octo pedes, sex totidem podicum crassus, & solidus, si longitudinem spectes quatuordecim pedum, si latitudinē octo. Pars pilarum earundem, si longitudinem spectare velis, quatuordecim pedes, latitudinis sex habebūt. Vicinior spero quindecim longus, decem tesias largus erit. Inter duos parapetes via seu deambulatio pontis media, erit quindecim aut sedecim pedū, & tertius parapetes octo pedum erit. Pila autem omnium altissima longa erit quatuordecim pedes, sexaginta quinque aperturæ cœli aut aëris. Secunda vero quinquaginta quatuor, tertia triginta nouem, vltima totidem. Massiuum autem siue solidum proderit fornici pontis, cęterisque necessariis ad constructionem re-

Franciæ per flumina.

bus. Nec procul à ripa versus Foren- LIGER
sium regionem est sylua cognomento Bassa regij iuris, vnde materia seu ligna cuiuscumque generis fornici stipe ditabuntur. *Ta-*
ratrum oppidum in militari via qua Tarare.
Lugdunum itur positum est in ra-
dice præexcelsi montis. *Rodumna*
in alia ripa se ostendit, cuius nomen
territorij quoque est. Nam Rodu-
nensium oppida, vici, castella, agri-
que eo cóprehéduntur, ac Rodum-
næ nomen Ptolomeo ipsi cognitum fuit. Non procul abietū copia,
quibus nauiculæ multo leuiores cęteris conficiuntur, vnde accidit vt
remiges viribus suis summa celeritate secundo amne defluant, sic vt
volare potiùs quàm aliud facere videantur, & expediti cursores dimis-
sis equis se se huic fluuio commit-
tunt. Ab eadem Rodumna siue
Radona, vt hodie dicitur, vsque

B iij

22 *Pap. Maff. descripitio Franciæ*

Liger. ad *S. Victorem* compertum est viginti leucas numerari, si aqua & nauigio ire cupias. Quod si ad alteram ripam Ligeris fluuij transieris, quæ
Beauiolois. *Bellijocensem* præfecturam attingit,
Botton. per *Botionem* villam amœnissimam,
Montrond. *Castrum rotundum*, FORVM Segu-
Feurs.
S. Maurice. sianorum, Pineum, Præiectum, *Mauricij pilas*, vbi pons alius etiam fuit, oppidum eiusdem Mauritij, & Villaresium, denique Rodumnam peruenies. Liger autem inter pontem sancti Regnoberti & FORVM
Coyse.
Riuiere. excipit fluuiolum qui *Coisus* dici-
S. Germier. tur, prope Diui *Baldomeri* oppidum in edito colle situm, & in quę decurrit leniter aqua exigui fontis, stupędi tamę effectus, quæ asperitate sua ob mineralia seu sulphureaquę
La Fent fort dã, *fons fortis* vulgo appellatur: primò quia vini supplet penuriam; nã si sextarium sumas vini, effundasque quartã huius aquę partem, existima-

per flumina.

bis minimè fuisse dilutum: scintillas LIGER. autem multiplices emittit, huiusmodique aqua pro potu vtili & frugi quotidie vtutur incolę, vitibus enim carent. Aliud etiam longe mirabilius, si huiusmodi aqua vtaris tepida facta pro pane conficiendo, ex quolibet frumenti alijque generis grano, non secus ac si egregiè fermentato obducta foret, in tumorem se se breui ipsa farinæ congeries attollit. Sed cibis decoquendis minimè inseruit. ignis enim percipiens calorem in vapores & fumos tota resoluitur, ad id alia vtuntur aqua. Maximum autem præstat commodum oppidauis huiusmodi fons, vt Medicorum perrarò indigeant auxilio. *Dunziacum* FOR . vicinum Liger etiam accipit, . *Vernesonem* fluuiolos, nec non alium qui *Nigra vnda* nuncupatur, deditque nomen oppido super ea sito. *Furninum* am-

B iiij

LIGER.

Marsigni les Nonpains.

Charlieu.

nem à Caroliloco fluentem prope Marsigniacum sacrarum virginum ordinis Cluniacensis monasterium præterire non debeo, qui in Ligerim labitur, faciléque ex eo portu vsque ad Carolilocum mercimonia deferuntur, indeque in Ararim ac Lucdunum emporium. Caroli autem locus situs est in valle nigra, hoc enim nomen olim illi fuit, cùm antiquitus proceris arboribus sylua admodum opaca ac densa tegeretur, quibus postea excisis à Bosone Comite Prouinciæ & Caroli Calui penè socio; adeò enim eum diligebat vt ab ipso loco hospitale beati Fortunati, qui nunc Prioratus appellatur exædificari cœptus sit, vbi ad alterum latus chori sub lapide formam crucis habente longitudinis & latitudinis eximiæ Boso conditus iacet. Carolilocus Matisconensis diœceseos est, qui olim Burgun-

Francia per flumina. 25

diæ regionis, subiectus erat Balliuo Sinemurensi, & ab eo ius accipere tenebatur. Tandem sub Lugdunensis vrbis imperio & iure fuit. Soruinus amnis prope muros & septa magnifici prioratus *Sancti Fortunati Rauennatis* decurrit, continuatoque cursu in Ligerim labitur. A Caroli autem loco *Bellamuillam* Bellijocensis agri Arari propinquam pari facilitate deducere, mercimoniaque omnis generis colligere in portu ac deferre in Ararim, reddique Lucduni noti artifices offerunt, si modo tria millia aureorum Gallici generis à fisco acceperint, quod nondum tamen præstitum est. In alia verò ripa oritur fluuiolus qui vulgo de *Renaison* appellatur, vbi generosum vinum crescit, è sylua beatæ Magdalenes in monte sita : decurritque supra vicum id nomen ferens inter *S. Abundum* &

Liger.
Semur.
Soruin.
Riuiere.
Belleuille.
Riuiere de Renaison.
S. Aon.

Liger. Diui Andreæ castrum nobiliss. gentis de Albone, inde ad Prioratum Belliloci Virginum fontis Ebraldi, postea Rodumnam id est in Ligerim. A Rodumna celebri portu Ligeris vsque ad fontem eius triginta aut circiter sunt leucæ, ab eodem Niuerinas longæ, inde Turonum breues, & vsque Nannetas **Le Croisil.** longiores, *Crociciaco* Nannetas quinque, ad Nazarij portum decem esse dicimus. A Nannetibus auerso flumine Rodumnam dextram manum sensim complectendo primùm petit *Rocæforcium*, quod abest leucis quindecim, *Pontes Cei* decem & octo, *Salmurus* triginta, *Condacum*, vbi Martinus Turonum pontifex in parrochia sua decessit, triginta tres, *Turones* quadraginta septem, *Ambasia* quinquaginta tres, *Caluus mons* quinquaginta septem. S. Theobaldi portus octo supra centum, *Ostium* *per flumina.* 27

siue *Becum Elaueris* centum decem & septem. *Briaria* centum quadraginta sex. A Nannetibus *Ingrandiam* vndecim, ad *Bucam Mednaris* decem & septem, ad *Capellam* cognomento *Albam* triginta quatuor, *Blesas* sexaginta duæ, *Balgentiacum* septuaginta duæ, *Magdunum* septuaginta quatuor, *Aureliam* septuaginta nouem, *Castrum nouum* octoginta, *Briariã* nonaginta quatuor, *Giemum* seu *Genabum* nonaginta duæ, *Conadam* centum & duæ, *Charitatem* nouem supra centum, *Niuerinas* seu *Nouiodunum Heduorum*, centum quinquaginta si addiderimus quinque, *Decisam* centum quatuor & viginti, Floriacensis Cœnobij portum centum triginta quinque, *Portũ Igoini* in Burgundia Heduorum centum triginta quinque, Marciniacum in eadem etiam portum, centum quadraginta, Rodumnam

Pap. Mass. descriptio

centum quadraginta sex.

LIGER.

Marsigny les Nonnains. Port de Digoyne Reconse riuiere.

Sequuntur in Burgundica ripa, *Marciniaci* & *Digoini* portus. In illo est sacrarum virginum cœnobium ordinis Cluniacensium: simul exitus *Resconsi* amnis in Ligerim influentis. Post quem locum in conspectu est collis & Castellum *S. Ioannis* in eo positum. Deinde ostium *Arotij* supra *Augustodunum* Heduorum vrbem, celeberrimam Iulij Cæsaris temporibus, summa rapiditate dilapsi, sed nauigationi inutilis propter saxorum obices qui impediunt quominus commodissimè nauigari possit. Quidam Canonicus Augustodunensis mihi retulit eum amnem validissimum, & qui nauiculas ferret singulis annis tres menses, nisi obstarent rupes, & saxa quæ in eo sunt frequentia. Augustodunum appellarunt FLAVIAM à Flauio Constantino, vt Eumenij Panegy-

Aroux. riuiere.

Autun.

Franciæ per flumina.

ricum testem habeo. Cornelius Tacitus libro tertio scribit olim nobilissimam sobolem Galliarum Augustoduni operam dedisse studiis liberalibus. Eiusdem Eumenij in Panegyrico ad V.P. Præsidem Galliæ verba sunt. *Id postulo quod non modò cõtradicendo nemo audeat impedire, sed omnes potiùs quibus diuina Principũ liberalitas, quibus vrbis istius restitutio, quibus optimarum artium celebratio grata atque iucunda est summo gaudio & fauore suscipiant, vt Menianæ illæ scholæ quondam pulcherrimo opere & studiorum frequentia celebres & illustres, iuxta cætera, quæ instaurantur opera ac templa, celebrentur.* Et paulo infra. *Ad hoc vir perfectissime, opus istud reddit illustrius cùm ipsorum Cæsarum tùm etiam omnium hominum aspectu promptius quod præcipuo est loco positum, quasi inter ipsos oculos ciuitatis, inter Appollinis Templum at-*

Liger. que *Capitolium.* Augustodunum in radicibus Cenisiorum montium posita est, irrigaturque à fluuio Arotio. Duo præcipuè templa habet, vnum Nazario dicatum cui Biterrense & Carcassonense templa Episcopalia deseruiunt, ac nuper à Paulo Petauio Senatore Parisiensi de literarum splendore optime merito mihi ostensa est moneta Augustoduni Heduorum argentea sic inscripta, MONETA S. NAZARII. Alterum Templum Heduorum Diui Lazari nomen habet atque Episcopatus sede ornatum. Et

Loyre. quidem Liger amnis circuitum longum facit circa Castellum cui *Borboni Ancio* nomen in Heduorum finibus. Mox oppidum atque insu-

Bourbon l'Ancy.

Dezize. lam *Decisæ* peruenitur, vbi Aredius Episcopus Niuernensis honorificè habetur, septem tantùm leucis ab vrbe Niuernarum. Cuius insulæ sit

per flumina. 31

mentio in Itinerario Antonini aliis- L<small>IGER.</small>
que scriptoribus, ac Decisam dictã
puto quòd à continenti, manibus
atque opera mortalium fuerit deci-
sa: vestigia enim extant in ea parte
quæ ab æde sacra Magdalena dicta
est,& ad Priuati Basilicam extra insulam ducit, quam quidem lapideis
pilis, superpositis languriis & trabi-
bus munitam cõstat. Monasterij de
Discesia in decretalibus epistolis Innocentij tertij mentionem fieri vi- *Loyre.*
deo. Deinde N<small>OVIODVNVM</small> *Neuers.*
Heduorum appositum ripæ, vbi
pons è lapide longissimus est magno transeuntium commodo à maioribus constitutus, ac videtur pro
Nouioduno vrbs illa nomen aliud
sumpsisse, *Niuerinæ* enim numero
multitudinis dicuntur à minoris famæ fluuio qui propè illum pontem
in Ligerim effunditur. *Niueris* ergo
partim à *Rambuico* fonte oritur in fi-

Pap. Mass. descriptio

LIGER.

CELLES.

nibus *Arsiæ* tribus vel parrochiæ, partim ex alio supra Dampetram, fluitque *Cellas* quæ primæ super Niuerim sitæ dicuntur. Hi verò duo riui apud vicum *Guangarinum* confluunt, rectaque ad lapideum pontem *S. Ursi*: vnde progressus amnis muros Niuerinæ vrbis à fluuio Niueri dictæ attingit, ligneoque ponte iungitur, qui est prope lapideum, de quo supra diximus. Et Niuerim quidem ipsum piscosissimum iure dixeris, maximè luciorum, cuius piscis in eo copia est, & pratorum in ripa eius virentium, ac moletrinarum omnis generis.

ALLIER riuiere. O Bec-d'aller.

Duabus autem leucis supra Niueriarum pontem *Elauer* ingreditur in loco cui Becco Elaueris nomé est, quæ vox rostrum auis domesticæ significat, sed pro ostio vel exitu fluminis accipitur. At veriùs Beccus dicitur (veterum Gallorum seu Danorum

Franciæ per Flumina. 33

florum lingua) aquæ cursus in aliū LIGER. fluuium intrans. Liger verò auctus aquis multo plenior ac diffusior apparere incipit. Flaueris autem ortum subiicio qui ad diœcesim *Mimatensem* pertinet, in radi- Mande. cibus *Loseræ* altissimi montis *Gaba-* Losere. *lorum* (quæ regio hodie *Gabalia*) à Geuodana Sidonio celebri scriptore descripti, quem montem vno die superare possis; à Mimate enim abest itinere vnius diei. *Ceuennæ*, quas nominaui- Les Cenon- mus, à monte Albano protendun- nes. tur Viuariū vsque & fluuium Rhodanum per Gothica milliaria, quæ tribus aut quatuor passuum millibus constant, multasque vrbes & vicos continent, regione magna ex parte deserta: *Vceticam* Episco- *Vses* patu insignem, *Borgeranum, Saluitatem, Simenam, S. Saturninum, sanctam Africam, Alesiam, Villamfrancam, Burneachildum, Montem*

C

Pap. Mass. descriptio

LIGER.

Albanum alio Episcopatu nobilem, duabusque à Lāgonio leucis, à *Condresio* vico fluens per fines Vabrincensium, muros *Langiaci* oppidi Aruernorum alluit. Mox apud *Veterem Briuatem* rupibus stringitur,

Vieille Brioude. Pont de Brioude.

arcúque mirabili & fornicato, qué inter Romani operis vestigia merito recensemus. Tum *Issiodorum* preterfluit, amœnissimi situs, vrbem in

Yssoire.

La Limagne d'Auuergne.

planicie Aruernorum, quæ *Limania* Gregorio Turonensi dicitur antiquo scriptori rerum nostrarum, ad quam pertinere puto locum illum Sidonij, qui & Aruernus & nobilis scriptor fuit. Is enim epistola xxi. lib. quarti ad Aprū. *Taceo*, inquit, *Aruernici territorij peculiarē iucunditatem, taceo illud æquor agrorū, in quo sine periculo quæstuosæ fluctuāt in segetibus vndæ: quod industrius quisque quo plʳ frequētat hoc minus naufragat: viatoribus molle, fructuosum aratoribus, venatoribus vo-*

Franciæ per Flumina.

tuptuosum: quod montium cingunt dor- LIGER.
sa pascuis, latera vinetis, terrena villis,
saxosa castellis, opaca lustris, aperta
culturis, concaua fontibus, abrupta fluminibus. Quod denique huiusmodi est,
vt semel visum aduenis, multis patriæ
obliuionem sæpe persuadeat. Taceo Ciuitatem ipsam (Aruernam) tui semper
sic amantissimam, vt soli nobilium con-
tubernio præferre nihil debeas: cui tu
manu injecta fœliciter raptus inserebâ-
re: sicque omnis præsentiæ vestræ volu-
ptas, quod tamen nullum satias cœpit.
Ad quem Sidonij locum plenius in-
telligendũ proderit & ille Saluiani
lib.7.de gubernatione Dei. *Nemini,*
inquit, *dubium est Aquitanos ac No-*
uempopulanos medullam ferè omnium
Galliarum, & vber totius fœcunditatis,
sed quæ præponi interdum fœcunditati
solent, iocunditatis, voluptatis, pulchri-
tudinis: adeo illic omnis admodum re-
gio aut intertexta vineis, aut florulenta

C ij

LIGER.

Bap. Mass: descriptio pratis, aut distincta culturis, aut consita pomis, aut amœnata lucis, aut irrigata fontibus, aut interfusa fluminibus, aut crinita messibus fuit, vt verè possessores ac domini terræ illius non tã soli istius portionem, quàm paradisi imaginem possedisse videantur. Quo quidem loco Saluianus de nouem populis loquitur, quos tamen in sola Pithoei editione, non in Germanica reperio. Dicam ergo de Limania Aruernorum quod Cicero ait de lege Agraria contra Rullum. *Campani semper superbi bonitate agrorum, multitudine fructuum, salubritate aeris, & pulchritudine regionis.* Aruerni sanè ipsi & Lemouices res suas ac negotia procurant, postea si otium est & si volunt, vicinorum; id enim de eis circumfertur.

Les Auuergnats & Lymosins
Fõt leurs affaires, puis celles des voysins.

Interpres verò Sidonij Ioannes

Franciæ per flumina. 37

Sauaro amicus meus in epistola se- LIGER.
cundam libri tertij: Aruernorum,
inquit, flumina sunt *Elauer*, *Alanio*, *Allier,*
Sumara, Dor, Triobria, Iordana, Si- *Alanion,*
Sumare,
nolis, Duranius. Horum Elauer (v- *Dor, Tri-*
bi Issiodorum præterfluit ac GER- *eure, la Ior-*
GOVIÆ veteris altissimum mon- *Sole, Drogo-*
tem, in quo sita erat) omnes aditus *ne, riuieres*
difficiles habebat. Cæsar sex legio- GERGOYE.
nes in Aruernos ad oppidum Ger-
gouiam secundum flumen Elaueri
duxisse libro septimo Commentariorum scribit, iuxta quem montem in ipsis penè radicibus labitur
non procul ab *Aruerno* siue *Cla-* *Clairmont.*
romontensi vrbe, vt nunc vocatur.
Vix enim ab ea mille passibus abest in modico colle posita, cùm E-
lauer in *Daletini* vici ripa Adriani
Cæsaris inscriptionem adhuc habeat, & penè in conspectu vrbis
fluat, vbi longitudo lacus Papianil-
læ desinit: *Sorliua* is nunc dicitur. *Sorlieue,*

C iij

Liger. Sed is lacus à Iulio est præteritus seu minimè descriptus, quod à Sidonio Plinium imitante, elegantissimè præstitum est. Inferior autem Aruernia in planicie sita, habet plura quidem, sed parua tantùm flumina nec periculosa nisi tum ex niuibus aut ex pluuiis creuerint, vt plerumque accidit, cùm marginibus lapideis si qui occurrunt, superatis, vicinos campos inundant.

Bedaz riuiere.
Maringue. Ex eo numero *Bedacius* prope *Manergium* oppidum in Elauerem fluit, hîc primùm mercimonia Aruernorum gentis, quæ & varij generis & multiplicia sunt, Ligerim vsque deferenda nauiculis committuntur: & ipsum Manergium oppidum distat à portu duobus ferè millibus

Dore riuiere. passuum. *Dora* maior amnis, seu Doris in eiusdem nominis vico,

Arland. oritur vna leuca supra *Arlantium*, in quo tres aut quatuor riuuli permi-

Franciæ per Flumina.

scentur, & loca quæ in territorio illo irrigat *Vallis Dorensis* appellantur, vt ex ipso textu Consuetudinis Aruernorum videri potest, quo nihil est verius in iure municipali. *Durotia* prope *Thiernum* emporium celebre in Doram influit. Dora autem *Ambertam* notum oppidum & *Curtam Petram* defertur, priusquàin Elauer labatur, & ipse Elauer decurrit in *Cussetium* validissimam vrbem & *Vicanos* Thermis nobiles, ligneoque sublicio ponte *Vichiacum* est oppidulum appositum Elaueri eodem latere quo *Molinæ* flumen ipsum tangit, ac prope est Celestinæ familiæ domus. Duo pares amnes *Chisso* & *Jolara* in vicinia orti instructique salaribus seu troitis, paulo infra idem oppidum in Elauer flumen cadunt. Ludouico XI. Rege validissimis muris idipsum renouante annis septem, & aliquot men-

Ambern.
Cropiere
Cusset.

Chisson, & Iolere uieres.

Licer.

Moulins.

Bourbõnois.

sibus, quo temporis spatio incluso nouis muris veteri ædificio id opus absolui curauit. *Molinas* postea abluit Elauer præcipuam vrbem BOIORVM gentis, de quibus Cæsar libro primo. *Boios, petentibus Heduis, quod egregia virtute erant cogniti, vt in finibus suis pedes collocarent concessit, quibus illi agros dederunt, eosque postea in parem iuris libertatisque conditionem, qua ipsi erant, receperunt.* Idem 7. *Biturigibus profectus Gergobinam Boiorum oppidũ quos ibi Heluetico prælio victos collocauerat, Heduisque attribuerat, oppugnare instituit.* Boij autem *Borbonenses* hodie appellantur à Borbonio Archembaldi castello iampridem nobili, sub diœcesi Biturigum posito, egregióque, & antiqua sede agnationis regiæ, & posterorum Ludouici noni inter Diuos honorificè relati. *Chambonium* Sanctæ Valeriæ

Franciæ per Flumina. 41

Combroliorum celebris Abbatiæ nomen est, & Combrolios Boiorum veluti clientes esse comperio. Et Molinę quidem Borbonensium, amœnissimo situ, pulchroque & salubri in Lugdunēsi via positæ sunt, ac Vercingentorigem omnes interrupisse eius fluminis pontes, & ab altera ipsius parte iter facere cœpisse apud Cæsarem legimus. *Siuolis* fluuiolus è via eiusdem nominis ad *Rupem fortem* fluit, inde *ponté Gibaldi* vicum, castrumque via, qua à Lemouica vrbe Claromontem itur, in quem decurrit riuulus à *Ponte-Muro* prope Carthusiense Cœnobium à portu Sanctæ Mariæ appellatum, & *Ebrolium* Abbatiam Benedictini ordinis quondam Sidonij *Eborolacense* prædium. Ab illo autem ponte Gibaldo duabus circiter leucis visitur fons mirabilis, cuius aqua Iulio & Augusto mensi-

LIGER.
Combrail-
les.

La Siole,
riuiere.

Pōt Gibaud

Pōt au Mur

bus gelu vehementer astringitur, minimè verò hyeme. Quem fontem viri docti plures descripsêre. Postea Sinolis ab Aruernis delapsus *Sancti Portiani* oppidum alluit, pontemque habet, & infra id vno milliari ab Elauere accipitur, salaribus abundat delicatis, & omni piscium genere. Idem verò oppidum ad diœcesim Claromontanam pertinet, ad *Ricomagensem* tamen iurisdictionem & Prætorium, censeturque vna ex tredecim vrbibus Aruernorum, nihilominus tamen iure municipali Borbonensium regitur, quod diligenter obseruandum est. Inter Elauer & Ligerim flumina oritur *Besbria* è fonte, qui est in valle prope *Prumiam* vicum, ac fluens nomen dat Besbriæ domui ad quam decurrit: inde per vallem *Paliciæ* subiectam egregiæ munitioni atque oppido, & inter Prioratum

LIGER.

S. Porsain.

R.iom.

Besbre. r.

La Palice.

Franciæ per Flumina.

Sanctæ Crucis cui *Florę* nomen, & *Tresaium* parrochiam: Inde Ialligniacum, tandem sub Abbatia septem fontium Ligeri permiscetur. Ab eius fonte vsque ad Ligerim numerantur secundùm morem regionis Borbonensium duodecim leucæ. Tandem Elauer fluendo in Ligerim & aquas & nomen amittit. Locus ostij eius supra à nobis designatus est. Cæsar initio Commentariorum belli Gallici scribit ferè ante Autumnum vado transiri Elauer non solere.

Liger postea *Charitatis* oppidum alluit Autisiodorensis diœceseos, à charitate olim dictum quam Cluniacenses monachi erga pauperes viatoresque exercebant. Gerardus Frasques in vita Romanorum Pontificum ad Ioannem 22. scripta de hoc oppido ita loquitur. *Anno Henrici Imperatoris XIII. fundata est*

LIGER.
Saincte Croix de Floré.

Loyre.
La Charité.

LIOER. nobilis nunc & famosa valde Ecclesiæ Sanctæ Mariæ de Charitate, in quo loco requiescit Gerardus Prior, eiusdem constructor Ecclesiæ, vbi multorum monachorum deuotio diuinis obsequijs mancipatur. Hic locus situs est super Ligerim fluuium in Episcopatu Altissiodorensi, & hic ponte lapideo in Bituriges transitur, in quorum ripa pene ad radices altissimi montis & vitibus consiti *Sacri Cæsaris* oppi- **Sanferre.** dum se videndum præbet etiam inuitis, si modò oculos in cœlum erexerint, nullibique Cæsar magis idoneum ad sacrificandum diis eligere potuit quàm hunc ipsum; vnde Aurelia facile conspicitur sereno sudoque cœlo, aliaque aduerso flumine remotissima oppida. Sed in radicibus eius montis, visitur *Por-* **Port S. Thibauld.** *tus* à nomine *Diui Theobaldi* dictus, optima statio nauiculariorum ob vini Cæsariensis, rerumque omnium

Franciæ per Flumina. 45

copiam, & viciniâ monasterij quod <small>LIGER.</small>
à *Diuo Satyro* nomen habet. Phi- <small>S. Satur.</small>
lippus Augustus Francorum Rex
Sacri-Cæsaris id oppidum vocat literis ad Bituriges datis, quas ipsi
diligentissimè custodiunt, & Guillelmus Armoricus Philippidos lib.
primo de eodem oppido ait:

—*Comes Stephanus, qui mænia sacri
Cęsaris, & ditis pro magna parte tenebat
Tręlia Biturię celebrem pariętia Bac-
chum.*

Vrilia quoque oritur in finibus <small>Vrile ri-</small>
Autissiodorésium apud *Treuignum*, <small>uiere.</small>
septemque leucas cursus habet, quo
confecto prope *Nouum vicum* in <small>Neuny.</small>
Ligerim labitur. Sequitur *Conada* S. <small>Cosne.</small>
Laurentij, Autissiodorensis diœce-
sis, vt veteres membranæ & poli-
ticum Ecclesiæ ostendunt, opposita eidem fluuio in diuersa ripa, in
quem riuus cognomine Ouus ex <small>Oeufriuie-</small>
eodem oppidulo fluit, impositum <small>re.</small>

Pap. Mass. descriptio

LIGER.
CLAMECY.
BRIARE.

pontem habens, venienſque è *Clameciaco* noto oppido, quod Clemenciacum olim dicebatur. *Briaria* oppidulum propè id flumen ſitum eſt, in terram viatorum Lutetiam recta petentium à Rodumna vſque primo & generali portu deſcenſioni expoſitum. Meminit etiam Guilielmus Armoricus Philippidos libro primo *Caſtellionis* nobilis loci in hunc modum.

Non procul à fluuio Ligeri Caſtellio
    Caſtrum,
Fertilibus florebat agris, cui flumen
    amœnum
Hinc latus exornat, reliquum vineta coronant
Turribus excelſis, muris foſſiſque ſuperbum;
Nullius vt vires ſibi diceret eſſe timendas.

GIEN.

Giemum etiam vrbem eiuſdem ripæ alluit, quam pons fluminis lapideus continet, & suburbanum eius incolæ veterem Genabum adhuc vocant, nec amœnior vsque situs oppidi esse potest, in quo nundinæ quotannis celebres fiunt, quas à loco *Giemenses* tota Gallia appellare consueuimus. Genabum autem Cæsar libro septimo Commentariorum oppidum esse dicit, quò biduo peruenerit à Vellaunoduno Senonum, & quod Genabum fluuius Ligeris continebat, veritus ne nocte ex oppido profugerent, duas legiones in armis excubare iubet. Genabenses paulo ante mediam noctem silentio ex oppido egressi flumen transire cœperunt, qua re per exploratores renuntiata, legiones quas expeditas esse iusserat portis incensis intromittit, atque oppido potitur, perpaucis ex hostium numero desideratis quin cuncti caperentur, quòd pontis atque itinerum angu-

Pap. Massonij descriptio

LIGER. stiæ multitudini fugam intercluserant, oppidum diruit atque incendit, prædam militibus donat, exercitum Ligerim traducit, atque in Biturigum fines peruenit. Genabum igitur Carnutum dirutum atque incensum ab illo fuisse perspicimus. Qua de re infra dicemus. In eadem Biturigum ripa secundo flumine

Senilly. positum est *Soliacense* castrum, quod à vico Floriaco distat tribus millibus, vt ait Aimoinus Floriacésis monachus, patria Petragoricensis, in miraculis Sancti Benedicti, ac visuntur adhuc apud Soliacum in flumine Ligeri vestigia pontis lapidei pridem rescisi seu bellis Anglorum, seu alia quacumque calamitate superiorum temporum. *Floriacus* verò

Fleury. parrochia Sancti Sebastiani apposi-
S. Benoist ta est Ligeri, inque eius finibus visi-
sur Loyre. tur Monasterium ingens Diuo Benedicto sacrum, in cuius Templo
Philippus

Philippus primus Francorum Rex Ligis. humatus est. De quo Aldreualdus cap. 11. de miraculis Sancti Benedicti: *Monasterium*, inquit, *Sancti Patris Benedicti ab vrbe Aurelianensi decem & octo millibus distat.* De eodem Monasterio Aldreualdus rursum ait: *Mummolus Abbas cœnobij Floriacensis, quod situm est in territorio Aurelianensi super fluuium Ligerim.* Appellatur autem Floriacus *Vallis aurea* ab eodem Aimoino, inscriptione quæ in templo Monasterij sculpta est. *Hæc est vallis aurea*, opinor ob omnium rerum affluentem copiam. Fuit olim in eodem Monasterio domicilium omnium liberalium artium doctique & eruditi viri ordinis Benedictini ibi docuerunt vsque ad Abbonem Philosophum, qui Hugone & Roberto regibus vixit cæsusque est. Optimorum autem librorum

Pap. Mass. descriptio

1. 16. BR.   supellectilem alumni Floriacenses posteris reliquerunt, ne bello quidem propter religionis causam gesto absumptam, sed furtim dissipatam, quorum iàm multi excusi sunt, alioquin perituri si diutius in suis sedibus apud indoctos imperitosque possessores permansissent. Eiusdem auctoris hæc quoque verba sunt. *In loco iuxta Monasterium posito qui dicitur Vetus Floriacus.* Item cap. 7. historiæ translationis Benedicti & Scholasticæ, *milliario à Monasterio in vico qui dicitur Vetus Floriacus.* & eodem cap. *Agellus Floriacus haud longè à littore Ligeris.*

IARIAV
La Soloigne   *Iargolium* Secalauniæ Biturigum in eadem ripa collocatum est, & ponte lapideo contineri certum est, tribus ab Aurelia clarissima vrbe millibus passuũ, in finibus Carnutum posita, de qua nunc dicere necessarium est, vbi protulero

Aimoini locum qui sic habet. *Liger* LIGER.
est eorum maximus fluuiorum qui per Loyre.
Galliam alueisui curſum in Oceanum
proprijs inuehunt nominibus. Et cap.
8. lib. 2. de miraculis Sancti Benedicti. *Romaldus,* inquit, *ciuis Carnoten-*
sis extitit, cuius sylua trans Ligerim erat
in Secalaunis sita, confinis syluæ quam
Deo deuoti viri iamdictæ Ecclesiæ Flo-
riacensi attribuerunt esse dignoscitur.
Porro *Belsia* Carnutum frumen- LA
taria regio est, à Ligerique & Aure- BEAVSSE.
lia protenditur leucis quindecim,
Stampas vsque, & à Stampis Lutetiã ESTAM-
quatuordecim leucæ minores nu- PES.
merantur, quas singulas metimur
duobus passuum millibus. Hæc regio neque montes, neque fluuios,
neque syluas, neque vites habet, nec
prata nisi paucissima, propterea putei Belsiani fontes à prætereunti-
bus vocantur, vnde versus nescio
cuius Poëtæ circumferuntur.

D ij

LIGER. *Belsia triste solum, cui desunt bis tria solũ;*
Fontes, prata, nemus, lapides, arbusta,
racemus.

In eadem quoque Belsia incolæ raras arbores nasci, nec natas crescere aiunt, propter tophum lapidis genus: puteique in ea regione altissimi sunt, quæ regio ipsa alta est. Guilielmus Armoricus Philippidos libro secundo de Theobaldo Blesensi loquens:

― ― ― *cui Belsia tota,*
Cui Blesense solum suberat, Dunenseque castrum.

Et Philippidos libro sexto,
Belsia graniparis non tot flauescit
aristis,
Non tot in Autumni rubet Algia tempore pomis,
Unde liquore solet siceram sibi Neustria gratam, (undis,
Saxa Caducellę non tot feriuntur ab
Quot bellatores Normannia donat
eidem.

Quid verò Anglia suppeditare Liger, Galliæ soleat maiorum prouerbio sæpe dici solet.

----D'Angleterre
Ne vient ne bon vent ne bonne guerre.

Id est, ex Anglia, nec bonus ventus expectandus est, nec bellum.

De eadem etiam circumfertur sequens distichon:

Anglia, pons, mons, fons, Ecclesia, fœmina, lana.

Idque ipsi Britannicæ genti interpretandum relinquimus. Nec ante Fortunatum in vita Germani Parisiorum Episcopi, quisquam Belsiā dixerat, vt opinor. A bellis & lætis campis dicta est propter abundantiam frumenti, cuius vbertas tanta est vt nihil supra; & non sine causa, vrbis Parisiorum quæ longè maxima est, amplissimaque, Granarium vocatur. Aquas verò Belsiani plu-

LIGER.
uias habent ad aquandum animalia, easque in concauis colligunt locis, & resides arte faciunt, marasque vocant. Acciditque vt lutum quod equorum adhæret cuti inde absque pili amissione non possit fricando amoueri, si siccari semel permittatur.

Loyre.
ORLEANS.
Liger igitur Aureliam vrbem alluit, quæ Genabum dicebatur. Cęsar libro septimo de bello Gallico, *In oppido Carnutũ Genabo*, & de qua Georgius Bucananus princeps huius sæculi Poëtarum ait:

————Vndam
Ad Ligeris qua diues agri, qua diues Iacchi,
Ostentat longè famosa Aurelia turres.

Verùm Aurelianense vinum inferre regiis mensis nefas est, etsi generosos prægustatores adesse illic certum est: quia id vinum natura

Franciæ per Flumina.

corrosiuum putatur, notaque Reginaldi Biturigum Archiepiscopi vox illa, quâ in conuiuio hilarè dicebat, vinum Aurelianense numquam cecidisse causa sua, vbi præsens esse ac videri, gustareque posset. Glaber Rodulphus cap. sexto libri secundi historiæ. *Fuit*, inquit, *Aurelia ciuitas antiquitus, vt est in presentiarum Regum Francorum principalis sedes Regia, scilicet pro sui pulchritudine, ac populari frequentia, necnon & telluris vbertate, perspicuique irrigatione fluminis. Ex Ligeri quippe sibi congruo etiam flumine agnomen habet inditum, diciturque Aureliana, quasi ore Ligeriana, eo videlicet quòd in ore eiusdem fluminis ripa sit constituta, non vt quidam minùs cauti existimant, ab Aureliano Augusto quasi eam ipse ædificauit, sic vocatam, quin potiùs ab amne, vt diximus, quod rectius veriusque illi congruit. Et licèt Cæsar Genabum,*

LIGER.

D iiij

LIGER. vt dixi, diruit, atque incendit, vt Auaricum Biturigum expugnatum iret: tamen verisimile est voluisse postea vt pro Genabo restituto Aurelia diceretur, à nomine matris suæ. Neque enim autorem antiquiorem alium habemus, qui Aureliam vrbem nominet quàm Sidonium Appollinarem, qui Theodosij iunioris ætatem non superauit. Ligneum autem pontem Genabus olim habuit, nunc non habet, sed è quadrato lapide constructum, per quem in agrum Biturigum transitur, in viciniaque eius vrbis *Ligerulus* oritur

Leyret. tantus in ostio quantus erumpit è fonte: altum enim fluuium & nauicularum patientem emittit. exiguus quidem cursus amnis, sed liquidus & altus, cui proprium nullo vnquam gelu astringi. De quo fonte copiosiùs cæteris scripsit Gallico sermone Leo Tripaltius Aureliané-

Franciæ per Flumina.

sis, & nos autoris verba Latina reddidimus in hunc qui sequitur modum. *In Ligerim labitur fons Ligeruli, & aqua eius, vnâ exigua leuca distans ab Aurelia, id est duobus passuum millibus, videlicet à latere Oliueti vici cursum habens paris longitudinis aut aliquãto maioris. Hic autem riuulus magna vrbi commoda, & toti viciniæ affert quouis tẽpore & qualibet parte anni: etenim numquam arescit ne ardente quidem Syrio, nec gelu astringitur. Itaque cùm Liger glacie durescit, vt quandoque accidit, & ob hanc causam moletrinæ nihil agere coguntur, ciues ac vicini accurrunt ad moletrinas riuuli plurimas numero, vnde eis facile suppetit copia farinarum, qua nutriunt familias suas. Territorium verò vrbis multùm incolitur, fertileque est, & rebus omnibus abũdans, quas mortales desiderare possunt, vt necessitati succurrant; veluti sunt omnis generis grana, vinaque præstantia,*

LIGER.

prata, pascua nutriendo pecori, stagna in quibus pisces conseruantur, ligna, syluæ, lanæ, & similia tàm in tota Belsia, quæ fertilissima est, nec minus quàm Sicilia aut Ægyptus, quæ horrea populi Romani olim vocabatur, quàm in Secalaunia, quæ natura placida & grata est, & in qua commodè & quantum vult homo capere potest pisces, aues, & quadrupedes bestias, quales sunt cerui, damæ, apri & lepores, & similia. Ipsaque Aurelia aëre bono, puro, nitido & sano salubris est. Ligerulus vero duos tantùm lapideos pontes habet, vnum apud Oliuetum duobus passuum millibus, alterum apud Miciacense Monasterium Benedictini ordinis, in quo Bibliotheca excellens olim fuit, doctosque & eruditos alumnos habuit. Id Monasterium Sancti Maximini Latinè dicitur. De Ligeri autem & Ligerulo accolæ dicere soliti sunt:

S. Mesmin.

Franciæ per Flumina.

Quand Loyre & Loyret s'entre- LIGER.
tiennent
Il n'y a pays qu'ils ne tiennent.

Perinde ac si dicerent, quoties hæc flumina iunguntur, magnam inundationem fieri necesse est, quod quidem sæpe accidit. A Giemo autem Aureliam decem & septem leucas nauicularij esse dicunt, totidem ab Aurelia Blesas, à Blesis Turones vsque, parem numerum recensent. Igitur Blesas nauiganti à ripa Biturigum primò occurrit *Clariacus* distás Clery.] ab Aurelia tribus tantùm millibus, vbi Ludouicus XI. Rex noster sepulchri locum delegit. In diuersa autem ripa *Magdunum* oppidum Meum. situ est. De hoc in vita Liphardi solitarij quondam viri sic agitur. *Marcus Aurelianēsis Antistes in vico Cleriaco qui ab Magdunensi oppido tribus distat milliaribus ob certas causas residebat.* In eadem vita etiam repe-

LIGER. ries verba quæ sequuntur. *Est mons apud Aurelianos, quem incolæ regionis illius Magdunum vocant, in quo antiquitùs extructum erat castrum quod à Vandalis hominibus barbaris ad solum ipsum dirutum est.* Quæ duo oppidula pari interuallo ab Aurelia absunt, videlicet quinque passuum millibus, & quod excurrit. Denique ad Aurelianenses Episcopos tria, vt dici solet, oppida pertinent. *Pitiueris, Jargolium, & Magdunum.* Et Au-

S. Euuert. reliæ monasterium est *Sancti Euuertij*, cuius Abbas fuit Stephanus postmodum Tornacensis Episcopus, in cuius epistolis quæ necdum excusæ sunt, tres tantùm locos hîc libet adscribere, quorum primus est ex epistola ad Ioannem Aurianẽsem patriâ, domini Papæ Alexandri tertij scriptorem, vt quo tempore vixerit ex ipsius Alexandri nomine & Pontificatu statim intelliga-

Franciæ per Flumina. 61

tur. Alter sic habet. *Natis sub Au-* LIGER. *relianensi aëre, & Ligeris aquâ perfusis, æstiuo tempore Romæ morari, non est aliud quàm mori.* Tertius, *Solent plerique Aurelianenses aurei inter alienos esse, quia nec argentei sunt inter suos.* De Aurelia quoque Ioannes Sarisberiensis qui Adriani & Alexandri temporibus vixit, in epistola, cuius initium est. *Solent pigmentarij,* de Lexouiensibus nec non Aurelianensibus ita scripsit. *Domini Lexouienses, patres non modò eloquentium, sed eloquentiæ quodammodo sunt. Nam cùm Aurelianensibus, qui multarum rerum peritiam & vsum habent, æquentur in plurimis, in eo faciliùs antecedunt, quòd hîc nascuntur, & fiunt eloquentes, adeò quidem vt omnem ætatem, & sexum, genuinus eloquentiæ vsus imbuat & informet. Quid ego impeditioris linguæ homuncio, torrenti tantæ eloquentię respondebo? Ab*

LIGER. Aurelianensi autem vrbe Liger habet centum sexaginta leucas nauigationis, cuius dimidium Aurelia est, & à Rodumna primo Ligeris portu ad eam vrbem septuaginta. In vita Genouefæ Virginis in agro Parisiorum natæ apud vicum Nĕptodorum, scriptaque Childeberti temporibus hæc reperio. *Ab Aurelianensi vrbe vsque Turonum ciuitatem quæ tertia Lugdunensis nũcupatur, perhibentur esse stadia sexcẽta, milliaria septuaginta quinque, quæ adhuc veteri Gallorum lingua nuncupantur leugæ quinquaginta.* Omnes autem scriptores Martyrologiorum à Carolo magno Aurelianos in plurali numero dixerunt, & ante eos Sidonius lib. 8. Aurelianensem vrbem.

BAVGENCY. *Belgenciacum* autem oppidum in eadem ripa situm decimo ab Aurelia milliario postea occurrit, ponte egregio quem nostri Reges olim fie-

Franciæ per Flumina. 63

ri curarūt inſtructum. Hîc Ludoui- LIGERI
ci VII. & Eleonoræ vxoris ditiſ-
ſimæ fœminæ matrimonium pridem contractum, mutuo conſen-
ſu diſſolutum eſt. Idque initium
bellorum fuit quæ diuturna contra
Anglos & totam ferè Aquitaniam,
funeſta, vt ita dicam, atque exitioſa
fuêre.

Blæſas tandem venimus vbi COR- BLOIS.
BILIONEM Gallica vox arguet fuiſſe. Strabo Corbilionis nomine emporium totius Galliæ ſuper Ligeri
fluuio ſitum, ponte munitum, &
memoria Petri Bleſenſis ſcriptoris
non improbandi, cuius opera iàm
pridem publicata fuiſſe manifeſtum
eſt. Hâc eſſe patriam Agilulphi mo- S. Ayoul.
nachi Floriacēſis, poſtea Lyrinenſis
Abbatis in eius vita traditum eſt, in
qua hæc verba reperio. *Bleſenſe ca-*
ſtrum ad montis cuiuſdam latus ſitum
eſt, quem Liger fluuius præterfluit, eo lo-

LIGER. co sane piscosus imprimis, & magnam illi adferens vini atque frumenti, cęterarumque rerum homini nutriendo necesfariarum fertilitatem. Aimoïnus historicus tradit Ludouicum Piũ Cęsarem peruenisse ad flumen Ligerim prope castrum Blesense, quo *Cise riuiere.* Ciza amnis in eum confluit, *Siciam* nunc vocant. In alia ripa occurrit *Ambasia*, vbi Carolus VIII. repentè ictu sanguinis extinctus est. De vico Ambaciẽsi Fortunatus in vita Martini sic loquitur:

Mirũ aliud vico quod cõtigit Ambaciẽsi

Et hîc etiam meminisse placet Iosephi cognomine Gorrionis, quem Ambasensem patria aut Turonensem fuisse Iudæi asserunt, qui historiam Iudęorũ perscripsit. Am- *Amboise.* basia autem præclarum hodie pontem habet. Iuxtaque eam *Amatissam* fluuium excipit Liger, deinde **TOVRS.** progreditur CÆSARODVNVM Turonum,

Franciæ per Flumina. 65

ronum, vnde *Laudiacum* vsque sunt stationes & positurę equorum quas postas vocant, duæ quæ expectant aduenientium cursorum celeritaté: Qui locus *Mons-Laudiaci*, & vulgo *Montloüys* ab indigenis vocatur. Gregorius Turonensis libro secundo Laudiacum ait ab vrbe Turonum milliario situm. Hîc quoque cap. x. libri IV. Capitularium Caroli magni inserere necessarium putamus, quod infra Aureliam pene quotannis aggeres reficiendi sint. *De aggeribus iuxta Ligerim faciendis, vt bonus missus eidem operi præponatur: & hoc Pipino per nostrum missum mãdetur, vt & ille ad hoc missum ordinet, quatenus prædictum opus perficiatur.* In Turonibus. pira Boni Christiani adeò suauia, vt Pontifex Romanus ea ad se missa cum Cardinalibus cóuiuis auidè comederit, nec quicquã accipi à suis voluerit pro bullis à de-

LIGER.

MONT-LOVIS.

E

Liger.

signato Turonensi Episcopo. Duobus autem extra eam ciuitatem millibus, Martinus monasterium sibi statuit, qui locus tam secretus & semotus erat vt eremi solitudinem nõ desiderares. Ex vno enim latere præscisa mõtis excelsi rupe ambitur, reliquã planiciem Liger fluuius reducto paulatim sinu clauserat. Rursus Monasteriũ, inquit, beati viri duobus à ciuitate millibus erat disparatum. Hæc Sulpitij Seueri politissimi scriptoris & facundissimi Gallorum verba sunt in vita D. Martini Turonensis Episcopi, isque locus *Maius monasterium* appellatur à Gregorio Turonensi libro decimo.

Marmonstier.

Turones iuxta Ligerim esse Ptolomeus asserit, Tvropios vocans pro Turonijs, qua voce Cornelius Tacitus vsus erat, ciuitatemque illam *Cæsarodunum* nominans, quæ in tertia Lugdunensi transligerim sita est, &

lapideo ingenti ponte multarum LIGER. fornicum excellit. Nec verò totâ Galliâ regio vlla est, vbi ver, vbi æstas atque autumnus suauiores sint, vel pira meliora, cæterique fructus præstantiores. Duabus leucis infra eandem vrbem in ripa Ligeris rupes est concaua vnde stillicidia quamplurimas figuras effingunt, alias forma rotunda & orbiculari, alias oblongas, alias amygdalis similes, omnes tamen albo & candido colore politissimas, vt Tragemaræ persimiles apposité dicantur, ac sæpè fallunt conuiuas in mensis, præsertim fœminas zachari amantes.

Branlia è Vindocinensium fini- Le Branle bus ortus *S. Reginaldi* oppidulũ præ- riuiere. terfluit, deinde in Ligerim labitur. Ad *Carum* flumen & alios qui ex a- Le Cher gro & finibus Biturigum fluunt in riuiere. Ligerim, aut è Lemouicum & Pictonum remotioribus locis decur-

LIGER..

Moluſſon.

runt, nunc venio. *Monlucionum* oppidum Boiorum qui nunc Borbonienſes vulgo appellantur Carus alluit, venitque nouem leucis ſupra id oppidum è fonte, qui non procul abeſt à *Saluertio* nobili prædio. Carum quidem quod ſciam nullus auctor antiquor Gregorio Florente Epiſcopo Turonum ſic appellauit. Is

VIERSON. apud *Virſionem* oppidum quod Philippus ſextus Francorum Rex *Virſanam* in publico inſtrumento vocat, eodemque *Auaricum* amnè accipit qui Gallicè *Auuron* dicitur,

Auuron riuicre. à cuius nomine mater vrbium Bituricarum AVARICVM Iulij Cæſaris temporibus ſtante adhuc Republica Romanorum vocabatur, quod ad eum & paludes ſita eſſet; quæ temporis lapſu & humana induſtria exiccatæ ſunt. Sidonius vrbé Biturigum *Bituricas* appellat, ac de Virſione quidem in agro Biturigú

dici solet hic versus:
Virsio villa virēs, aliūde multa requirēs.
Sanè quinque amnes Bituricum vrbem accessu suo plurimùm ornant, *Auaricus* & *Avvreta* & *Elaueriolus* ex vna parte, *Eura* & *Molus* ex alia. E fonte mediocri inter Dunum regium & Molinas fluit alius amnis qui Elaueriolus appellatur, & continuato cursu duodecim leucis Auarico permiscetur prope Bituricam vrbem. Cæsaris ipsius testimonio constat Auaricum pulcherrimam prope totius Galliæ vrbem ferè ex omnibus partibus flumine & palude circundatam, vnum habuisse & peranguſtum aditum. Nunc autem non vrbi Biturigũ, sed Auarico amni hoc nomen solum tribuimus, qui à meridie fluens iuxta muros vrbis quos alluit, ad portam, vt nũc dicitur, Avvroniam lapideum pontem habet, ex quatuor aut quinque

Liger.

Pap. Maſſ. deſcriptio fornicibús conſtructum. Quatuor autem leucis à Biturigum vrbe in Carum ſe effundit. Amnis quoque alius cui *Euvra* Gallicè *Uvrette* nomen eſt, vrbem ingreſſus extra eam propè Sulpitiani Monaſterij ruinas accepta ſuperiore fluuij Avvronis aqua, apud Virſionem quatuor milliaribus ab vrbe diſtantem. Ac prope portam Sulpitianam periculoſiſſimus gurges cernitur, qui formidabilis & nauiculis eſſe debet & natatoribus, quorum plurimi maximè ſtudioſi Iuris Ciuilis mergi ſolét. Nec in minus periculum incidunt omnis generis natatores. In Carum quoque influit & *Theolius* modicus amnis iuxta *Exoldunum* oppidum decurrens. Et *Tornanima* illud ingrediens contra ſolis ortum fluit, quod rarum eſt. Porro Exolduni vina annis viginti & amplius ſeruantur: is amnis oritur è fonte cui *Theo-*

Theol, riuiere.

Franciæ per Flumina.

lio nomen est disparato quatuor LIGER. leucis, alueus eius latitudinis triginta pedum & amplius, satisque altus, aqua limpida riuulusque eius extra Exoldunum deducitur. De eo oppido ARMORICUS loquitur Philippidos libro secundo:

—— *nobile castrum*
Vcelloduni sibi subdit in impete primo,
Cum patria tota tam diuite, tamque po-
   tenti,
Vt sibi sufficiat, nec sit mendica bonorum,
Multa quibus regio se lamentatur
   egere,
Copia quam Cereris ditat, quam Bac-
   chus inundat;
Qui comportari desiderat inde remotas
In partes, quãtoque magis portatur, eo sit
Fortior, & temerè potatus inebriat
   omnes
Qui dedignãtur Thetidem sociare Liæo. Yeure riuiere.
Yeuura verò amnis qui *Magdunum* Mehum sur alluit in Carum labitur, quatuor au- Yeure.

E iiii

Pap. Massoni descriptio

LIGER.

tem leucis à Biturigum vrbe situm est, Aimoinus cap. 1. lib. 3. *Bituriges apud Castrum Mediolanense*, inquit, *quod nūc Magdunū dicitur quindecim armatorū millia Desiderio Duci opponentes cum eo conflixere, vrbemque obsidione cinxerunt.* Et literæ Caroli Regis anno millesimo trecētesimo vicesimo secundo datæ, dicuntur *Magduni secus Euvram*, à posterioribus tamen *Medunum* pro Magduno dictum monemus. *Naum* flu-

Naon riuiere.

uiolus in vita S. Genulphi cap. 16. lib. 1. memoratus, paulo infra Exoldu-

La Sauldre riuiere.
Petite Sauldre riuiere

num *Saldriam* maiorem accipit. Nam minor vltra *Capellam Gilonis* in maiorem fluit, minor autem *Re-*

REMO-RANTIN.
Poso riuiere.

morantinum emporium emptionis & venditionis pannorum. *Poso* fluuiolus immergitur Saldriæ ma-

VATAN.

iori, ac prope fontem situm est *Vastinium*, vnde nobilis familia Vastinensium nomen habet. Ille verò à

Concorcello, quem *Concordiæ saltum*   *L. IGER.*
eruditi vocant, & *Albignino* dilapsus   *Concressaut*
ad *S. Aniani* oppidum lapideum   *Aubigny.*
pontem habet. Deinde apud Bruti,   *S. Agnan.*
nunc *Tricharij montis* munitionem,   *Montrichard*
& *Chenoncellas* regiam admirandi o-
peris in ponte structam, aliumque
Bleriæ & duos iuxta Cæsarodunum   *Bleré.*
siue Turonum vrbem, vltra quas riuus ex ea ad Ligerim ductus insulam Diui Cosmæ efficit, in cuius tē-
plo Berēgarius olim ad sanitatem a-
nimi reuersus ab hæresi, & Ronsardus Vindocinensis nostrorum Poëtarum maximus sepulti sunt. Alter
postea eiusdem Cari riuus prope *Li-*
nerias ductus insulam constituit:
tandem Carus ipse in Ligerim e-
uoluitur. De eo aliquot testimonia
celebrium autorum hîc referemus,
primùm ex Armorico Philippidos
quinto, eius enim verba sunt.

  --- *Sigalaunica plana serenant,*

Liger. Frugifero iocunda solo latus inde sini-
stram
Lenè fluens per prata virentia Carus
amœnat
Arboribus cultisque placens, patiensque
carinæ,
Piscibus & multis iuuat vtilitatibus
ipsum.

Secundum, eiusdem autoris Philippidos tertio his verbis.

Inde inter accelerat Turonis festiuus ad
vbem
Quam geminum nitida flumen circun-
fluit vnda,
Hinc Liger, hinc Carus medio sedet inter vtrumque
Clara situ, speciosa solo, iucunda fluentis,
Fertilis arboribus, vberrima fruge, superba
Ciue, potens Clero, populis numerosa,
referta
Diuitijs, lucis & vitibus vndique
lucens

Francia per Flumina.

Quam sacrosancti præsentia corporis LIGER.
 ornat
Præsulis eximij Martini, gloria cuius
Omnibus Ecclesijs summum decus accu-
 mulauit.
Quæ cùm sit Britonum caput & me-
 tropolis, vna   (bere.
Bis senas sub se cathedras lætatur ha-
Nec de Biturigibus amplius dicam
nisi quod omnino sciendū est, Ru-
tilij enim numeriani versu conti-
 netur.
Occurrit chalybum memorabilis Jlua
 metallis,
Qua nihil vberius Norica gleba tulit.
Non Biturix largo potior strictura ca-
 mino,
Nec quæ Sardonio cespite massa fluit.
Plus confert populis ferri fœcunda cre-
 atrix
Quam Tartessiaci glarea fulua Tagi,
Materies vitiis aurum lætale parandis.
Et hoc quoque non ignorandum

Pap. Maſſ. deſcriptio

Liger.

puto quod ex noſtratibus Poëtis quidam ſcripſit:
Paſcuis diues Biturix, & altis.
Neuſtria ſiluis.

Indre.r.
La Chaſtre
Chaſteau-
Roux.

In iiſdem Biturigum finibus *Anger* oritur ſupra *Caſtram* inter *Rodulphi caſtellum* & *Monaſterium Dolenſe* Gregorio & veteribus notum, fluit, qui & ipſe flumen de quo agitur *Angerim* vocat, & Gregorij quidem verba ſunt. *Apud Dolenſem vicum Biturigum* cap. 18. lib. 2. & poſt eum Gildas, & Aimoinus ſcriptor Floriacenſis ante annos ſexcentos ſcribit, *accelerationem itineris cum inũdante profuſione imbrium retardauere Aquitanici amnes, inter quos Andria deſpicabilis viſu fluuiolus, ſed crebra in multiplices diſcurſus aluei ſectione ac paludum aliquantis in locis ad tranſmeãdum difficilis.* De quo ab accolis & exteris dici ſolet:
Indre a tous les iours ſa proye

Deols.
Bourg de
Deols.

Franciæ per Flumina.

Ou d'vn costé ou d'autre, & s'y noye
Quelqu'vn.

Id est, nulla præterit dies quin prædam Anger suam habeat. In vita
Genulphi lib. 2. cap. 9. de situ Stradensis cœnobij agitur his verbis. *Est
autem locus idem in penultima parte Bi-
turici pagi versus occidentem admodum
delectabilis seu iocundus. Nam è regione Fluminis Angeris cursus offertur,
quod commoditate sui quammaximè
iuuat incolas eiusdem loci: tum deinde
circumquaque fertilis humus omni ger-
mine cum sui fœcunditate, tum etiam
agricolarum opere.* Eidem cœnobio
Stradensi subiicitur *Monasteriũ
S. Petri* in territorio Niuernensi si- S. Pierre le
tum, vt dicitur cap. 13. lib. secundi Moustier.
in hunc modum. *Hic igitur vene-
randæ memoriæ Dodo pro sibi compe-
tentibus causis aulam expetiit Domini
Caroli Regis: aderant verò tunc in palatio fratres ex cœnobio S. Petri quod*

Pap. Mass. descriptio

LIGER. est in territorio Niuernensi grata satis positione situm inter duos amnes Ligerim & Elauerem. Deindę subiicit: Rex proprio confirmauit scripto regium pręceptum, ac proprio corroborauit edicto, vt iam dictus sancti Petri locus à pręfato Abbate Maynardo, suisque successoribus Stradensis scilicet Monasterij rectoribus perpetualiter possideretur & regeretur. Igitur non procul à Monasterio S. Genulphi Anger fluit,

S. Genouil. mox Castillionem, tum Lucas oppi
Chastillon. dum, arcemque munitissimam: de
Loges. qua Armoricus Philippidos libro octauo sic ait:

Nobile castellum, quod Lochia nomi
ne dicunt,
Cui nec fruge solum, nec Baccho vitis
auara est,
Endria cui magnum decus addit & v
tilitatem;
Dulcibus irriguis hortos & prata rigãdo
Qui cùm sit gratus visu, fœcũdus & vsu

Franciæ per Flumina.

Multimodo patriam iuuat oblectami- LIGER.
ne totam.

Et Glaber Rodulphus lib. 2. cap. 4. *Fulco,* inquit, *Andegauensis ædificauit Ecclesiam admodum pulcherrimã in pago scilicet Turonico milliario interposito Lucense castro.* Idem lib. 4. cap. 17. *Fulconis ait Andegauensis corpus in Monasterium Lucanense quod ipse construxerat delatum est, & in eodem sepultum honorificè.* Anger postea Cormeriacum fluit, patriam Ioachimi Perionij Benedictini Ordinis, qui primus Aristotelem docuit Latinè loqui; nec magno interuallo accrescit aquis *Eschendonis* & *An-* Cormeri. *geruli* riuorum, *Basonis* arcem petens Eschandõ.r tredecim lapideis pontibus orna- Indrois.r. tus paulo infra Carum in Ligerim Montbason. effunditur. Habet autem in ripis suis plurimos fontes limpidissimos, altissimisque marginibus, ac nisi frequentes molæ obstarent, nauigiorum patiens esset. Troctas, carpiones, barbatulos, lucios nonnumquam longitudinis quinque pedum piscari in eo notissimum est. Indi coloris aquas habet, neque rapidè, sed leniter & sensim in Ligerim quoque labitur. In eam etiam defluit *Beuero* & *Cusso Camborinum* insulam adiens, in qua Franciscus primus regiam sibi ædificari iussit.

Restant duo fluuij magni nominis à Lemouicibus labentes, scilicet *Vigenna*, & *Crausia*, quam in Vigennam cadere notum est. Ita enim Sulpitius de Martini exitu loquens. *Apud Condatensem* (inquit) *diœcesis suæ vicum, excedens à seculo migrauit ad Christum.* deinde addit: *Si mos antiquitus institutus seruatur, in vrbe qua ordinatus est habebit Deo iuuante sepulchrum. His ergo litigantibus sole ruente dies clauditur, corpusque in medio positum ab vtroque populo, Pictauiensi scilicet*

LIGER.

Beuuron r.
Cusson r.
Chambourg.

La Vienne r.
La Creuse r.

Çande.

licet & Turonensi custoditur, futurū ut L*iger*:
mane facto à Pictauis per violentiā auferretur. Deniq; nocte media Pictaui sono cōprehendūtur, nec ullus superfuit qui
ex hac multitudine vigilaret. Igitur ut
Turones eos conspiciūt obdormisse, appre-
hensam sanctissimā glebam alij per fene-
stras eiiciunt, alij à foris suscipiunt, posi-
tamque in nauim cum omni populo per
Vigennam fluuiū descendunt, ingressique
Ligeris alueum ad urbem Turonicam
cum magnis laudibus psallentium diri-
gunt grossum. Pictaui expergefacti nihil
de thesauro quem custodiebant habentes
eū magna cōfusione sunt reuersi, & ciues
Turonici trepudiantes, cum sanctissimi
viri corpore ad urbem Turonum sunt
regressi. Est autem Candatensis vicus in *Canda*:
Turonum diœcesi iuxta Ligerim
positus, nec procul à castello nobili
Sorellio vnde rusticum adhuc in vi- *Montsoreau*
cinia prouerbium est, inter Canda-
turū & Sorellium vicos nec ouem,

F

Liger. nec vitulum pascere, quia proximi & penè contigui sunt, vnde dicterium accolarum.

*Entre Cande & Monsoreau
Ne repaist brebis ne veau.*

Candatense autem Templum mausoleo Martini atque effigie exornatum erat, ante bella pro Religione exorta. Nam tunc Caluinianę sectæ milites omnia templi ornamenta confregere. E regione Candatensis vici interiecto flumine, situs est vicus *Capellæ albæ*, ita vocatus ab Odone Cluniacensi, à qua duabus tantùm leucis distat *Burgolium* monasterium Sancti Benedicti. Baldricus ita orditur historiam suam: *Baldricus Burguliensium fratrum Abbas, licet indignus, omnibus Christianis pacem & veritatem diligentibus.* Quæ historia expugnationem vrbis Hierusalem, & sacri belli narrationem complectitur.

*La Chappelle blanche.
Bourgueil.*

Verùm quia in Vigennam la- *LIGER.*
bitur *Crausia*, de eo priùs dicendum.
Oritur hîc fluuius in finibus Lemo- *La Crause.*
uicum vna leuca supra *Filetinum*, *Feletim.*
exiguum oppidulum superioris
Marchiæ, cuius caput est *Garectum* *Garet.*
Regiæ iurisdictionis. nam Præto-
rium inferioris apud *Oratorium* visi- *Le Dorat.*
tur, infra quam est riuus vici *Coutu-*
rensis culti olim, cùm hodie vestigia
ædificiorum adhuc videantur. Est
autem Filetinum positum in via
militari, qua itur à Lemouicibus
matre vrbium totius regionis Epis-
copatuque gentis, Aruernum seu
Claromontem, quem ita vocat Ro-
bertus belli sacri scriptor cùm ait,
Anno Dominicæ Incarnationis mille-
simo nonagesimo quinto magnum inter
fines Galliæ concilium celebratum est in
Aruernia scilicet ciuitate, quæ Clarus
mons appellatur, cui Papa Vrbanus se-
cundus præfuit. A Feletino vbi au-

84　Pap. Mass. descriptio

LIGER.　læa texi mos est, *Albiconium* oppi-
Aubusson.　dulum videas in quo tapetes simili-
　　　　　 ter in vsum Galliæ confici consue-
　　　　　 uere. Id Craüsa alluit à fonte sic di-
Aba.　　　 cto nomen accipiens. *Agedunum*
　　　　　 exiguum oppidum vbi est Mona-
　　　　　 sterium Diui Benedicti, ac propè
　　　　　 Crausiam vbi mirabilis gurges, cu-
　　　　　 ius aqua Indici coloris in flumine as-
Glenic.　　picitur. *Glenium* oppidulum sequi-
　　　　　 tur suo ponte nobilitatum. Inde
Froyselines.　*Frozelinas* labitur, propè eas exci-
La petite
Crause, r.　 piens Crausiæ minoris influentes a-
　　　　　 quas, moxque *Argentonium* in fini-
Argentom.　bus Biturigum alluit, quod oppi-
　　　　　 dum Philippi Cominij fuit præclari
　　　　　 historiarum scriptoris. Deinde *O-*
Le Blanc　 *blincum* interluit eiusdem regionis
en Berry.　oppidulū, postremò *Haiam* in Tu-
La Haye en　ronibus alluit, ligneūque pontem
Touraine.　 ibi habet. Decurrit postea vsque ad
Le port de　*portum Pilæ*, sic dictum Latinè in
Pile.　　　 veteri historia Comitum Andega-

uensium, quò nunc ligneum pon- LIGER.
tem, qui Vigennæ apud *Castrum*
Heraldi seruiit, translatum accepimus ad vitanda tàm peditum quàm
equitum penè quotidiana naufragia: quod tandem effectum est loco
lignorum, suppositis pilis è quadrato lapide firmissimis. His in locis hoc
flumen non amplius Crausia, sed
Creusia iàm appellatur Gallica voce, *Creusa.*
quia alueum strictum profundum-
que & altum habet. Nec procul,
sed infra pilas, effunditur in Vigennam eo loco quem *Beccum duarum* *Le bec des*
aquarum, id est fluuiorũ vulgus ap- *deux eaux.*
pellat. Et ne quid amplius dicatur
piscosus admodũ est Crausia. In eũ
autem labitur *Vartampa* amnis, vt *La Gartãpe*
in vita Sauiniani & Cypriani mar-
tyrum legitur his verbis: *In pago Pi-*
ctauiensi est locus qui prisca antiquitate
Cõfluentium dicebatur propter confluen-
tẽ in fluuio Crosę Vartimpam fluuium.

F iij

Liger.
Vincon r.
Belac.

La Basile r.

Le Dorat.

Monsmorillon.

La Vienne ou la Vignane.

Vinconus supra Belacum oritur ac subluit rupem suppositam muris illius oppidi, acceptoque dimidia post leuca riuo Basilia in Vartampam influit. Hic enim inter Belacum & Oratorium fluit, & pons quem transire oportet Vartampæ impositus, Besse nomen habet. Vartampæ verò piscis bonitate & gustu inferior est Vinconio, & hic Basiliano quoque cedit, vt accolæ affirmant. Ita sit plerumque, vt riuulorum piscis esu præstet, gratiorque sit quàm maiorum amniũ. Postea verò Vartampa Maurilionis municipium interluit, acceptoque Anglino fluuiolo in Crausiam tandem influit.

Cæterum Vigenna amnis in finibus quoque Lemouicum oritur, nec Vigennæ nomen apud eos habet: Vignanam enim vulgus appellat. Fons eius non procul à Tarnaco

oppidulo situs est. Recepto postea LIGER.
Taurione, & *Aurancia* fluuiolis de- *Taurion &*
currit in Vigennam, in cuius Au- *Aurancia*
ranciæ ripa Ioannes Auratus Poëta
regius didicit versus scribere. Is
Mane pransus cùm appellaretur, &
displiceret impuberi id cognomen,
Aurati ab Aurancia nomen accepit.
Vigenna verò matrem vrbium Le-
mouicarum in qua Episcopalem
sedem habet, alluit. In vita Sancti
Martialis, facta fluuij mentione addit auctor, *Et cùm iter facerent, conti-*
git vt deuenirent ad quoddam regale pa-
latium vocabulo Jogeniacũ duabus leu-
cis à Lemouica. Fixerunt autem tento-
ria, & papiliones omnes Principes &
Comites è diuersis regionibus coadunati
super Vigennã fluuium. Æstuantes autem calore Solis, ibant ad fluuium, ardo-
rem pariter sudoremque vitare cupien-
tes. Brancia exiguus amnis oritur a- *Brancia &*
pud *Sanctum Vitum, Petram Buffa-* *S. Vitus.*

F iiii

Pap. Mass. descriptio

LIGER. riam, & *Chalucetū* fatale oppidum Ricardi Anglorum Regis, alluit, ac
SOLEMNAC. permiscetur Vigennæ, à *Solemniaco* monasterio distans tribus aut quatuor leucis. De eo Aimonius historicus: *Eligius petit à Dagoberto donari sibi villam in pago Lemouicensi sitam Solemniaco cognominatam, in quo & Monasterium construxit, & congregationem Deo seruientium monachorum.* Elsa quidem oppidulum est, in quo
AIXE. optimi panis conficiendi ratio est, qui in vrbem Lemouicam statim infertur, vocaturque ab eis Elsianus. Et beatus Austreclinianus vnus è comitibus S. Martialis vita excessit. in loco qui Else vocatur, nunc *Ai-*
LIMOGES. *xe.* Abest à *Lemouico* duabus tantùm leucis, de quo in vita eiusdem Martialis mentio fit his verbis; *Est ciuitas in prouinciis Galliarum prophano vacans errori, nomine Lemouix.* Et verba superiora de morte Austrecliniani in

Franciæ per Flumina. 89

eiufdem vita continentur. Poftea non procul à *Sancti Iuniani* oppidulo fub lapideo ponte fluit, mox apud *Cabanefium* oppidum, natalem locum Ademari hiftorici, monachique Sancti Martialis Lemouicenfis, deinde ad *Confluentes* oppidum accipit *Goëream* imparem fluuiolum, vnde locus *Confluentum* dictus eft. Indeque fluit verfus *Jnfulam Iordanis*, poftea *Cauuiniacum*, exin apud *Caftrum Airardi* vrbem in Pictonibus, lapideum pontem pulcherrimum firmiffimumque publico fumptu conftructum, habentem.

LIGER.

S. *Iunien,* ou *S.Iunian Chabanois.*

Confolant.

Goëre r.

L'isle Iourdain.
Chauuigny
Chaftelerant.

Hic verò nauigiorum patiens Vigenna effe incipit, labiturque verfus *Jnfulam Burchardi*, cuius in Iure Canonico mentionem fieri & ipfe memini, & qui volet reperiet. Tandem apud Candatenfem vicum Ligeri permifcetur, vt fupra demonftratum eft. In Vigennam quoque

L'isle Bouchard.

Liger.
Le Clan, r.

Clianus Pictonum amnis, qui *Planus* etiam dicitur vt tradunt Annales Aquitanici, quòd altis ripis sit ac plenus dormientibus aquis, & quodammodo residibus: angusti strictique aluei & leniter fluens, vt aquas penè resides habere videatur. Qui amnis aliud etiam nomen habebat, vt ex literis Ecclesię Pictauiensis apparet his verbis, *Ecclesia sancti Clementis sita est super ripam fluuij Clennis* *Chassencuil in villa quæ dicitur Cassinolium duobus à Pictauio passuum millibus.* In ijsdem literis hæc verba quoque reperiuntur. *Aymericus Capellanus S. Clementis de Cassanolio perrexit in Hierusalem cum Comite Pictauiensi, & remansit dicta Ecclesia sine Capellano.* Et olim quidem propter obices inculta erat, nunc illis remotis, nauigatur.

La Vonne, r. Clanus vero *Viuonam* decurrens *Vonnam* fluuiolum accipit, oriturque non procul à Monasterio opu-

Franciæ per Flumina. 91

lento Cisterciensis ordinis, cui Ca- *LIGER.*
stellare nomen. Inde fluit *Menigut-* *Le Chastel-*
tam Canonicorum collegium, *Bus-* *lard.*
seam, *Sansayum*, *Cuisaium*, & *Jaze-* *Menigoutte*
nelium, indeque *Lusinianum* Castrū
ciuilibus bellis euersum; postea *Vi-*
uonam vbi non procul à Clano excipitur. Abundat piscibus diuersi
generis, troctis exceptis. Amnis
quidem periculosus dum inflatur.
Insunt in eo plura saxa quæ grisones
vocant.

Cloera riuulus è *Marka* apud Le- *LaCloëre, r.*
mouices oriens, parrochiam quę
Ianceya dicitur alluit, post adit *Trā-* *Iansey*
cartium vbi hyeme nauiculis transi- *LeTrancart*
tur, & prope Viuonam Clanum in-
greditur. Carpionibus & luciis caret, sed minutissimo pisce abundat.
Nobiliacus nomen est cœnobij insi- *Noaillé.*
gnis duobus à Pictauio millibus, &
à *Malepertuso* vnico milliari tantùm *Mauper-*
distans. Et *Miossa* exiguus amnis *tuis.*
Miossan, r.

hoc loco influit in Clianum, vocaturque *Medioximus* in veteribus eius Monasterij chartis, Auditorij Pictauiensis, in quo Ius Ciuile & Canonicum exponi mos est, ad Abbatiam *Sancti Benedicti*, quæ est Pictauiensium deambulatio, concursus fieri solet ab otiosa iuuentute, cui statim per locum duos pedes strictum, & duas vt vocant thesias longum, necessariò prætereundum est, quia non sine periculo id fieri potest propter præsens & adeò metuendum præcipitium in rupes, & subiectum Clanum, qui Pictauiam præcipuam vrbem totius regionis alluit. Inde progressus Vigennam ingreditur vltra *Pictauium, vetus*. Hoc flumen impeditis altisque ripis à Pictauio Episcopali vrbe vsque ad exitum seu ostium eius nauigabile nuper efficere Pictauienses publico sumptu curarunt. De hoc fluuio

LIGER.

S. Benoist de Quincy.

Passe-lourdin.

Franciæ per Flumina.

vulgò dicitur:
Au port de Senom
Le Clan perd son nom.

Ioannes Sarisberiensis in præfatione Policratici librum alloquitur, aitque:
De Pictauorum dicis te gente creatum,
Nam licet his lingua liberiore loqui.

Liger postea tot iàm receptis amnibus alluit Salmurũ, de qua Macrinus Poëta lyricus hos versus scribit. *Loyre.* *SAVMVR.* *LODVN.*

A Iuli oppidulo bis septē millibus absunt
Quæ muri à saltu mœnia nomen habent.
Idemque iterum.
Indiga aquis est Iuli tellus, Salmurica
  rura
Latiuago fluuius permeat amne Liger.
Tametsi in Commentariis Maioris Monasterij reperio non *Iuliodunum,* sed *Laudunum* appellari, & à quibusdam historicis *Louiodunũ,* & ab Ademaro Cabaneo *Losdunum.* Salmurus in Aquitanica ripa situs est, ar-

Liger.

Thoué.

Thoé, r.
Vernon.
Gastine.
Partenay.

Heruaux.

Thoüars.

La Diue, r.

cemque in edito colle positâ habet, & lapideo ponte iungitur. In conspectu illius vrbis est cœnobium *Diui Florentij* & *Thoeda* amnis qui in Ligerim influit, & *Varius* pagus in quo visitur riuulus qui singulis diebus bis tantùm fluit, bisque stagnat. Thœdus seu *Thoeda* flumen originé suam accipit à *Vernone* in *Gastinia* agri Pictauiensis sub *Partiniaco* oppido, deinde ipsum ingreditur, mox propè sancti Lupi & *Oruiacum*, tandem sub *Thoarcio* præcipuam sedem gentis Tramuliæ, posteà *Môstrolium Belaij* apud Andegauos, vbi nauiculas ferre incipit. Deinde fluit versus *Burgum pontis sancti Iusti*, indeque ad *pontem Fucharium* prope monasteriū S. Florentij sub Salmuro, quo loco in Ligerim effunditur. *Diua* Pictonum exiguus riuus oritur è fonte grandi & largo, qui viginti passibus ab ortu suo moletrinam a-

Franciæ per Flumina. 95

gitat, videturque sub castello *Gri-* Liger.
malderiæ prope *Belleanum* in Picta- Belleam.
uia. Inde currit versus *Burgum* Bourg de
Matronum: Vnde progressus amnis Marne.
in duos riuulos diuiditur apud *Mō-*
contorium, quorum vnus oppidum
ipsum interluit, alter alluit, ac prope fontem, qui totum fluuiolum
effundit, nullo accepto riuulo in
Thoedum decurrit. Ibi memorabile habitum est prælium inter Ca-
tholicos & diuersæ Religionis pro-
pugnatores, vbi Rex Carolus per
Henricum fratrem postea Regem
feliciter pugnauit. In cuius prælij
descriptione Antonius Allegrius vir
militaris de hoc fluuio sic ait:

Separat Andenses Pictonum Diuus
    ab aquis
Amnis, viscosaque vligine tardat
    euntes,
Et Moncontorij fœcundat pascua vici.
  Et Ronsardus Ode 68.

LIGER.

Entre l'une & l'autre riue
Dessus la plaine de Gron
De Thoé & de la Diue
Se rangent en escadron
Enflez des-ja de la gloire.
Mais, las ils ne sçauoient pas
Que ce grand Dieu des combas
Porte en sa main la victoire.

Tandem infra pontem S. Iusti in Thoedum fluit, dein ad *Mottam Borboniam*, quæ est aceruus terræ congestæ, infra quam lapideus pons est. Hic amnis separat Pictones à Lodunensibus. *Thoeretus* amniculus

Thoeret, r.
Chissé.

est, fluens ac deriuans à *Chiciaco* Pictonum, prope *Bressuiram* vrbem, deinde *Castellionum*, *S. Varnum*, & *Condriam*, vbi influit in Thoedum inter *Oruallum* & *Thoarcium* oppi-

Le Thon, r.

da. *Thonnus* exiguus riuulus ab oppi-

Mauleon.

do *Maleonensi* in finibus Pictonum propè *Argentoniam* villam cui *Castello* nomen, ad pontem, cui virginis

Franciæ per Flumina.

nis etiã nomen maiores imposuere, LIGER.
deinde apud *Monstroliũ Berlaÿ* labi- Monstroeil
tur in Theodum. Sub *Lauduno* vrbe Bellay.
amnis visitur vulgari nomine *le Mar-*
treil, qui oritur ex certis fótibus sitis
in vno è suburbiis vrbis, deinde progressus lõgius effúditur in *Diuã* apud
pótẽ S. Iusti. *Briauda* exiguus amnis Briande, r.
Lodunẽsiũ oritur è fõte dicto *Bedo-*
ria, infra burgũ mõtis, super *Guaisna* Enguesne.
monasteriũ virginũ Fõtis Ebrauldi,
qui fons largior est tertia parte arpẽ-
ni terræ, ideque ex alto fundo plurimis in locis perpetuò feruet: vnde
tãta vis aquæ erũpit, vt solus hic fõs
mille passibus ab ortu moletrinam
agitet, dictumque monasterium alluit, indéque Briaudam vicum, posteà burgum Sancti Gratiani, effundi-
turque in Diuam. *Bussa* paruus ad- Busse, r.
modum amnis est, qui è fontibus
prope Lodunum progressus, in vicum sui cognominis eũtibus è *Cai-*
G

99 *Pap. Massoni descriptio*

LIGER. *none* oppido Gregorio Turonensi celebri cap. 17. lib. 5. Inde versus Monasterium *Sulliense* fluit, postremò effunditur in Vigennam duobus millibus passuum à Cainone.

Regionis verò Andiū flumina paucis versibus Poëta Paschasius Robinus in hunc modum est complexus.

Arua quod Andicolum rigat Altio,
    Laio, Lidus,

L'Aution r.
    Udo, Thueda, Liger, Sarta, Vigenna,
Le Layon r.   *Sebris,*
Le Loyr r.
Oudon r. *Latanus, ac medio amne secans vrbem*
Thoc r.   *Meduana,*
Seuure r. *Et Lironus veteri nota Camillicolæ,*
Le Latan. r.
Lirome r. *Nec non & celebri Versutia valle*
Cheuillé.   *Credoni*
Vreseré.
Craon.   *Atque Coëno sua nobilitatus humo.*
Bridiers. *Præterea Bridiis Albantia grata colonis*
                                (tet.

Quæ Cossæa domus laudibus vna ni-

Quorum fluuiorum alij in Aquitanica ripa, alij in altera quærendi

Franciæ per Flumina. LIGER.

sunt, nec præter *Glanafolium* Monasterium Diui Mauri sedem ac sepulchrum ad Ligerim edito in vineis loco positum quicquam dicturi sumus nisi quod Faustus Cassinensis in vita eius Glanafoliū nominat. *Altio* in Ligerim infra *pōtes Ceios* decurrit. *Laio* quoque apud vicum *Calumnam* quinto aut sexto milliari infra Andegauum. *Vdo* oritur in Britanniæ finibus è stagno, alluit *Leonium* altissimum sanè fluuium, & ripa coercitum, angustoque alueo, piscium ferax, non planè delicatorum. In Meduanam influit, tribus ferè passuū millibus ab eadē vrbe. *Sebris* per *syluam Sebrianā* defluit in *Latanus* ex ingenti stagno parrochiæ *Rillæ* circa *Baugeium* in Altionem se effundit. *Lironus* per Camilliacum è stagno ortus sexto milliari à matre vrbium Andegauensium accipitur, nec longè à *Credonio* exiguus am-

S. Maur sur Loyre.
Les ponts de Cé.
La forest de Sevvre.

G ij

Pap. Mass. descriptio

LIGER.   nis *Versutia* in Vdonem mergitur.
Coëno. è stagno profluens in Altionem decurrit. *Albantia* è stagno
Brissac. *Brigidisacci* influit in *Jocarem*. Nunc
venio ad pontes Ceios qui Cęsariani putantur, per quos Liger longiùs
excurrit, ac primum in alia ripa, quæ
Andegauum vrbem aspicit, ad *Buc-*
La bouche *cam Meduanæ* fluuij in ostium eius
du Mayne. id flumē suscipit ab *Andegauo* veniēs
pulcherrima vrbe Andiū, quā Meduana ipse interluit pōte vno atque
altero ornatus. Apud *Clissonem* Meduana nomen suum amittere à popularibus dicitur his verbis:

Au lieu de Clisson
Mayenne perd son nom.

In vita Mauritij Andegauensis
Episcopi legi hæc verba ; *Cùm per*
Meduanæ fluuium nauali subuectione
in Ligeris alueo securè descenderet Mau-
ritius. Ac paulo supra Sarta & Ledus;
ille Cenomanorum, hic Carnutum

Franciæ per Flumina. 101

ex agris fluens, vt mox dicemus, a- LIGER.
pud insulam Sancti Albini triangu-
larem influit in Meduanā. *Medua-* Mayenne r.
na oritur in finibus Cenomanorum
qua illi separantur à Lugdunensi secunda, seu Normania, longoque
cursu *Meduanam* sibi cognomine Mayenne la
oppidum alluit, quod quidem ne Iubel.
quis aberret *Iuhelam* à nomine domini dici cœpit ab anno millesimo
ducentesimo vicesimo, vt ex eius e-
pitaphio perspici potest in Monasterio *Danielis fontis*, prope Medua- Fontaine
nam. Hic autem fluuius incredibi- Daniel.
li lenitate fluit, etsi Gregorius Turonensis torrentem eum appellat:
Labitur quidem & alluit *Lauallem*, LAVAL.
seu *Vallem Guidonis* diues oppidum, Volon r.
& *Gunterij castrum*. Deinde accepto
Volone apud Leonium Andegauo- Lyon d'An-
rum, mox Sartam qui Alanconium gers.
claram vrbem Sesuuiorum secundę ALANCON
Lugdunensis alluit, tum Episcopa- Le MANS.

G iij

LIGER. lem Cœnomanorum, quæ & ipsa tertiæ Lugdunensi tribuitur. Vnde
SABLE'. progressus in fines Andium *Sabolium*
Sarte 1. interluit, postea in Meduanam euoluitur. De Sarta quidem referre placet quod Theodulphus Aurelianensis Episcopus scripsit Moduino Heduorum Episcopo:

Tempore præterea hoc, quædam miracula visa
  Dicūtur, breuiter hæc quibus ista canā.
Et fluuius Sartam Galli dixêre priores:
  Perticus hūc gignit, & Meduana bibit.
Fluctibus ille suis penetrans Cenomanica rura,
  Mœnia qui propter illius vrbis abit.
Quod ciues transire solent propè lintribus illum,
  Illic portentum non leue fecit eis.
Denique roscidulas tenebras cùm aurora fugaret,
  Et solito peterēt more fluenta homines,
Est proprijs spoliatus aquis locus ille repertus

Franciæ per Flumina.

Qui rate, seu remis peruius ante fuit. Liger,
Stantibus atque vndis populus hinc inde
   stupebat
Alueus ac plebem ad inferiora vocat.
Nemo ratem quærit, nullus te, nauita,
   poscit:
Miranti populo sic stat aperta via.
Et metus, atque rei nouitas intrare ve-
   tabat   (tus:
Primitùs, & sensim cœpit abire me-
Incipit esse vetus noua res, intratur v-
   trinque   (cus.
Alterutrã ripam, plebs petit atque pe-
Vel pes ei siccus, modicum vel planta
   madescit,
Dum gradiens populus itque, redit-
   que frequens,   (beret,
Si olim tale vadum iuuenis Leãdrus ha-
Non foret insignis tã tibi luctus, Ero.
Non ad piscandum quisquam fert rete,
   vel hamum:
Sallibus, atque manu, qui volet illud
   agit.

G iiij

LIGER. *Vir tumulandus erat ripæ vlterioris in*
  agro,
    Flentibus euehitur, per loca ficca, fuis.
Illa fat vrbs timuit, peteret ne fe vnda
    tumefcens,
  Obrueretque fimul cõpita, rura, domos,
Saxa patent ignota polo, polus ipfe pa-
    tefcit
  Saxi, cum proprium linqueret humor
    humum.
Quod vada nulla dabas pediti illic, Sar-
    ta dedifti:
  Grãde vadũ caligas cũ tua faxa ftupẽt.
Sarta aliis vicibus hoc ipfum eft paffa
    duabus;
  Nec hoc, nec procul hoc tẽpore, fine loco.
Quis neget antiqui cum me meminiffe
    tropæi,
  Quo fluuiũ fcindit, Hidrichõta quatit.
A prima in quartam modus hic deflu-
    xerat horam,
  Inde fuas repetit poft celer vnda vias.
Nomina nõ ideo narratũ fcripfimus iftic,

Franciæ per Flumina. 105
Sunt quoniã plures, qui cecinere mihi. LIGER.
At si nosse rei vis lector tempora gesta;
 Accipe: promemus sub breuitate tibi.
Forsan nosse diem vis hunc quoque: disce, canemus
 Vt res ambigui possit habere nihil.
Bis partem vndenam solidi rota solis Aquari
 Scanderat in sexta, lunaque piscis erat.
Tale quod asseuerant flumen Idonea LA VIGNE.
 passum,
At quod ab vrbe fluens sat prope Sarta bibit.
Quare locum ex aliis Dei tibi tempora dicam,
 Crastina præfatæ res fuit ista rei:
Hunc quoque defectum quod passa sit Angera dicunt:
Sed locus atque dies sunt mihi nota minus.
Cùm autem de fluuio Idonea Theodulphus loquitur, intelligendus est Vinea amnis, qui in pratis extra vr-

LIGER. bem Cenomanorum Sartæ permiscetur: Qui amnis ab occasu alluit muros vrbis Cenomanorum, & ab ortu Vinea hic quarta parte milliaris vnius infra eandem vrbem in Sartam influit. Ac de Sarta quidem legi versum hunc nobilis poetæ.
Venimus ad Sartam, quo non est purior alter.

Aquam argentei coloris & perspicuam, atq; vt ita dicam, vitream trahit. De eadem Sarta hic quoque subijciam ex vita S. Leonardi quod sequitur. *Sancti Leonardi Monasterium quinque leucis abest ab vrbe Cenomanorum, situmque est supra Sartam misereque afflictum.* In eadem vita hæc quoque legimus. *Sanctus Leonardus tempore S. Innocentij Episcopi pagum Cenomanicum fœliciter illustrauit: deinde idoneum reperit locellum super fluuium qui dicitur Sarta, qui vsque in hodiernum diem eiusdem nominis voca-*

Franciæ per Flumina.

bulo insignitus, & Sancti Leonardi Cella nominatur, & fabricauit ibidem Ecclesiam in honorem Sancti Petri Apostolorum principis. Belliloci in Cenomanis Abbatia sita est prope Sartã. Hic amnis ferax est carpionum atque troctarum. Meduana etiam *Ledum* ad se fluentem excipit. oritur autem circa *Isleras* Belsiæ oppidulum, quod Fulbertus Carnutum Episcopus in Epistolis nominat. Postea *Allogium*, eidem Fulberto memoratum, & *Bonamuallẽ* ordinis Cisterciensis, acceptoque lacu Dunensi, *Dunum Castrum* in edito situm loco, vnde despectus in planiciem est, præterfluit, & paulo inferius *Arulam* excipit, : quo Aimoinus historicus libro tertio sic ait. *In lacu quoque Dunensi in quem Arula flumen influit, aqua feruens adeò ebulliuit vt multitudinem piscium decoctam ad littus proiecerit.* Duni Gregorius Tu-

LIGER.

Le Loir, r.

Isliers.

Alluye.
Bonneual.

Chasteaudun.

Aigre, r.

ronensis mentionem facit. Duni habitantes feruntur subtili esse ingenio, & ab vno verbo quod protuleris sensum animi tui concipere. Vnde natum prouerbium. *Il est de Chasteaudum, il entend à demy mot.* Arula vero in Ledū influit, ad *Arulę Buccam*, id est ostium, vt vulgò indigenæ loquuntur. *Erdera* duobus passuum millibus à Castroduno quamprimum ortus est è fonte, terra absorbitur, vnde modico spatio interiecto erumpit, postea iterum se abdit atque videri desinit vnius leucæ spatio, deinde egressus in Ledū defluit. Exin *Vindocinum* Ptolomeo cognitum municipium alluit. Armoricus Philippidos tertio de Ledo & Vindocino sic ait:

―――Vindocinum
Castrū forte nimis, populosa gēte repletū,
Quod Lidericus aqua subterfluit amnis
amœna.

LIGER.

Aurule, r.

Bouche d'Aurule.

Erdre r.

VENDOSME.

Franciæ per Flumina.

De eodem & alijs aliquot amnibus idem Armoricus sic ait lib. x. _{LGER.}

Durstallumque vadis vbi Sarta adiutus
    Hienę
Te mixtū Liderice sibi rapit Meduana.

Petrus Ronsardus Vindocinensis Poëta eximius sic de patria sua loquitur Ode tertia.

Terre à Dieu qui premiere
    En tes bras m'as receu,
Quand la belle lumiere
    Du monde i'apperçeu:
Et toy Braye qui roules
    En tes eaux fortement,
Et toy mon Loyr qui coules
    Un peu plus lentement.

Progressusque *Montoirium Ludium-* _{Montoire.}
que, Castrum Lidi quem incolæ vo- _{Le Lude.}
cant, cùm Ledū oporteat dicere. Si- _{Chasteau du Loir.}
donij testimonio, qui ita vocauit.
Ainsulā Cenomanorum Monasteriū S. *Carilephi* apud Vsuardum in _{S. Calais.}
Martyrologio legimus. De quo in

LIGER.

Nicolai primi, pontificis Romani, epistolis mentionem fieri moneo. In vitaque Carelephi hæc sunt verba. *Dominus perduxit Carilephum & socios in locum solitudinis qui Casa Iagani priscis dicebatur temporibus, super fluuium quem Ainsulam appellant, vbi multi fontes frigidas fundunt aquas; à quarum frigiditate fluuium volunt sumpsisse vocabulum, tamquam ab aino id est tremo, & insula, dicta est Ainsula, hoc est tremoris & frigoris insula, atque hinc etiam anates volucres dictas putant, quod semper in aquis versari eas delectet.* Erat autem is locus valde solitarius & nemorosus. quæ notatio verbi in vita huius sancti parum scitè vt opinor ab auctore posita est; primigenium enim esse puto Ainsulæ nomen. Hic autem fluuius in Lædū fluit, sicut & vici-

Anisier.

nus Feritatem Bernardi à conditore

La'Fceté Bernard. Huine r.

dictam alluens. *Huinnis è* Perti-

Franciæ per Flumina. 109

censium agro etiam permiscetur. Est riuulus de quo in vita Bernardi apud Abbatisvillam nati hoc tantum habemus, *Iuxta riuulum qui Tyron dicitur.* In Pertico igitur Prouincia, quæ Goëtica appellatur, is amnis sumit originem, decurritque in Huinem. De quo & Iuo Carnotensis epistola 229. sic ait: *Rotrocus nobilis & strenuus Mauritaniæ Comes humilitatis nostræ præsentiam adiit, postulans vt consecraremus cuiusdam Cœnobij cœmiterium quod situm est super fluuium qui Tyron vocatur, in vsum quorundam religiosorum monachorum qui in eodem loco Eremiticam vitam ducere elegerant, & monasterium ibi pro loci & temporis oportunitate construxerant.* Tyronio adiicio *Musuuin* ex finibus *Eburouicum* fluentem, de quo idem Iuo Carnotensis epistola 124. sic loquitur: *Habent parrochiani nostri à nobis communione priuati a-*

LIGER.

Tyron, r.

Pap.Maff.descriptio

LIGER.
Musuer.

pud *Musuin* quosdam presbyteros & quosdam monachos à quibus communionem petunt, & accipiunt, qui etiam fluuium, vnde *Musuis* vicus ille dicitur, transeunt, & in quodam falso cœmiterio corpora excommunicatorum sepulturæ tradunt. Nec non eiusdem regionis fluuiolus *Braya* nomine seu Brigia ab Vnellis originem habens ad vicū *Brayæ*, deinde *Sauiniacū* fluit, & postea in Ledū excurrit, qui duabus supra Monasteriū leucis fluere incipit, & totidem decursis Braya accipitur. Deinde *Fixa* à quibusdā imperitè vt mihi videtur *Fleschia* recens dicta, & *Durostallū* Andiū oppida, permiscétur Sartæ amni nec procul in Meduaná decurrunt. Hic verò iā plenior in Ligerim se effundit, à cuius ostio Nannetas vsque progreditur. Est enim Britannia in duas diuisa partes, in superiorē in qua Nannetes sunt, & Redones, & Veneti. Aliā in qua

BRAYE r.
Vibrayei

LA FLECHE.

DVRTAL.

cæteri

Franciæ per Flumina.

cæteri omnes Britanniæ populi, & LIGER.
maximè ij qui à Britannia maiori,
nunc Anglia, veniſſe in illas partes
exiſtimantur, & ſermone & lingua
ab aliis Britannis plane differentes.
Itaque Britones Gallos vocant ſu-
perioris Britanniæ populos, inferioris verò Britones tonantes, quod
non loqui, ſed tonare videantur, &
ſtridorem dentium edere. Auſonius
quidem Poëta de Britonibus meminit illo verſu, quod à nemine ante illum factum puto.

Nemo bonus Britto eſt.

Igitur à pontibus Cæis occurrit LOYRE.
Calomna, Mons Joannis, Monaſte- Ponts de Cé
rium Florentij veteris, *Caſtrum Celſi* Montelean.
ſtagno vltra tria millia paſſuum lon- Chanſoce.
go nobile, dein *Ingrandia & Anteni-* Ingrande.
ſium duo portoria magni nominis, Ancenis.
quòd tributa rerum quæ extra regnum per Ligerim & Oceanum vehuntur, ibi ſolui præſtarique opor-

H

Pap. Mass. descriptio

LIGER.
NANTES.
Loyre.

Pilmy.
S. Nazare.

Le Croissli

Ardre, r.

teat. Apud Nannetas autem pons Ligeris est omnium, quos adhuc habuit, longissimus, propter latitudinem fluminis. Centum passus continere dicitur, & lapideus siue saxeus est, & *Pilmium* parrochia finem pótis in alia ripa attingit, à Sancto Nazario vico eiusdem fluminis ostio Nannetas vsque sunt leucæ circiter duodecim, & à Crociciaco mare refluens Nannetas vsque fluctus Ligeris memoratur. Hanc vrbem etiam interluit *Ardra* amnis Ligerim petens, de quo Fortunatus de domno FELICE Nannetico loquens, qui fluuium alibi detorquebat.

Cedant antiqui quicquid meminere Poëtæ,
   Vincuntur rebus facta vetusta nouis.
Includi fluuios si tūc spectasset Homerus,
   Inde suum potius dulce replesset opus.
Cuncti FOELICEM *legerent modo, nullus Achillem.*

Franciæ per Flumina.

Nomine sub cuius cresceret artis honor.

Qui probus ingenio, mutas meliore rota

Currere prisca facis flumina lege noua.

Aggere composito, remouens in gurgite lapsum,

Quo natura negat, cogit habere viam.

Erigis hinc vallem, subdens ad concaua montem,

Et vice conuersa, hæc tumet, ille iacet.

Alter in alterius migrauit imagine formam,

Mons in valle sedet, vallis ad alta *(subit*

Quo fuit vnda fugax, creuit pigro obice terra,

Et quo prora prius, huc modo plaustra meant.

Collibus aduersis flexas super inuehis vn-

Et fluuium docilem, monte vetante, trahis.

Quo rapidus flueret * veniens celer amnis adhæsit,

Et subito nato colle, retorsit iter.

LIGER.

(tu

(das

Fluminis.

H ij

Pap. Mass. descriptio

LIGER.
Quæ prius in præceps, veluti sine fruge,
rigabant, (quæ.
Ad vitam plebis nunc famulantur a-
Altera de fluuio metitur seges orta vi-
rorum,
Cùm per te populo parturit vnda cibū.
Qualiter incertos hominum scis flectere
motus,
Qui rapidos fontes ad tua fræna regis.
Stet sine labe tibi, FELIX, pia vita per
æuum,
Cuius ad imperium transtulit vnda
locum.

Antrain.   In vita Hermelandi Abbatis An-
trensis reperio hæc verba. Sunt insulæ quædam, ab hac vrbe Nannetis tribus
Loyre   disiunctæ milliaribus, quas Ligeris fluuius circumfluit, atque insuper mare ex-
stuans quotidie ter ambiendo alluit. Her-
melandus comperit eam in longum obtinere stadia quatuor & viginti. Porro
in aliarum insularum medio sita, in sublime sustollit verticem, montosa in medio, atque idcirco immunis ab inundatio-

Franciæ per Flumina.

ne tum Ligeris fluuij, tum æstuantis ma- LIGER.
ris, tutam præbet incolis habitationem,
nec desunt illi amplissima spatia, tum
ponendis, colendisque vitibus, tum hortis
quoque & pratis efficiendis oportuna.
Nec patet ad eam accessus, nisi quis na-
ui subuehatur. Habet vero etiam sylaus
densas. Quę sane omnia tum quoque non-
nulla abstrusa loca virum Dei permoue-
runt vt eam Antrum vellet appellari,
quemadmodum insulam ad Antrum sitam, hanc quidem spatijs minorem, sed
habitudine vel specie illi finitimo An-
triginum vocauit. Eius vbertas alendis
pecoribus valde oportuna, tanta suppetit piscium diuersorum generum copia vt
res videatur incredibilis. Nec tamen
vulgi perstrepentis illic audiuntur voces,
sed varij generis auium iucundę reso-
nant melodię, & in ijs olores dulci fundunt modulamine cantus. denique tantum illic silentium, tanta tranquilitas est
vt Anachoreticam appetentibus vitam

H iij

Liger.

Les leuces de Loyre.

mirificum eremi desiderium adferre videatur. Vt autem nullum damnum vel incommodum afferat, necesse est ipsum aggeribus contineri. De quibus agitur lib. 4. Capitularium Caroli magni, vt suprà diximus, idque à Blesis vsque ad extremos fines Andium, quibus faciendis accolæ quotannis multum laborant. Lapides enim & ligna, ceteraque necessaria ab illis sunt inferēda, ne quid detrimenti post refectionem aggerum patiantur: magnā verò copiā omnis generis pisciū id flumen suppeditare solet, & inter cęteros prębere sulmones è mari fugitiuos, lampetras, alausas, lucios, barbatulos, carpiones, tacones, lauaretosque. Hic verò piscis ob aquæ perspicuitatem & arenæ nitorem limo omnino carens euiusmodi est vt eo interdici ęgrotis à medicis propter salubritatem non soleat. Fortunatus lib. 4. in vita Martini.

Franciæ per Flumina. 117

Proijcit in fluuiū cassem de pupe magister LIGER.
Molliter ac vitreo Ligeri trahit humida
   lina,   (coercet,
Mox ingentem esocem modico sub rete
Et trahitur cognatus aquis ad littora
   piscis.

Et lib. 5. ad Felicem Nanneticum
Tua rura lauat vitrea Liger algidus
   vnda.

Et libro sexto: (vnda
Excipit inde repens vitrea Liger algidus
Sanazarius Elegiarum libro tertio.
Tristis erit Liger Aruernis qui fusus ab
   antris
   Libera deuexum per loca fundit iter.

Hoc quidem si rem propiùs inspicias non omninò verum erit, quia hic amnis à Vellaunis & Forésiū populis fūditur. Est autē præcipu⁹ Frāciæ fluuius nauigationē habēs leucarū centū sexaginta, cū cæteri fluuij vix dimidiū habeāt: addo quod mediū quasi regnum fluat, separetq; in

H iiij

Liger. duas portiones ferè æquales sicut nuper à Guidone Coquillio auctore Iuris Municipalis Niuernensium doctissimo & prudenti viro annotatum est. Et quia Ligeri Meduana & Vigenna vt Britanniam introeant iunguntur, subijciemus Armorici versus ex Philippide decima, qui sic habent:

Protinus Andegauim nullo munimine
    cinctam
Ingressus lapide incepit murare qua-
    drato.
Qua vix diuitior vrbs aut ornatior vs-
    quam
Esse potest clari vel clarior vbere Bacchi,
Circumquaque nihil vbi vites impedit
    agros
Quæ pariunt potum Normannis Briti-
    genisque,
Nec Dominos vnquam permittunt æ-
    ris egere
Quam Liger argento prelucens ambit

Franciæ per Flumina.

ab Austro

A Borea rubeus, mediam Meduana
    pererrat
Qui suus inde fluens quasi per duo mil-
    lia lapsus,
In Ligerim nomen perdit, mutatque co-
    lorem,
Et sic tres vnus, Ligeris, Meduana,
    Vigenna
Efficitur fluuius, qui rura Britannica
    multa
Fertilitate iuuas naualibus oppida ditat,
Delicijs villas varijs & rebus adornat,
Piscosoque sinu gremium Nannetis in-
    undans
Millia salmonum murenarumque
    ministrat
Britiginis, quos inde procul commercia
    mittunt,
Chara diu dum seruat eis Galatina vi-
    gorem
Cum varijs redolens gariophila, ginzi-
    ber herbis

Liger.

Tum facit innumeris pinguescere merci-
bus vrbem,
Vt toto in regno nihil vlli debeat vrbi.
Nec procul hinc vastum mare dum petit (rus.
impete vasto
De dulci subito fieri miratur ama-

Nec plura de Ligeri necesse est dicere, nisi quod sereno cœlo aquæ eius perspicuæ, vitreæ, & perlucidæ sunt, arenisque mouentibus abundant, vt modò in hanc, modò in contrariam ripam cumulus earum ingens ferri videatur. Tibullus Poëta aquas Ligeris cæruleas esse ait illo versu.

Loyre.

Carnoti & flaui cærula lympha Liger.

Cæsar autem in commentariis de bello Gallico lib. 7. *Liger*, inquit, *flumen influit in Oceanum.* Strabo lib. quarto, *Liger è Ceuennis montibus in Oceanum influit.* At Vibius Sequester aliquanto apertiùs, & faciliùs. *Liger Gallię*, inquit, *diuidens Aquita-*

Franciæ per Flumina. 121

nos *& Celtas in Oceanum Britannicū* LIGER. *euoluitur.* Quæ vox (*Britannicum*) designat Prouinciam & partem Oceani in quam se exonerat. Rursus Cæsar eodem lib. 7. *Liger*, ait, *Bituriges ab Heduis diuidit.* Strabo lib. 4. *Liger*, inquit, *inter Pictones & Nannetes excurrit.* Denique eodem libro Commentariorum Cæsar se vado Ligerim transisse scribit. Idem quoque Strabo de Ligeri & Garumna sic ait: *Duobus stadiorum millibus vtriusque fluminis est nauigatio.* Stadium verò continet centum viginti quinque passus. Itaque octo stadia faciunt milliare, vt Gellius lib. 1. c. 1. disertè scribit. Ausonius Vasatensis, qui Gratiani Cæsaris temporibus vixit, edilio nono de Ligeri etiam loquitur Mosellam describēs.
Non tibi se Liger anteferet, non Axo-
    na præceps,
inquit.

LIGER.

Postremo vt id quoque sciatur, nam ad Gallię gloriam pertinet: in Comedia quæ Plauti supposito nomine *Querolus* seu *Aulularia* inscribitur, & in præfatione mentio fit Rutilij venerandi semper magnis laudibus, LAR familiaris Queroli, loquitur in hunc modum: *Habes quid exoptas, vade ad Ligerim, viuito.* QVERVL. *Quid tum?* LAR. *Illic iure gentium viuunt homines: Ibi nullum est præstigium: ibi sententiæ capitales de robore proferuntur, & scribuntur in ossibus: illic etiam rustici perorant, & priuati iudicant: ibi totum licet. Si diues fueris, patus appellaberis: sic nostra loquitur Græcia: ô syluæ, ô solitudines, quis vos dixit liberos? multo maiora sunt quæ tacemus, tamen interea hoc sufficit.* QVER. *Neque diues ego sum, neque robore vti cupio: nolo iura hæc siluestria.* Hæc à Querulo dicuntur. Scire verò ne-

Franciæ per Flumina. 123

cesse est planum esse Ligeris alueū, Ligar.
atque ideo latiorem cæteris, vt multis locis æstate atque autumno vado transiri possit. Apud Crociciacum autem Liger ferè quatuor leucas latitudinis obtinet. Is locus infra eundē Crociciacum positus est.
Oceano propior est, nam à Nannetū
vrbe decem leucis abest Nazarij parrochia, Crociciac⁹ ab ea distat quinque aut circiter XII. si aquę spacium,
flexumque metiri placet. Bucananus
Poëta egregius quanti Ligerim fecerit hi versus ostendunt:

Quam superat Durium Rhodanus, quā
  Sequana Mundam,
Lenis Arar Sycorim, Ligeris formosus
  Iberum.
Francigenas inter Ligeris pulcherrimus
  amnes,
Tantum omnes vincit Nymphas Ama-
  ryllis Iberas.
Tantum ei tribuens propter ripa-

LIGER. rum amœnitatem quibus excellit, & aquæ fluentis perspicuitatem, arenasque nitidas. Non solùm idem poëta Ligerim sed Galliam totam celebrat versibus triginta duobus qui sequuntur.

Bucanani aduentus in Galliam.
Jeiuna miseræ tesca Lusitaniæ
Glebeque, tantum fertiles penuriæ
Valete longùm. At tu beata Gallia,
Salue, bonarum blanda nutrix artium,
Cælo salubri, fertili frugum solo,
Vmbrosa colles pampini molli coma,
Pecorosa saltus, rigua valles fontibus,
Prati virentis picta campos floribus
Velifera longis amnium decursibus,
Piscosa stagnis, riuulis, lacubus, mari:
Et hinc & illinc portuoso littore
Orbem receptans hospite, atqui orbi tuas
Opes vicissim non auara impertiens:
Amœna villis, tuta muris, turribus
Superba, tectis lauta, cultu splendida,
Victu modesta, moribus non aspera,

Franciæ per Flumina.

Sermone comis, patria gentium omnium LIGER.
Communis, animi fida, pace florida,
Iucunda, facilis, Marte terrifico minax,
Inuicta, rebus non secundis insolens,
Nec sorte dubia fracta, cultrix numinis,
Sincera, ritum in exterum non degener.
Nescit calores lenis æstas, torridos
Frangit rigores bruma flammis asperos,
Non pestilentis pallet Austri spiritu
Autumnus æquis temperatus flatibus:
Non ver solutis amnium repagulis
Inundat agros, & labores eluit.
Ni patrio te amore diligam, & colam
Dum viuo, rursus non recuso visere
Ieiuna miseræ tesqua Lusitanię,
Glebasque tantùm fertiles penuriæ.

 Et Salustius Bertasius qui Pisidam imitatus poëma sacrum edidit de septem diebus, quibus omnia à Deo condita perfectaque sunt.

Du deuxiesme iour de la secõde sepmaine.
O mille & mille fois terre heureuse & feconde,

LIGER. O perle de l'Europe, ô Paradis du monde,
France ie te salue, ô mere des guerriers,
Qui iadis ont planté leurs triomphans lauriers
Sur les riues d'Euphrate, & sanglanté leur glaiue
Où la torche du iour & se couche & se leue :
Mere de tant d'ouuriers, qui d'vn hardy bon-heur
Taschent comme obscurcir de nature l'hōneur :
Mere de tant d'esprits qui de sçauoir espuisent
Egypte, Grece, Rome, & sur les doctes luisent
Comme vn iaune esclatant sur les pasles couleurs,
Sur les Astres Phœbus, & sa fleur sur les fleurs,
Tes fleuues sont des mers, des prouinces tes villes,

Orgueil.

Orgueilleuses en murs, non moins qu'en LIGER.
   mœurs ciuiles,
Ton terroir est fertil, & temperez tes
   airs:
Tu as pour bastions & deux monts, &
   deux mers:
Tes toilles, ton pastel, tes laines, tes sali-
   nes,
Ton froment, & ton vin sont d'assez ri-
   ches mines
Pour te faire nommer Royne de l'Vni-
   uers.
La seule paix te manque, ô Dieu qui tiẽs
   ouuers
Tousiours les yeux sur nous, de l'eau de
   ta clemence
Amorty le brasier qui consomme la
   France,
Balye nostre Ciel: remets, ô pere doux,
Remets dans ton carquois les traicts de
   ton couroux.
  Guilielmus Salustius Bartasij Do-
minus in Auscijs prope Lactoratum

I

LIGER. honesto genere natus musis Gallicis Ligeris & Sequanæ accolas in intimam Aquitaniā exciuit vt Lurbeus refert in commentario rerum Burdigalensium. Quod autem fecimus in hoc opere vbi opus fuit vt nostratia poëmata in Latinam linguam conuerterimus, ita Bartaßij Gallica nunc interpretabimur in gratiam gentium externarum breuiter.

Galliam salutat, eamque matrem bellatorum olim fuisse dicit, & trophea super Euphratem constituisse refert, pluresque doctos viros educasse, flumina sua vocans maria, ciuitates suas esse munitissimas asserens, terramque maximè fœcundā, presidij loco montes duos totidemque maria habere: telas, glastum, lanas, salinaria, ac frumentum, generosumque vinum producere. Galliam quidem Buccananus eximiè depinxit, sed auctor vitæ beatissimi Genulphi eam scienter & apte diuidit cap. 1. lib. 2. *Galliæ situs, inquit, ad orientalem plagam, confinia sui & Italiæ iuga montium habet: ad meridiem verò fretum Mediterraneũ prouinciam præterluens Narbonensem. Porro ad Occiduum, Hispanias, & Oceanum, quod Gallicum, siue Britannicum dicitur. Inde verò Septentrionem versus, protenditur vsque ad Rheni fluenta. Qui ex supradictis Iouinis defluens Alpibus Galliam diuidit à Germanis, hisque Gallia limitibus sic circumcincta refertur. Cuius apud Iulium Cæsarem, quondam quidem tripertita, sed nunc apud modernos, ob varios posteà rerum euentus, exploratius considerata diuisio, constat. A Rheno siquidem, vsque Sequanam, Belgica Gallia, quæ nunc à gente Francia dicitur. Inde verò vsque Ligerim, Gallia Lugdunensis, quæ nunc superiùs ob aduentum gentis, Burgundia: inferiùs Neustria dicitur. à Ligeri verò*

Pap. Massoni descriptio vsque Garumnam, Aquitanica Gallia, quæ à sibi Oriente Rhodano, vsque ad sibi Occidentalem porrigitur Oceanum, cuius etiam pars superior, à celsitudine montium qua præeminet, congruè Celtica nuncupata videtur. A Garumna quoque vsque fretum Mediterraneum vel Pyreneos montes, Gallia Narbonensis, quæ nunc partim Gothia, partim Vasconia dicitur. In omni prorsus Gallia sedecim numero prouinciæ habētur, quarū omniū felicior atque fœcundior Aquitania.

In hac autem diuisione nihil improperandum videri potest, nisi quod Celticam à celsitudine montium dictam putat. Nam etsi in Gallia celsi sunt montes, non tamen inde sequitur Celticam inde esse appellatam. Et quoniam de Aquitania vltimis verbis auctor ille meminit, in vita Sancti Remacli Episcopi Traiectensis eleganter vereque descripta est:

LIGER.

*Aquitaniam quidem volunt ferè tertiam esse Galliarum partem, & ab obliquis Ligeris aquis, qui maxima ex parte eam alluit, ac pene in orbem circundat, ita nuncupatam. A Circio habet Oceanū qui Aquitanicus sinus dicitur, ab occasu Hispanias, à Septentrione & Oriēte Lugdunum Prouinciam, ab Euro & Meridie Narbonensem. Riuulis & fluminibus piscosis, solo fœcundissimo, pascuis pecorum vberrimis, vineis nectareis, nemoribus copiosis, magna fructuum abundantia celebris, auri, argenti, aliorumque metallorum ferax, vectigalium prouentu opulenta, sed præ aliis prouincijs voluptatum omnium luxuriæ dedita. Denique viris fortibus, bellicosis, & ferocibus instructa habet ea, præter castra & loca munita. Et quia Pictauiensis ciuitas, id est tota Pictonum Regio in vita Sancti Aichardi Abbatis Gemeticensis, in prouincia

Lugdunési secunda pulchrè describitur, eam hîc quoque subiiciam. Inter nobilissimas Aquitaniæ vrbes, Pictauis ciuitas caput attollit, quæ hinc murali ambitu circumsepta, hinc copijs militaribus suffulta, & suos fouet ciues interiùs, & hostiles procul pellit incursus. Nam præter cæterorum gratiam elementorum, etiam soli vbertas & publicam famem repellit, & annuis successibus affluentis vindemiæ germina grata refundit. Felix hac rerum opulentia freta ciuitas, sed longè felicior patrocinijs sanctorum præmunita. Vrbes quatuordecim prægrandes atque populosas & celeberrimas, è quibus duæ sunt Metropoles, vna Burdegalensis magnis semper viris conspicua: altera Bituricensis, cuius tum Archiepiscopus fuit sanctus Austregisilus, & beatus Sulpitius Archidiaconus Austregisili in Episcopatu successor, in quorum parœcia per id tempus Remaclus in lucem editus est.

Fortunatus in vita beati Hilarij. LIGER.

Beatus Hilarius Pictauorum vrbis Episcopus, regionis Aquitaniæ partibus oriundus fuit: quæ ab Oceano Britannico fere millibus nonaginta seiungitur.

Et idem Fortunatus libro octauo de se ait:

Pictauis residens qua Sanctus Hilarius
   olim
  Natus in vrbe fuit, notus in vrbe
   pater.
Gens inter geminos notissima clauditur
   amnes
Armoricana prius veteri cognomine
   dicta,
Torua, ferox, ventosa, procax, incauta,
   rebellis,
Inconstans; disparque sibi nouitatis
   amore.
Prodiga verborum, sed non & prodiga
   facti.
  Dicere plus, fecisse minus, taxatur ho-
   nestum

LIGER.

Regibus hunc fidei numquam seruasse
 tenorem (pe fœlix
Sępius expectans: quare quo princi-
Tunc quoque florebat titulis respublica
 priscis
Magna salus patrię (nomen fuit Æ-
 tius illi) (gentis
Pertæsus tumidæ mores & crimina
Vastandam rigidis tandem permisit
 Alanis. (vrso.
Rex erat his Eochard quouis crudelior

Denique addidit D. Germanum Altissiodorensem dicendo auocasse Eocharem ab incœpto.

Eandem regionem Britannicam tractum Armoricū multo ante Sidonius carmine septimo appellauit his versibus:

Quin & Armoricus Pyratam Saxona
 tractus
Sperabat cui pelle solum sulcare Britannū
 Ludus.

Quo genere armorum Armorici

vterētur sciemus testimonio Euche- LIGER.
rij Lugdunensis Episcopi in libello
de variis vocabulis, *Frameæ*, inquit,
hastę lōgissimę sūt, quę ijs, quibus etiānūc
Armorici vtuntur, hoc nomen tribuunt.
Ausonius poëta Cósul à Gratiano
dictus in Leontio Grammatico gē-
tem Armorìcam celebrat his verbis:

Nil opus inde tulit,
Sed tamen vt placitum
Stirpe satus Druidum
Burdigalę cathedram
Nati opera obtinuit.

Britannia igitur nobilis prouincia
est, nouē Episcopatus habēs, quorū
sedes in totidē primariis vrbibus cō-
stitutæ sunt. Prima ad Ligerim in
vrbe Nannetum, 2. Venetum, 3.
Rhedonum, 4. Dolensis, 5. Maclo-
uiensis, 6. S. Brioci, 7. S. Pauli Leonensis, 8. Corisopitensis, 9. apud
Trecorenses, quorum alij ad inferiorem Britanniam pertinent,

Lier. alij ad superiorem. Notandumque est in eadem prouincia homines vtriusque sexus, cetera animatia nec non arbores minoris staturæ vt plurimum esse quàm in aliis Galliæ prouincijs seu vicinis, seu procul ab ea disiunctis, cultioremque secundùm Oceanum esse quàm alibi, quòd in ijs locis frequentior habitatio sit propter commoda quæ maris vicinia aduehit, sed in media *Landę*, quę appellatur, cætera infertilia, vtilia tamen pascuis animalium in eadem prouincia, & in aliis vicinis non admodum remotis à mari leprosorum copia videtur. Sed Caputij dicuntur qui in agro Burdegalensi in humilibus casis habitant.

La Villaine. Fluuiorum autem totius Britanniæ celeberrimus est *Vicenonia*, sic dictus à Gregorio cap. 26. lib. 5. & cap. 9. lib. 10. *Interea*, inquit, *Britanni venerunt ad Vicenoniam amnem quem*

Franciæ per Flumina. 137

transeuntes ad Uldam fluuium peruene- LIGER. *runt.* & lib. 5. cap. 26. *Deinde Baiocaſſini, Turonici, Pictaui, Cenomanici, Andegaui, cum multis alijs in Britanniam ex iuſſu Chilperici Regis abierunt, & contra Barochum filium quondam Macliani ad Vicenoniã flumen reſident. Sed ille doloſe per noctem ſuper Saxones Baiocaſinos ruens, maximã exinde partem interfecit.* Ptolomeus eum fluuium *Vidianam* vocat, & nunc vſus obtinuit vt *Vigelania* appelletur. Oritur prope Cenomanorum prouinciam, vnde *Vitriacum* fluit, progrediensque pręclaram Rhedonum vrbem Senatuque in ea conſtituto ceteris illuſtriorem, interluit, poſteaque impleto curſu ſuo in Oceanũ labitur. De quo Gobelinus in Commẽtariis Pij 2. cap. 22. lib. 3. *Britãni eo tempore grauata regione vaſtanda Redonicum ad vicum qui dicitur Cornutus aduenerunt. Ulda* alius amnis à Gre- Aouſt, r.

138   *Pap. Maff. descriptio*

LIGER.

ROHAN.
Iosselin.

gorio memoratus fluit prope domum *Rohaniæ* nobilissimæ gentis Venetésis diocœsis, inde *Josselinum*, postea *pontem Corbinum*, ibique acceptis aliquot riuulis in Vigelaniam decurrit. Idem Gregorius Turonensis: *In eadem*, ait, *ora maritima insulę complures sunt Venetorum, & quę Venetinæ appellantur, & in Aquitaniæ sinu Vyliarius.* Hæc enim verba sunt Plinij lib. 4. cap. 19. hæ dicuntur fermæ ducentæ inhabitatæ & incultæ. Idem Gregorius cap. 5. lib. 8. *In insula,* inquit, *quę est proxima ciuitatis Ve-*

Vannes.

netica, erat stagnum validum piscibusque refertum quod vnius vlnę altitudinis conuersus est in cruorem. Blauitam

Blauet,r.

autem fluuium Britonum esse Rheginio historicus testis est, ad eumque pugnatum memorat. Et in vita sancti Gildæ cap. 13. hæc de eodem flumine reperio. *Super ripam fluminis*

Pontiuy.
Hambont.

Blaueti, Pontiuium Hambātumque op-

pida interſecans, nec uſquam vadoſus LIGER.
amnis in ipſa Venetia labitur in Oceanum. Gobelinus lib. ſexto: *Britanni
ſunt*, inquit, *Galliarum populi, qui ex
inſula Britannia olim ut antea relatum
eſt, pulſi, eas incontinenti terras occupauere quas Veneti priùs incoluerant, ex
quibus dicta eſt ciuitas Venetēſis*. Erius Elle.
ἤριος Grẹcè à Ptolomeo dictus infra
pontem *Scorẹ* influit in mare. E regione apparet *Caloneſus* inſula à Belle isle.
pulchritudine dicta. Caloneſus Britanniæ minoris peninſula eſt remota à terra ſeu continēti leucas fermè
ſex, & quatuor à porta cui nomen
Tiberoni, ſeptem in circuitu aut circiter, tres & mediam longitudinis, latitudinis autem duas. Propria
eſt grano nutriendo, maximè frumento, & auenæ quæ ſunt pecorum
delitiæ: nullæ ſunt in ea arbores proceræ, & ceduæ ſiluæ, & ratio

LIGER. est, quia superficiem habet terra opertam, sub qua rupes sola tegitur. Magnæ naues ingredi peninsulam nequeunt: ita enim nunc appellamus, etsi initio insulam diximus: sed apud radam, vt nautæ vocant, consistunt, vtque ab iniuria ventorum se tueantur necesse est vt peninsulam ferè totam circumeant pro modo vetorum. In ea sunt parrochię quatuor compositæ ex viculis centum quadraginta, quorum quilibet ædificia habet tria aut quatuor. Templa seu Ecclesiæ etiam quatuor, vna Petro & Paulo, secunda Direco, tertia eaque spatiosa Palladio est dicata: nomen vltimæ adhuc nos latet. In eadẽ nutriũtur lepusculi penè innumeri. Munitio in cauata ferro rupe est, vbi presidium quinquaginta peditum vigilias agit, nec peninsula diœcesis alicuius est, sed à Romano Pontifice ei datur Officialis, à quo dimissoriæ literæ ad viciniores Episcopos obtinentur. Vrbes vicinæ sunt *Hanneboutum* & *Kimperle*, abestque decem leucis. Propinquior autem vrbs & magni nominis est ciuitas Venetorum Cæsari cognita, ab eoque eleganter descripta libro tertio : *Terrasidius missus est in Vnellos, Marcus Trebius Gallus in Curiosolitas, Quintus Velanio cum Tito Silio in Venetos, cuius est longè amplissima autoritas omnis oræ maritimę regionis earum, quòd naues habent Veneti plurimas quibus in Britãniam insulam (maiorem) nauigare consueuerunt.* & lib. secundo. *Eodem tempore à Publio Crasso, quem cum legione vna miserat ad Venetos, Vnellos, Oximios, Curiosolitas, Sesuuios, Aulercos, Rhedones quæ sunt maritimæ ciuitates, Oceanumque attingunt, certiorque factus est omnes has ciuitates in deditionem potestatemque populi Romani esse directas.* Et lib. 3.

LIGER.

Publius Crassus adolescens cum legione septima proximus mari Oceano in Andibus hyemabat. Et eodem lib. *Naues in Venetiam vbi Cæsarem primum bellum esse gesturum constabat, quamplurimos possunt cogunt socios sibi ad id bellum, Oximios, Lexouios, Ambiliates, Morinos, Diablintres asciscunt.* Et paulo infra: *Atque his paucis diebus Aulerci, Eburonices, Lexouijq; senatu suo interfecto quod autores belli esse nolebant se cum Virodouice coniunxerunt.*

Kimperlay. Kimper Britannica lingua oppidum siue vrbem significat, qualis olim fuit, clausa antiquitus murisque cincta, populo tamen parum abundás, quam interluit amnis. *Oderus* prius-

Oder, r.
Kimpercorantium.
Aon.

quam ad littus Oceani perueniat. *Aon* alius amnis per castrum *Lini* fluit sulmonibus abundans, atque in insulam nomine *Rotundam* excurrit, in quam vicinus *Elænia* amnis quoque labitur. Sequitur insignis portus

Franciæ per Flumina.

tus nomine *Brestius*, mox *Gabeum* Liger.
promontorium, vulgo Sancti Vi- *Brest.*
ri Mathei Apostoli appellatum, *S. Mahé.*
quod appulsu difficillimum est. E
regione eius *Oessanti* insula posita *Oessant.*
est, magnitudinis ac pulchritudi-
nis ad habitandum propria, etsi
paucos incolas habet, propter piratas & prædones maritimos, qui
periculum damnumque insu-
lanis nimium afferre solent. Deinde *Conquestus*, plurimæque exiguæ insulæ sequuntur, antequam *Conquest.*
Sancti Pauli Leonensis oppidum *Leon.*
Episcopali sede ornatum videas.
Inter cæteras *Sena* insula Oscisini-
cis aduersa littoribus, Gallici numinis oraculo insignis est, vt ait
Pomponius Mela libro tertio cap.
6. hodie *Sayn*, opposita capiti S.
Mathei, vbi sunt Oscisiuij populi;
nam eos ita vocat Cæsar. Ex eo-
dem littore *Trecorense* oppidum E- *Triguet.*

K

Liger.

Triguet.
S. Brieu.
S. Malo.
Aleth.

piscopatu celebre cernitur. Postea Sanctorum *Brioci* & *Maclouij* oppida, in quibus duo Episcopatus collocati sunt. *Aleth Cuc* est oppidum Britanniæ maritimum, vnde sedes Episcopalis translata est *Maclouium* peninsulam, quam facit in Oceano in Monasterio Vincentij ordinis Canonicorum Sancti Augustini. Maclouium oppidum distat ab Aletha duobus tantùm millium passibus. In Notitia vtriusque Imperij hæc verba habentur, *Aletha ciuitas maritima Britanniæ Celticæ.* In Briocensi quidem sita est Abbatia nomine *Cormorna*, & iuxta eam satis prope sylua quæ in plures leucas extenditur. *Rinctius* ortum habet prope locum cui nomen *Landæ Menaiæ*, fluit iuxta *Dinanum* vrbem pulchram & spatiosam, indeque & mare influit propè Maclouium, vbi nomen amit-

Rance, F.

Dinam.

Franciæ per Flumina. 145

tit. Hic amnis abundat optimis LIGER. piscibus, vt sunt carpiones, lucij, troctæ. Leucas quatuordecim decurrit, magna nauigia fert à Dinano vsque Maclouium, æstuque Oceani refluus leuca vna Dinanum aliquando præterit. *Mineta* est *Minette, r.* exiguus amnis prope *Fulgeriarum* *Fougeres.* vrbem fluens, cuius cursus vltra sex leucas protenditur. Aquam habet propriam tincturæ, parumque piscium ferax est. Fluctus autem maris hunc ordinem seruat; veniens enim manè hora sexta redit vesperi hora sexta cum dimidia, recurrit sero hora octaua, & sic deinceps. Denique *Coesnus* am- *Coësnon, r.* nis à Fulgeriarum munitione valida fluens Britanniam à Normania diuidit ad pontem Orson, indeque versus montem Sancti Michaëlis fluens in mare labitur, vnde prouerbium Britonum:

K ij

LIGER.

Tap. Maff. descriptio
Coesnon fist vne grand folie,
Mettant le Mont en Normandie.

Sciendum est autem Normanniam esse quam Veteres Lugdunensem secundam appellabant. Britanniæ verò Episcopatus sub Turonensi Archiepiscopatu comprehenduntur.

SEQVANA.

CANCELLI oppidulum in via militari positum euntibus Lutetia Diuionē Burgundiæ vrbem, abest à fonte Sequanæ duobus passuum millibus, & patronus loci parrochięque Cancellorum in dioecesi Heduensi positæ, est *Antimus* Bithiniæ Episcopus: Dominus verò Abbas Flauinij in edito colle constituti. Iter autem prosequentibus ab illo fonte occurrit proximum oppidum sancti *Sequani* in ima valle positum, Lingonensis Dioecesis, non Heduorum, syluaque colli imposita *Belsaya* dicitur, estq; in territorio coenobij. Itaque Sequanam flumen neque à Sequanis trās Ararim populis, neque à Sequa-

SEQVA-
NA.

Seyne, r.
Chaneaux
Dijon.

Antesme
Flauigny.

S. Saine.

SEQVA-NA.

no sanctissimo viro appellatum cóstat, etsi castellum in quo natus est vltra *Susionem* fluuium parum abest. Fons autem mediocris nec depresso, nec alto situs loco, nihilque admirandi habet, præterquam quod tantæ rei initium est; magnū enim flumen parit, duabus leucis à sancto Sequano intra syluam Cācellorum pertinentem ad Abbatem eiusdem monasterij S. Sequani, & infra templum fons oritur magna aquarum copia erumpens: ac primùm acceptis aliquot riuulis Sequana occulta alluuione accrescit. Cæsar ita appellat flumen quod nunc describimus. Hoc nullo pene nomine fluere videtur vsque *Aseyum Ducis* & *Castellionem*, vbi ligneo ponte transitur. Quo in oppido monasterium est ordinis Benedictini, de quo quidem Castellione Poëta Guilielmus Armoricus in Philippide:

Aysé le Duc.
Chastillon.

Franciæ per Flumina.

Et castrum Castellio nomine vicus　SEQVA-
Nobilis,　　　　　　　　　　　　　　NA.
Quem fluuium medium retinentis per-
　luit vnda,
Sequana nobilium pater, instructorque
　virorum.
　　　　　　　　　　　　　　　　　Bar sur
Ab eo loco *Barum* fluendo perue-　Seine.
nit, quod vulgo Sequanicum incolæ vocant, propter Barum ad Albã
amnem situm, vt adiectione fluuiorum distinguantur. Prope Tricassinorum vrbem Episcopatu inclytã,　Bar sur
quam *Trecas Campaniæ vrbem,* Gre-　Aulbe.
gorius libro 8. cap. 13. vocat.　　　TROYES.

　　Henricus libro tertio.
　Lupus est ex nomine lectus
Nobilis Augustæ quondam qui forte
　　　Trecarum
Præsul erat.
Ammianus lib. 16. *Breui sicut solebat
otio cũ milite recreatus, ad Tricassinos
tendebat.*
Et paulò post:

Pap. Mass. descriptio

SEQVA-NA.

Proinde certiori iàm spe ad resistendum ingruentibus confirmatus per multa discrimina venerat Tricassas adeò insperatus, vt eo portas pone pulsante diffusae multitudinis barbarae metu aditus vrbis non sine anxia panderetur ambage. A

Chalons sur Marne.

qua vrbe, Catalanum ad Matronam distat, vt hoc obiter dicam, leucis

Les Vannes

duabus & viginti. Et *Vannae* quidem Tricassinae supra eum sunt, à quibus per distinctum alueum tertia pars Sequanici fluminis educitur, versusque portam vrbis nomine Crocelliam, aut Burgundicam, si mauis apertius loqui. Distant autem Vannae illae quarta parte leucae à moenibus, estque in vicinia illarum Vicus Iulia-

SANCY.

ni, quem *Sanceium* incolae vocant, & moletrinae quaedam. Ibi iterum per alium alueum portio fluminis in vrbem labitur. Est & riuulus è S. Mar-

Monstier la Celle.

tini fonte iuxta *Cellas Monasterium* ortus, isque intus decurrens, tandem

in foſſas vrbis illabitur, eique vici-   SEQVA-
nior eſt, ab ortu ſolis, quippe à *Foſ-* NA.
ſiaco Virginum templo ſclopeti ictu *Foſſey.*
tantùm diſtans. hoc artificio maio-
rum introducti in vrbem duo di-
ſtincti aluei, vbi exiere citò coeunt
cũ tertia parte fluminis, à qua diſ-
iuncti diuiſique fuerant, ac iam ple- *Nogeant,*
no alueo Sequana fluit, *Nouigentum* *ſur Seine.*
petens. Ad *Albam* amnem iam ve- *Aube, r.*
nio, qui & *Albula* in vetuſtis tabulis *Aubettes.*
etiam dicitur. Huic vicinum op-
pidum Barium nuncupatur, & in vita Bernardi Clareuallenſis hæc verba reperio. *Erat Clarauallis locus in*
territorio Lingonenſi non longè à fluuio
Alba ſitus antiqua ſpelunca latronum.
Pleno enim curſu Alba à Clareual- *Clairuaux.*
lenſium muris diſtat iactu baliſtæ vi
impulſæ & erumpentis ex ea ſagittę,
ſed riuus ab Alba deductus per cœ-
nobiũ Clareuallenſe fluit. Et Victorianus Annalis iiſdem penè verbis v-

SEQVA-
NA.

titur. Clarauallis non longè à fluuio Alba antiquitus fuit spelunca latronum quę dicitur vallis absintialis vel propter amaritudinem loci. Id verò monasterium in ripa Albæ situm est ordinis Cisterciensis, ad Lingonensem diœcesim pertinens, distansque quinq; tantùm leucis à prima & præcipua Lingonum vrbe quæ Episcopatus est. Supra id monasterium stagnum ingens visitur, in quod fluit riuulus è fonte Albæ scaturiens mille quingentis passibus in via Diuionensi, & in parua valle sub procera quercu oritur, maiorque est fonte Sequanæ in quem labitur, vt famæ maioris in amnem. De Alba Guillelmus Brito poëta ita cecinit Philippidos lib. nono:

Partibus armiferis quas irrigat Alba
 fluentis,
Et Materna vago tendens per plana re-
 cursu.

Franciæ per Flumina. 153

Inde *Castrum Villanum* petens ac prope Barium decurrens, & iuxta Belliloci cœnobium ordinis Præmonstratensis sub diœcesi Tricassium, mox *Ramerudense* castrum, & *Arceiam* antiquam vrbem, de qua in Itinerario Antonini fit mentio celebris Nicolaus Camuzat flamę Ecclesiæ Tricassinorum vir eruditus, & amicus meus, qui fluuios penè omnes Campaniæ meo rogatu perquisiuit, reperit etiam in agone Martyris Balsemij, tempore Vandalorum, in territorio Tricassino eum pro Christi nomine occisū esse, vitamque eius in antiquissimo libro exscripsit, in qua hæc sunt verba: *Tandem verò attingens loca Campaniæ deuenit ad quandam ciuitatem Arceias nomine, nam dicitur in illo tempore ciuitas fuisse, nunc autem villam omnes non ignoramus esse.*

SEQVANA.
Chasteauvillain.

Rameru.
Arcies.

SEQVA-NA. Cuius Martyris lipsana adhuc seruatur in Templo prioratus Ramerudensis, vnde Arciacensis Campania dicitur apud Aimoinum historicũ libro quarto capite primo. Sanè Campaniæ nomen in genere sumptum vno tãtum loco reperio, cùm Aimoinus cap. 39. Lupum Ducem Campaniensem vocat nulla adiecta distinctione, cùm aliquot locis Campaniam Remensem attingat, vt cap. 12. 15. 23. libri tertij. Initio verò quarti Catalaunensem Campaniam disertè proferens. *Sigiberto,* inquit, *cum Burgundionibus in Campania Catalaunensi occurrit Clotarius.* At Paulus Diaconus libro quinto de eadem Campania Catalaunensi sic ait: cùm de pugna Theodorici Gothorum Regis atque Aëtij aduersus Attilam loquitur in hunc modum. *Conuenitur ex vtraque parte in campis Catalaunicis, qui centum in longitudi-*

Franciæ per Flumina. 155

ne leucis, & in latitudine septuaginta duabus (vt Gallis mos est metiri) feruntur. Idem scriptor postea addit, *Eo siquidem pręlio in campis Catalaunicis centũ octoginta millia hominum cæsa referuntur, tantumque est sanguinis effusum, vt paruulus qui ibidem labebatur riuulus immodicus subito torrens effectus cadauera secum traheret peremptorum.* Cuius fluuij nomen postea dicemus cùm ad Vidulæ & Axonæ descriptionem venerimus. Illa autẽ clausula, *vt Gallis leucas mos est metiri*, quomodo intelligenda sit est facile interpretari, si vtamur Hieronymi testimonio in Ioelem. *Unaquæque*, inquit, *gens certa viarum spatia suis appellat nominibus; nam & Latini mille passus vocant, & Galli leucas, Persæ parasangas, & rastas vniuersa Germania.* De quarum veteri interuallo si quis adhuc laborat, succurret illi Marcellinus, cuius hæc

SEQVA-NA.

Pap. Mass. descriptio

SEQVA-NA.
sunt verba: *Et quoniam*, inquit, *à loco vnde Romana promota sunt signa adusque vallum Barbaricum quarta leuca signabatur (t) decima, id est vnum & viginti millia passuũ.* Postmodũ *Plan-*

Plancy.
ceium, antiqui nominis castellum, cuius dominum Nicetas in expugnatione Constantinopolis vt bellica laude formidabilem, ac giganti per-

Anglure.
similem statura admiratur. Et *Angulariam* Baroniam, vt ita loquar, ab Episcopatu Tricassium dependétem, cuius proprietarius vnus est è quatuor Paribus Episcopatus. Addimus Angulariam villam & insulã quę iuxta eam sita est, in flumine Alba positam esse. *Vrsa* quoque siue

Orse, r.
Vssa oritur in paruo admodũ loco diœcesis Lingonensis nomine *Beneurio* in parte eiusdem vici, quę *Vrsa* ab incolis dicitur, qui distat duabus leucis à Carthusia Lugniensi. Buras inde per *Rixeum* vicum fluit, vbi

Franciæ per Flumina. 157

alium fluuiolum subit nomine Creu- · SEQVA-
sam, postea eandem Carthusiam præ- · NA.
terfluit, & quinta aut sexta leuca pro- · *Creuse,r.*
pe *Miras*, Cisterciense cœnobium,
atq; à Sequana excipitur leuca vna ab
eodē monasterio in vico *Villanoua*,
qui non lógè abest à Bario super Sequanam. *Lagnia* verò in vico eiusdē · *Legnes, r.*
nominis scaturit milliari etiam vno
supra *Molismam* sub eadem diœce- · *Molesme.*
si Lingonum, quod Cœnobium est
Cisterciense: denique per *Riceiū* parrochiam ex tribus vicis compositam
fluēs, in Sequanam labitur prope castrum *Polisam*, salaresque in eo capiuntur quos tructas vulgò appellāt,
delicatissimi saporis, deliciæq; mesa-
rū. In eū quoque influit Arsia amnis, · *Arse, r.*
quę causa est, vt ob cōcursū horū triū
riuorum ad pontē illius oppidi in-
fluentiū Galliæ rithmo dici soleat.
Orse, Arse, Leigne & Seyne
Abordent au pont de Bar sur Seyne.

Sequa-
na.

Pap. Mass. descriptio

id est Vrsa, Arsia, Lagnia in Sequanam influunt ad pontem Barensem.

In vita Sancti Auentini reperio hæc verba: *Exinde remouit se sponte sua, & petijt insulam septem millibus ferè ab vrbe Tricassium distantem, quam alueus Sequanæ vel Osæ fluminis in modum coronæ circundant.* (Ea Marchionatus titulo hodie exornatur) quem alij codices simpliciter *Losam* appellant. Oritur verò apud Capellam Molismæ cœnobio tributam sex aut septem milliaribus ab vrbe Tricassinorum distantem, apud Osam, ac tandem prope Sanceium vicum quarta parte milliaris ab eadem disparatam, vbi Vannas Tricassinas esse demonstrauimus, in Sequanam funditur. Est *Monasterium Deruense* in diœcesi Catalaunensi prope amnem Vigeram, de quo Vsuardus in Martyrologio ad 17. Kal. Nouembres

Lozain r.

Monstier en Der. Voire, r.

bres ipso die, *in Deruo monasterio* SEQVA-
translatio Sancti Bercharij Abbatis & NA.
martyris. Is oritur apud *Summam*
Veram Tricassinæ diœceseos, nam
ita nunc dicitur, vicum à Deruo sylua distantem vno tantùm milliari:
acceptisque aliquot fluuiolis in Albam influit. In eâdem etiam labitur
Almantia, ortus è Sira fóte supra vi- *Amance, r.*
cum Amanciam, in quem fluit, tum
Radonis villam ac prope monasterium *Iunifontis*, quod est ordinis
Præmonstratésium in diœcesi Tricassinorum: denique *Matholium,* apud quem vicum in Albam funditur, nec cursum longiorem duobus
milliaribus habere dicitur. A qua vrbe quinto aut sexto milliari est exiguus amnis *Ausona*, in comitatu
Briennensi, qui oritur è stagno *Brā-* *Auson, r.*
tignino, prope Pisneium vicum, nobilissimæ Lucéburgensis familiæ, infraque Albam influit apud *Cocloyan*

L.

Pap. Maff. descriptio

ignobilem vicum. *Luſtria* quoque amnis è fontibus *Malliaci*, id vici nomen eſt, qui diſtat à Catalauno decē milliaribus, totidem ab vrbe Tricaſſina, deinde *Luſtriam* vicum addit, à quo nomen videtur accepiſſe, in cuius templo Lipſana Tanchæ virginis & martyris à circumuicinis populis maxima frequentia coluntur, quia ibidem pro Chriſti nomine tempore Vandalico, vt acta referunt, decollata eſt. Inde *Vinellam* vicum fluit parum diſtantem ab Alba in quam mergitur. Hic amnis vltra tria milliaria non progreſſus abundat troctis. Ad *Barſam* amnem nūc venio, de quo in veteri inſtrumento & Carthulario hæc verba reperiuntur. *Sub monaſtico ordine in cellula quæ Deruus vocatur ſuper fluuium Barſam.* Et paulo poſt. *Ex vno latere fluuio Barſę.* Deruus autem ſylua ingens olim fuit, prope quam Mona-

Marg.: SEQVANA. Luiſtre, v. Barſan, v.

sterium Ordinis S. Benedicti exædi- SEQVA-
ficatum est, postea excisis & euulsis NA.
è terra arborum radicibus in cultu-
ram redacta. Ad monachos verò
Deruenses scio epistolam esse apud
Gerbertum ex Remensi, Rauennæ-
que Archiepiscopo Romanum Pótificem, cuius codicem epistolarum
aliquando edituri in lucem sumus,
magno Galliæ & finitimæ Germa-
niæcis Rhenum sitæ cómodo. Ori-
tur autem Barsa apud *Vandoperam*, *Vanden-*
diœcesis Lingonésis castrum, quod *ure.*
Vandourense & Vandoperosū etiā
dicitur, isque fluuius prope Tricassinorum vrbem à qua vix distat quarta parte milliaris, in Sequanam labitur. Hoc verò flumen Arduconem
amnem accipit. Is fluit apud Para- *Ardussō*
clitum Virginum monasteriū He- *ic*
loisę doctissimæ feminæ, cui notus
erat Abailardus Philosophus atque
Theologus suorum temporum ex-

L ij

Sequa-
na.

cellentis ingenij, ac dicere solitus illud Tullianum, *Mihi solitudo & recessus prouincia est*, à quo Nouigentum vsque duo millia passuum numerari scio. Sunt qui id flumen Arduceum vocent, & antiquiores sic appellabát inspectis veteribus tabulis quæ sic habent. Denique Alba nauicularum patiens, & piscosus admodum, inter Saronem & Marciliacum vicos super Sequanam in ipsum euoluitur, vnde popularis versus circunfertur.

Entre Marcilly & Saron
Le fleuue d'Aube perd son nom.

Trancault.

Id est inter Marcilliacum & Saronem amisso nomine suo Alba in Sequanam influit, *Tranquillus* vicus, qui vulgo Trancault appellatur, à Trecensi vrbe nouem leucis distat, diuiditurque in duas partes, quarum vna parrochialem Ecclesiam prope est, altera castrum loci respicit. Hæ

duæ manſiones diuiduntur & ſepa- SEQVA-
rantur concurſu duorum riuulorũ, NA.
quorum alteri nomen eſt *Sorme,* qui Sorme,r.
oritur è vico S. Lupiani loci religione celebris, qui diſtat à Tranquillo
duabus leucis, & ſeptem ab vrbe
Trecenſi. Alter riuus nomine *Lor-* Loruin,r.
uinus, qui oritur è collibus *Villæ nouæ*
ad diuites homines, ſic enim vulgus
vocat, caſtellum olim munitum cura procerum Æſternenſiũ, vbi pen-
dentibus propter religionis cauſam
diſcordiis acre bellum gerebatur, à
Foſſiano militari viro combuſtum
eſt 1577. Hi duo amnes permixti
prope caſtrum vetus Tranquilli fa-
cientes magnam & largam planiciẽ
pratorum in Sequanam excurrunt
vico nomine *Atiſio* in Senonenſi
diœceſi, ſub *Nogenio* ſiue *Nogento* in
diœceſi Trecenſi duabus leucis aut
circiter à Nogento, & quinque par-
uulis à Tranquillo. Et Sorma qui-

L iij

Pap. Mass. descriptio

Sequana. dem, quæ apud Sanctum Lupianū oritur, irrigat vicos *Barsonum, Marcilium, Bercenaium*, & aliquot insuper, *Tranquillum* vbi Loruinus Sormæ permiscetur, abeoque loco permixti irrigant *Soligninum, Bonium, Trignellium* Vrsinorum procerum, qui sunt marchiones eiusdem, & aliquot præterea locis excurrunt in Se-

S. Eupre. quanam flumen. Beatus *Aper* in suburbio Augustæ Trecorum vico, qui Tranquillus dicitur, præsentis vitæ sumpsit exordium. Discessit autem è corpore septimo decimo Kal. Octob. ac fuisse narratur Episcopatus Tullensis, nec aliud memoria dignum ea vita continet. ad eundem diem Episcopus fuisse Tulli ab Vsuardo refertur. In suburbiis Tulli Leucorum Abbatia S. Apri in eo sita hoc nomine censetur. Sed & alibi in Apri vita leguntur hæc verba: *Diuus Aper è Tranquillo sub-*

Franciæ per Flumina.

urbio à trecis septem millibus distante SEQVA-
oriundus fuit. Glaber vero cap. 5. lib. NA.
1. *Ortus est*, ait, *vir quidam in pago Tricassino ex infimo rusticorum genere Astin-
gus nomine, in vico qui Tranquillus dicitur tribus à ciuitate milliaribus.* Quo
in spatio Glaber & se & nos decepit.
abest enim Trãquillus à Trecési vrbe nouem grandioribus leucis, in eadem diœcesi situs, idque constat testimonio viatorum, qui centies ab
vrbe Tranquillum vicum adierunt.
Nouigentum ad Sequanam, sic dictum   *Nogeant,*
ab eo fluuio & ponte in eo à maiori- *sur Seine.*
bus constructo. Nec verò præter-
eundum est nauigia onusta sale aduerso Sequana ex Oceano venien-
tia longiùs illo oppido non progre-
di, sed salem ad Tricassinos & alias
vrbes terra vehi. Ab illo oppido progreditur Sequana ad *Monasteriolum* *Montereau*
Diui Martini, vbi *Icauna* amnis in il- *faut Yone.*
lum influens, quem veteres sic ap-

L iiij

SEQVA-
NA.

Pap. Mass. descriptio
pellabant, deficere ibi, id est nomen amittere vulgò dicitur. Inter cæteros enim Herricus qui Carolo Caluo floruit, & vitam Germani Autissiodorensis Episcopi scitè perscripsit, ita de illo loquitur.

Fluuio tamen interiecto
Cui prius Icaunæ nomen largita vetustas.

Et consequutis seculis in vita & miraculis Sancti Romani patria Italià Gisleberto Monacho Senonensi ita scriptum est. *In villam Senonum super Icaunam flumen*, vbi villam pro vrbe dicit, Gallicum morem sequutus. Solemus enim vrbes vel maximas villarum nomine appellare, vt Lugdunū, Tholosam, Lutetiam. Cæterum hodie non Icaunam, sed *Yonam* id flumen vocamus.

Senim, r. *Sania* amnis non exiguus fluit prope muros cœnobij Virginis Mariæ apud *Pontiniacum* ordinis Cister-

cienſis in diœceſi Altiſſiodorenſi, ſᴇǫᴠᴀ-
quem publica inſtrumenta *Senaem* ɴᴀ.
vocant. Hic amnis in Yonam influit
infra *Baſſonem* exiguum oppidum
poſitum ab Altiſſiodoro tribus milliaribus. De Pontiniaco autem ſcri-
bitur hic verſus de beato Edmun-
do genere Anglo:
Et Pontiniacum pons exulis, hortus, a- Pontigny.
  ſylum.
De Armentione, Floriacenſis ſcrip- Armanſon
tor anonymus libro quarto cap. 12. r.
ſic ait: *Caſtrum quoddam in Burgun-*
diæ partibus in latere montis ſupra flu-
uium Armantionem vocabulo ſitum,
adiacenti regioni nomen dedit. Nāque à
Tornodoro vicina regio Tornodorenſis Tonnere.
dicitur. Hic autem fluuius Senim u-
rum alluit, poſteà Rauerias atque
Taulacum oppidula fluit: deinde à
Flauiaco progreſſus montem Barri
præterfluit. de quo caſtro ſic in vita
Bernardi Clareuallenſis vocati ca-

SEQVA-
NA.
Mont Bar

pite primo: *Mater eius Aleth erat, ex castro cui nomen Montis-Barri:* demum propè S. Florentij modicum opimumque oppidum, labitur in Ionam, in portu Chernij vici admodum ampli quarto milliari ab Autissiodoro. Vnde Glaber historicus cap. 1. lib. 2. *Castrum,* ait, *Sancti Florentini est super Armantionem fluuium.* Et de hoc quidem Armantione acolæ dicunt.

Armanson
Mauuaise riuiere, & bon poisson.

id est bonum esse piscem illius amnis, etsi noxij; plures enim gur-

Le Scrain, r.

gites habet, periculosusque est. Sera riuus per *Nucetum* Burgundiæ oppidulũ similiter in Icauna in decur-

La Cure, r.

rit. Hæc exigua flumina vna cũ *Cura* amne, qui prope *Clametiacum* fon-

Aualon, r.

tem habet, acceptoque *Aualone* fluuiolo, & cæteris aliquot riuulis amnibusque, fecere vt crates lignorũ

Franciæ per Flumina.

SEQVA-
NA.

valdè necessariæ vrbi Lutetiæ aqua perfusæ fluant, carboque & vinum nauiculis vehantur. Icauna itaque supra *Crepantium* nobile oppidum oritur, ipsumque interluit. Deinde *Autissiodorum* vrbem, quæ *Autricus* olim dicebatur, vt ex Henrico Sancti Germani monacho & poëta didicimus, simul ex Constantio ciue Lugdunensi, qui eiusdem Germani vitam scripsit Valentiniani tertij temporibus, multoque antiquior est. Sic enim in vita S. Peregrini, *Peregrinus & socij Autricum, quod nũc Autissiodorũ dicitur, intrepidè perueniunt.* De Autissiodoro autem apud Ammianum hæc ipsa verba esse scio. *Iulianus ab Augustoduno Autissiodorum peruenit, inde ad Tricassinos.* Et quidem in conspectu Altissiodorensis oppidi interposito Icauna fluuio S. Germanus monasterium collocauit, vt idem Con-

Creuant.

stantius Lugdunensis in eius vita ait.

SEQVANA.

Armentio in regione Mandubiorum ortus, qui nunc ab *Alexia* gentis illius munito quondam oppido Alsenses appellantur, acceptis aliquot fluuiolis, quorum vnus Sinemurũ oppidum alluit. De Sinemuro anonymus quidam vetus autor eruditus, monachus Floriacensis ante sexcentos annos loquitur c. 43. lib. 4. de miraculis sancti Benedicti his verbis: *Quidã nobilium Gaufridus nomine, præpotens vir dominus castri quod Sinemurus vocatur, &c.* Quod idcirco dictum est, ne quis id oppidum post id tempus sexcentorum annorum conditum putet, & recèns constructum existimet. De Alexia verò Mandubiorum oppido Cæsar libro septimo de bello Gallico. *Ipsum erat oppidum*, inquit, *in colle summo admodum edito loco,*

Alise.

Semur en l'Auxois.

Franciæ per Flumina. 171

ut nisi obsidione oppugnari non posse vi- SEQVA-
deretur. Eius collis radices, duo dua- NA.
bus ex partibus flumina subluebant.
Herricus Altissiodorensis qui Carolo Caluo floruit, id oppidum *A-*
lesiam vocat ab alendo, quod pingui
pane alat colonos. Alesiensis enim
regio frumentaria valde est, vt Santonum agri & Belsia Carnutum.
Postremò idem Herricus :
Nunc restant veteris tantum vestigia
  castri.

Templũ *Beatæ Reginæ*, & fons sa- SainEteRe-
lubris aquæ & concursus peregri- gnet
norum aquâ illius ad sanitatem re-
cuperandam vtentium locum hodie clarum faciunt. Vsuardus ad
septimum idus Septembris. *In ter-*
ritorio Augustodunensi, inquit, San-
ctæ Reginæ Virginis, quæ sub Cõsule O-
librio eculei, carceris, ac lampadum
perpessa supplicia, tandem capitali sen-
tentia finiri est iussa. Alexiam igitur

SEQVA-NA.

veterem in summo colle sitã fuisse apparet, aut vt Strabo loquitur, in sublimi locatam tumulo cingentibus montibus & fluuiis duobus, cuius collis radices, vt ait Cæsar, duabus ex partibus flumina subluebant. Locum vbi Alexia fuit, hodie Alexiæ montem vocamus, in cuius pendenti à Septentrionibus Occidentem spectando situs est vicus retinens veteris Alesiæ nomen. Duo flumina quorum Cæsar mentionẽ facit, siue duo riui qui radices eius montis subluunt, in quo oppidum situm erat, qui perpetuò fluunt, proptereaque flumina ab eo dicuntur, alioquin parum digni hoc nomine iudicarentur, cùm fluminis nomen non conueniat tenuibus riuis, neque attribui soleat aquarum copia carentibus. Hi enim duo riui non excedũt latitudine tres aut quatuor ad summum, vt vocamus, thesias,

si habeatur ratio vt haberi solet la-   SEQVA-
psus eorum cursusve quotidiani.   NA.
Ambo igitur defluunt aut descendunt ab ortu solis. Verùm is qui à
Septentrionibus venit, & Gallica
lingua *Oserain* appellatur à nomine
veteris templi paganorum quod *Oserain*.
aiunt Osiri dicatum fuisse, vbi situs
est prioratus Sancti Maximi, aut vt
vulgò dicimus *S. Mesmyn*, & vicus
infra quem oritur distans quinque
leucis aut circiter ab Alexia vnde
Osiris defluit, decurritve plures vicos, nominatim eos quos subijcio,
Auosnam, Villam Berninum, Altã ru-
pem, & radices *vrbis Flauiniæ,* in qua *villerni.*
est Benedictini ordinis coenobium, *Flauigni.*
videlicet Sancti Petri Apostolorum
Principis, diœcesis Augustoduni
Heduorum magnæ auctoritatis &
nominis. Vrbs autem illa satis munita satisque valida est, aspiciens vi-
densque montem Alexiæ, qui vna

tantùm leuca abest, id est duobus passuum millibus aut amplius, secundùm morem regionis. Alter riuus à meridie fluit, ac *Lozæ* nomen habet: sed cur ita appelletur nemo est in illa regione qui rationem reddiderit. Itaque primogenium nomen meritò censeri debet. Apud *Blaisium* oritur, quod Baroniæ nomen est, domusque eleganter exædificatæ ac sitæ quatuor leucis supra Alexiam, distansque à fonte Osiris siue Oserani, vt nunc vocant, quatuor transuersis, leucis à Blaisio decurrit per S. Heliæ prioratum, *Tenissam* Baroniæ dignitate insignem locum, & *Gresigninum* atque alios. Postmodum irrigat Alexiæ montem Mandubiorum à meridie.

Cùm autem hi duo riui decurrêre planiciem circiter passuum sex mille, influunt in maiorem amnem, cui *Brenæ* nomen, idque apud insulam

Sequana.

Lozæ, r.

Brenne, r.

Franciæ per Flumina.

Iam Antoniam, vbi vnum corpus faciunt hi duo riui, Oferanus & Loza, Brenaque eos excipiens: sed duo priores nomen amittunt. Brena igitur oritur apud *Subrenonē* antiquam in Burgundia Baroniam, ac fluit per *Albigninum, Buceam, Vitellium* Baroniæ titulo ornatum, *Pafaugias, Leuniacum* vini optimi feracissimum, *Polleniacum, Lalmas.* Qua in planicie referuntur Galli olim aduersus Vercingentorigem fortiter dimicasse, occisorumque eo prælio cadauera ibi sepulta rustici aiunt. Ab ea planicie Brena fertur iuxta montem Bardorum qui sacerdotes dicuntur fuisse veterum Druidarum.

SEQVANA.

MonsBar.

Si fama non fallit fidem;

vt Ausonij versu vtamur. Ambari necessarij & consanguinei Heduorum, vt Cæsar ait libro primo. Brena verò duas adhuc leucas fluens

SEQVA-NA.

Ancy le Franc.

Tonnerre.

Regnye.

Baſtous.

Os.

La bouche d'Armenſon.

in Armentionem labitur ſupra Rogemontis Abbatiam Virginum ordinis ſancti Benedicti loco, quem accolæ Bergas vocant. At Armentio accepto Brena fluit *Ancium francū*, id eſt liberum. Ancium ſanè ad Comitem Tornodori pertinet, eſtque vnum ex pulcherrimis ædificiis vel ſtructuris Reghi. Inde Armentio idem propè *Tornodorum* accedit: centeſimo enim paſſu ab eo tantùm abeſt. Deinde Righienſem Abbatiam ſanè celebrem penè attingit. Denique cis Altiſſiodorum in Icaunam flumen apud Chenij portum effunditur. Quidam tamen *Bonardij* id fieri dicunt propè *Baſſotium* vicum, loco quem ruſtici appellant *Os Armentionis*, id eſt buccam ſiue oſtium, vulgo *la gorge d'Armenſon*. Cura quoque citra crepatium & Autiſſiodorum in Ionam labitur. In eadem Autiſſiodo-

renfi diœcefi oppidum *Clemencia-* S<small>EQVA-</small>
cum fitum eſt, oppidum inquam <small>NA.</small>
commodius propter fluuium Icau-
nam vehendis mercibus rebuſque
omnis generis *Monaſteriolum* vſque quod Diuo Martino, vt ſuprà
diximus, dicatum eſt, atque à *Lan-* S. *Launer.*
nomari Bleſenſi cœnobio depen-
det. Et apud *Monaſteriolum* qui- *Monſtereau*
dem deficere Iona vulgo dicitur: *fant Yone.*
& iure, quia ibi Sequanam ingreſ-
ſus nomen amittit. Porro Clemenciacum Niuernenſi territorio
recèns additum eſt, etſi in diœceſi
Altiſſiodorenſium verè poſitum, ac
in vetuſtis tabulis Clemenciaci no-
men habet. *Caſtricium* verò in edi- *Chaſteau-*
to colle ſitum leucis à Niuernarum *Chinon.*
vrbe tredecim *Morundiæ* caput *Mornant.*
eſt, vnde crates lignorum Crepantium Altiſſiodorumque per Ionam & Sequanam Lutetiam vehuntur, quod maiores noſtri facere
M ij

Sequana.

aut tentare ante annos sexaginta nó nouerant. Sed necessitas quas artes non inuenit? Bibracte Gallicè dicitur *Beuuray*, mons eiusdem Mor-

Beuuray.

nundiæ, super quo Franciscanorum templum est; habenturque nundinæ singulis annis, calendis, id est prima die Maij, quæ incipiunt post mediam noctem, & perseuerant vsque ad horam octauam matutinam tátum. Apud Morundios vico *Natalonio* oritur fluuius cadens ex alta rupe, magnumque strepitum & murmur edit, ac propter saltum quem facit oriens, *Saltus* appellatur, vsque ad *Suram* parrochiam: quáprimum autem ortus est moletrinam agit. Ad Monasteriolum reuertor, idque ad Briam pertinere, quod regionis nomen est Campaniæ vicinum, lectores monitos velim. Quam regionem Aimoinus historicus *Saltum Brigiensem* appel-

Saltus.

Franciæ per Flumina. 179

lat. Villonoxæ fluuiolus oritur in Bria superiori prope Abbatiā Neslensem, cui nomen *Quieti* in diœcesi Trecensi, in Sequanam mergitur. Et Villonoxæ quidem Pyrites lapis in vineis multus reperitur, quo passim in Gallia vtimur. Iona verò cis Altissiodorum *Juueniacū* oppidulum, mox celebrem Senonum vrbem alluit. Ex membrana veteri scripta apud Pontiniacum anno millesimo centesimo tricesimo, hęc verba ad me missa sunt. *Lamboya fluuius in Vēnam defluit, & Vēna versus Senonum currit.* Hunc autem Senones ipsi Venetam appellant in antiquis tabulis quas habent. *Villare* vici nomen est, cuius territorium vsque ad eum amnem excurrit. Antiquitus fuisse vrbem muro cinctā, & quatuor portas habentem constans adhuc fama est, atque instrumentum publicum adhuc superest,

SEQVA-NA. Villenoſſe, Nesle. Repos. Lamboye,r. Venn.

M iij

SEQVA-NA.

Pap. Maff. descriptio in quo hæc verba leguntur: *Archipresbyter Venetensis presbyteros congregat ad Escheias quas Veneta flumen alluit.* Itaque Veneta amnis qui est Venena absque dubio oritur vno milliari à Tricassinorum vrbe, è fontibus *Gelanis* in parrochia *Toruillari.*. Sunt enim publica documenta membranea cœnobij *Vallis Lucentis* vbi fons Vennæ visitur in paruo & ignobili loco, à quo vsque ad ostium suum in Ionam sunt milliaria vndecim numeranda, triginta tres moletrinæ varij generis, quædam frumentariæ aut quibus secala siue siligo teritur, aliæ quibus papirus fit, aliæ fullonibus vtiles ob pannorum vsum. Octo etiam riuuli qui in eum fluunt, quorum primus à fontibus, qui Bussei consistunt. In tribu sancti Leobaldi duo sunt: vnus erumpit

Franciæ per Flumina. 181

apud Diarreum sancti Petri, ibi-que fontem habet: alter manat è Bernayo, qui fluit *Sangiacum, Ferrarias, Valconem,* & *Tuisium*, influitque in Vannam, seu Venetam, seu Venenam supra castrum eiusdem Leobaldi sancti viri. Paucę moletrinæ, id est, duæ solùm in eo amniculo visuntur. Alius quoque riuulus à *Sillerino* fluens apud *Flossiacum* se effundit in eum ipsum amnem, quemadmodum & alius qui manat è stagnis Monasterij Vallis Lucentis, quod est Cistercienfis ordinis, in diœcesi Senonum, atque apud *Molimontem*, infraque in Vannam effunditur. Præterea alius qui in fossas Chisij in valle quadam positi, quo loco Vannam quoque ingreditur. Denique riuus est alius qui Darce fluit, ac supra pontes ad Vannam in eum

SEQVA-NA.

M iiij

Sequa-
na.
Sens.

labitur. Postremo hic amnis per suburbium Senonense *Senonas* ingressus, industria & artificio aquæductuum intus ingreditur, & vicos vrbis singulos viasque purgat. Placuit Bononi Valliensi Abbati, fratribus quoque, hoc ipsum ex cómuni consensu poscentibus, vt in prædiolo suo quod est in suburbio Senonicæ vrbis, sub ipsis ciuitatis mœnibus sito, monasterium fundaretur vbi prisco tempore conditum fuerat. Qui locus & situs oportunitate & Icaunę fluminis præterfluentis amœnitate ad id construendum aptissimus videbatur. Ergo ædificata pulchro satis schemate Basilica, cæterisque habitationibus religioni monasticæ congruétibus illuc beati Romani corpus cum lętitia transtulerunt, vbi florent meritorum eius insignia. Hæc in vita Sancti Romani confessoris Itali, à Gisleberto mo-

nacho Senonenſi ſcripta. Lamboyã SEQVA-
fluuium in Vannam fluere ſuprà di-   NA.
ximus. Origo eius ſupra Beati Medardi parrochiam, fontibuſque aliquot eiuſdem Medardi & *Aquenſi-*
bus limpidiſſimis accreſcit. *Aquæ* A I X.
etiam ſunt receſſus Epiſcoporum
Tricaſſinæ vrbis, de qua Lupus Fer-
rarienſis in epiſtolis loquitur. Exin
Sequana ſub ponte Icaunæ ſublicio
fluit, quem ruſtici *Pontigonem* vocãt,
cùm pontem Icaunæ dicere oporteat. Neque enim licet ſcriptorum
voces pro arbitrio corrumpere. O-
dorannus Senonéſis ſcribit ad illum
pontem habitam Synodum Ludouico Balbo tunc rege, eamque inſe-
rit. Pons autem ad Icaunam con-
ſtructus à Senonum vrbe diſtat milliaribus tribus, & à ponte vſque
Monaſteriolum quinque. Giſleber-
tus quoque, de quo diximus cap. 17.
de eo ponte ſic ait in vita beatiſſimi

SEQVA-NA.

Romani, *In villam quæ pōs nomine supra Icaunam fluuium.* Et in veteribus tabulis beneficiorum pontis super Ionam. Sequitur *Monasteriolū Martini*, vbi vt supra diximus, Icauna in Sequanam labitur. In eiusque loci ponte lapideo vidente Carolo septimo Ioannes ducis Burgundiæ filius à Tangario castello patrum memoria cæsus est, idque facinus magnarū in Gallia calamitatum causa fuit. A Monasteriolo *Meledunum* vsque numerátur sex milliaria terra eūtibus, per fluuium verò septé & amplius. Gobelinus in actis Pij secūdi aliquot Galliæ locorum, temporibus Ludouici XI. mentionem facit, a ̧primùm in agro, inquit, Siluanectensium est oppidum cui nomen *Crepi*, id nostri maiores *Crispiacum* vocabant; secundò Melleduni, ait, non ignobile Senonum oppidum, non nisi tertiis castris intercludi potest, quorum al-

MELVN.

terum nullo sit vsui. Et de Victriaco sic ait, Victriacum non parui nominis oppidum in agro Campaniæ Catalaunicæ. Igitur verba illa de Victriaco incéso intelligenda sunt. Et de Creuanto, oppidum, ait, apud Ionam situm, & Iona flumine paruo spatio relicto ab oppido muros excurrit non minor Arari: qua in re non puto ei fidem habendam, quia Araris maiores sunt aquæ. De *Bella villa* in hunc modum loquitur: Oppidum Bellauillæ apud Ararim obsedit, Bellavilla oppidum est iuxta Ararim in regione Belliiocensi. Item ait, Philippus Auaricum, concessit quod hodie Niuernum vocat. Id omnino falsum est, nam Auaricum oppidum est Biturigum, quod numquam vocatum est Niuernum. Postea Burgundionum, inquit, cam-

SEQVA-
NA.

pos Arar fluuius irrigat, qui à monte Iura exortus non longè à Lugduno in Rhodanum fluit. Inter Burgundiones multi annumerantur populi, hi Sequani sunt & Vesuntiones, quos *Dubius* præterfluit amnis, & Lugdunum, Cabillones & Matiscones & Altissiodorenses atque Celtarum ferè omnium quondam Principes Hedui. In quo loco quod ait Ararim à monte Iura exoriri, fallitur, nam à Vogeso profluit. De Lotharingia Galliæ, inquit, prouincia est non procul à Rheno Mosella amni circumiecta, à Lothario Rege nomen accepit, cui cum fratribus Regnum Franciæ diuidenti sorte obuenit. Omnes autem loci iàm continentur libro nono, & lib. septimo. Loco, inquit, Ripaliæ nomen fuit, mille passibus ferè ab oppido Tononio distanti. Hoc autē oppidū prope Lausanam est. Alius eiusdem

Franciæ per Flumina. 187

auctoris locus est libro sexto, Monterianum oppidum ad confluentes Ionam & Sequanam situm est, Monasteriolum id dicimus. [SEQVANA.]

Inter hæc loca Monasterioli & Meleduni medio quasi itinere *Lupa* amnis in Sequanam influit. Anonymus Floriacensis monachus libro 4. de miraculis Sancti Benedicti. *Albericus*, inquit, *vnus ex primoribus castri Castellionis, quod est situm super Lupam fluuiolum, vesaniæ stimulis agitatus prædia sæpe dicenda Patris Benedicti deuastabat.* Hęc ille de Lupa fluuio tradit, & accolæ id quoque nomen à maioribus suis acceptum adhuc retinent, ipsumque Lupam vocant. Sed iis vox illa displicere non debet, quia antiquissima est, etsi qui Lonium appellant inepti sanè, aut nescij sunt, quia Gallicè Loupain potius dici debeat quàm Loin. Vitaldus qui Caroli Calui temporibus [Loin, r.]

Sequana. viuebat, *Leuuam* vocat. Oritur autem circa diui *Ferreoli* oppidum, sub dioecesi Altissiodorensi situm, **Chastillon sur Loin.** vnde Castellionem, de quo iàm loquuti sumus, primùm alluit, cuius proprietarius Gaspar Collinius fuit, ciuilium bellorum tuba, quae Galliam propè vastarunt. Inde **Montargis.** *Montis Argisi* oppidum, cuius pars in edito colle cum valida arce visitur, vnde syluae & campi regionis *Vrapisiorum*, ita enim **Vrepois.** appellantur, procul despicere facile est. Agrum Stampis vicinum ad Vrapisios, & partem illam Lutetiae Parisiorum, quae meridiem spectat ad eosdem etiam pertinere satis notum est, & alia quaedam loca eodem nomine censeri. **Ferrieres.** *Ferrariense* Monasterium Ordinis Benedictini in dioecesi Senonum situm duobus passuum milli-

bus cùm dimidio ab Argiso oppi- SEQVA-
do, etsi quatuor alibi scripsimus, NA.
& penè ad portas cœnobij in
edito & eminenti loco siti, vineisque consito, stagnum ingens
quod milliare ferè vnum longitudinis habet, riuulus *Bia*, seu Du Biezr.
Clerius amnis ingreditur, qui
erumpens mille passus, vel aliquanto pauciores facit priusquam
in Lupam influat, in quo excellunt lucij. Aqua enim illius vi-
uacissima est, pratorum verò secundum id stagnum virens &
amœnissima copia. Alius quoque torrens *Lunanus*, Vrapisiorum oritur, & in Lupam tandem rapidus perit, & Lupa in
Sequanam abducitur, de qua Armoricus Philippidos lib. 10.

At Senones & terra ferax à flumine
Icauna

Sequa-
na.

Usque locum, quo Sequanio Lupa confluit amni,
Et quæ Moretum, Montemque interiacet Argi.

Præfuit Ludouici & Caroli Calui temporibus Lupus, Ferrariensis ab hoc cœnobio dictus, propter ferrarias quarum vestigia adhuc supersunt: sed Lupi extat liber epistolarum à me primùm editus, qui magnam lucem ignotis Ludouici & Caroli rebus attulit atque afferet. Milliaribus quinque abest à Ferraria *Siluiacus* vrbs siue oppidum à vicina sylua siue nemore vocatum, ca‑

Nemours.

strum *Nemoris* & *Nemosium*, sed Siluiaci nomen in epistolis à Lupo ei tribuitur, pontemque habet lapideum, & fornices aliquot non ignobiles. Tandem progressus *Mo‑*

Moret.

reto oppidulo, quod alluit, in Sequanam non longè ab eo influit. Inde

Fontainebleau.

parum admodum abest *Fons Blaudi* situs

Franciæ per Flumina.

di situs in *sylua Bieria* agri Vastinensis, vt ex literis Innocentij tertij apparet, datis apud Fontemblaudi anno ab Incarnatione Domini M. C. XCI. Roberto Abbati sancti Germani Parisiensis, siue in castro de Blaudiaco, vt tabulæ Senonenses habent. De qua Regia nuper mentioné fecimus in descriptione natalis & baptismatis Ludouici Delphini, cuius parens Henricus quartus inuictus Francorum Rex. Qui & si Lupam nauicularum patienté esse nouerat, ac per eum mercimonia in Sequanam vehi, tamen magno sumptu fossam seu alueolum fieri curat, per quem riuus à *Briaria* oppidulo acceptus à Ligeri vicino Argisi oppidum deducatur magno mercatorum commodo, & in gratiam Lugdunensium nundinarum ac populorum qui Ligerim accolunt. Hoc quidem Rex

SEQVANA.
La forest de Biere Gastinois.

BRIARÆ.

Sequa-na.

fieri iubet multo breuiori via quàm olim fuerit cùm à Giemo terra mercimonia ea vehi vsque ad Argisi oppidum necesse esset, & nouem millia passuum excurrere, quod magnum regi ipsi apud posteros decus & gloriam afferet: sed multo maiorem si à pelago Narbonensi alueum deduxerit per quem à Mediterraneo mari mercimonia vehātur vsque ad Garumnam, indeque Oceanum. Maior enim Hercule ipso hoc opere peracto futurus esset. De Briaria iàm loquuti sumus, quod oppidulum prope Ligeris ripam situm est, à quo vsque Argi oppidum riuus deductus est. Id distat ab eo loco nouem millibus passuum, nec dum alueus ille planè absolutus est, sed ante annum aut biennium perficietur, & in Lupam amnem excurret, nec alueus ille sine magno labore, sumptuque incredi-

bili deducitur. Oportuit enim ali- SEQVA?
quot locis reſcindere obuios colles, NA.
cædere arbores atque eradicare, cę-
teroſque obices & incommoda
aufferre. *Vrapiorum* felix regio à
Montargiſo vſque *Caſtrum Reginaldi*, & *Curtiniacum* protenditur. Ne-
morenſe enim ſiue Siluiacus Vaſti-
nenſium agri eſt ſub diœceſi Senonum, cuius agri nunc pars ad Briā,
pars ad Vaſtinenſem regionem
pertinet. Exin Sequana in curſu La Seyne.
ſuo perſeuerans in eadem ripa Va-
ſtinenſium *Meledunum* fluit inter Melvn
Celtas oppidum in inſula fluminis
poſitum. Martianus decipitur cùm
ait Epiſcopalem in eo ſedem olim
fuiſſe. Ac Meledunum, etſi in inſula
conſtitutum, aëre minus ſalubre eſt
quàm Lutetia Pariſiorum, cui ſitu
perſimilis: Inſula enim duos vtrinque lapideos pontes habet, & Templum Virginis in inſula eſt quem-

N ij

SEQVA-
NA.
admodum Lutetiæ, ac Diui Aspasij nomen in eo oppido magna religione colitur. Distat autem à Regia Fontisblaudi quatuor passuum millibus, Moreto duobus, & ab eo Bar-

Barbeau Abbaye.
batulus Cisterciense cœnobium vnico tantum, interque *Samosium*, & *Herissam* vicos, pons olim constitutus è lapide adhuc visitur. Id quoque Monasterium opus Ludouici VII. fuisse narratur ab historicis propter captum in fluuio barbatulum piscem, quo exenterato, ac reperta intus preciosa gemma, templum & monasterij septa cellasque monachorum construxit, cuius mausleuum siue tumulus in eo magnificentissimè positus est. In tabulis Senonensis Ecclesiæ is locus appellatur *Sacer portus*, aliàs de Barbillo, idque Monasterium est tribus

La Pousie.
supra Meledunu milliaribus. *Vosia* Briæ modicus amnis *Pruuinum* al-

luit, acceptoque *Durtano* in Se- SEQVA-
quanam excurrit. Neque exiſtiman- NA.
dum AGENDICVM *Senonum* fuiſ- *Durtan, r.*
ſe vbi Pruuinum eſt, vt Marlianus *Prouins.*
facit. A Meleduno autem ſingulis
octo diebus *Melunius*, id eſt naui- *Le Melu-*
gij genus, die lunæ Lutetiam venit, *nois.*
ac domum redit die Mercurij, alius
die Martis, vectuſque ad ſuos biduo poſt, vtilis vehendis viatoribus,
& mercimoniis afferendis expor-
tandiſque. Póres verò *Yonæ* hi ſunt,
Crepantij, Altiſſiodori, Iuuiniaci,
Villænouæ Regiæ, Senonenſis, omnes conſtructi é lapide. Pons ſuper
Icaunam ligneus è ſubliciis: nam
Monaſterioli pons Sequanæ impo-
ſitus Ioná quoque accipit. Occur-
rit deinde *Corbolium* ſeptem tantũ *Corbeil.*
à Lutetia paſſuum millibus, vbi Ios-
SEDVM eidé Lutetiæ propinquum
plerique exiſtimant, de quo Cæſar
mentionem facit. Victorianus An-

nalis Corbolij nomine vtitur, ac de Exuperio eiusque lipsanis sic agit. *Anno DCCC.LXIII. dicitur esse trãslatum corpus S.Exuperij apud Corboliũ de vrbe Baiocensi, & primò apud Paludellum villam super Exonam, & post apud Corbolium, vbi nũc id est anno Domini millesimo trecentisimo quinto decimo & decimo octauo, & decimo nono multis & mirandis claret miraculis. Et ab aquis sonantibus Exonam dictã eruditiores putant. De agro Corboliensi vulgò dici solet.*

Fruict de Corbeil, belle de pesche. id est, mala persica ex illo agro facile venduntur, quia bonitate excellunt. Corbolium dicitur opidum Regis Franciæ, quod Sequana fluuius alluit, in Parisiacensi diœcesi constitutum. Huius præposito grãdis erat non modò gratia apud dominum suum, sed & in palatio locus. Quem in occursum præsulis

SEQVANA.

Pallucan.

Franciæ per Flumina.

sancti mittere studuit Rex deuotus, *SEQVA-NA.*
præcipiens non modò humanitatis
officia, sed debitam reuerentiam à
suis omnibus ei in locis omnibus,
quantum pateretur, impendi. Sic
in oppido supradicto humilis ser-
uus Christi de mandato Regis in
regia domo suscipitur. A Corbo-
lio etiam die martis nauigium Lutetiam venit, reditque Mercurij, at- *Le Corbil-*
que iterum die Veneris vt die Sab- *lac.*
bathi domum reuertatur, vecto-
ribus, frumento, rebusque aliis ple-
nissimum. Ibi Diuus Ludouicus
regiam habuit, cuius vestigia ipse
& alij vidimus, prope ostium *Iun-*
næ amnis in Sequanam influentis
ad portas eiusdem Corbolij. De hoc *La Iuyne, v.*
amne & Exona vico Parisiorum in *autrement*
militari via quâ Lugdunum itur Ai- *la riuiere*
moinus historicus non ille quidem *d'Estam-*
Floriacensis libro tertio, sic ait: *pes.*
Theodoricus apud Stampas super fluuiũ

N iiij

Pap. Mass. descriptio

SEQVA-NA.
Iunna, contra Clotarium, qui haud segnius parabat occurrere, aciem dirigit. Et Iunna quidem è Belsia originem

ESTAM-TES.
ducens *Stampas* vrbem alluit, Villã Regiam, mox Exonam non ignobilem vicum fluit antequam Corbolium perueniat, ac frumenta è Belsia per eum vehuntur in Sequanam Lutetiæ commodo. Cancris abundat crassioribus quàm alibi viderim. Itaque apud Stampenses in mensarum delicijs habentur. Idem fluuiolus angusti aluei est, verùm profundi atque alti, & propterea nauigabilis. Sed Iunna quia frigidissimas ac fontanas aquas habet, idcirco pedes equorum tacita torpedine solet inficere. *Loa* amnis oritur

Loet,v.
è fonte sanctæ Apollinæ, labiturque in stagnum *Molinexium* prope san-

S. Mars.
cti Medardi, seu *Martis oppidulum*, indeque in Iunam Stampensem flu-

Francia per Flumina. 199

uium labitur duabus leucis ab eo. Hic autem fluuius Loa dicitur à Gregorio Turonensi in appendice. *Protinus*, ait, *cum exercitu per fluuium Loa Stampas peruenit.* In Chronico autem Besuensi hęc inuenio. *Cùm Theodericus comperisset quod à Clotario pars Regni sui contra ius fuerat prǽrepta, protinus cum exercitu Stampas super fluuium Loa peruenit, ibique obuiam Meroueus filius Clotarij Regis cum Landerico & magno exercitu venit. Cùm esset arduus transitus ille, Loa fluuius transmeatur, vix tertia pars exercitus Theodorici transierat, initum est bellum, ibi Meroueus filius Clotarij capitur, Landericus in fugam versus est, nimia multitudo exercitus Clotarij trucidata est. Theodoricus Rex victor Parisius ingreditur.* Orgia quoque riuus oritur supra *Dordingam* oppidú

SEQVA-NA.

Orge, r.

SEQVA-
NA.
DOVR-
DAN.

CHA-
TRES.
S. Yon.

Sauigny.

quod incolæ & cæteri hodie *Dordanum* solent appellare: sed auctores qui Aimoini historiæ iuncti sunt, Dordingam vocarunt. Postea *Castrensem* pagum alluit, cuius patronus sanctissimè colitur. Hic *Yonius* Diui Dionysij socius fuit, nec procul ab eodem loco in monte finitimo securi percussus est. *Chatras* Paulus Æmilius quod sciam primus dixit. Exin *Sauiniacum* alluit, qui locus nominatim super hoc fluuiolo esse dicitur, denique in Sequanam influit. Dionysius leuita Yonium ad prædicandum direxit apud pagum Castrensem, qui cum eo ab Athenis Romam aduenerat. Cùm autem Iulianus tres lictores misisset qui beatum Yonium diligenter perquirerent, præcedentibus aliis prope Parisius, cui vicinus est pagus ipse Castrensis, reperiunt eum in loco qui dicitur mons

Franciæ per Flumina. 201

sancti Yonij viginti vel circiter mil_ SEQVA-
libus à præfata ciuitate Parisius di- NA.
stans. Viginti autem millia passuum æquamus septem leucis aut
circiter. Boessiacus vicus est in pede montis Yonij. In Briensi verò
ripa apud *Carantonium*, inclitum & CHAREN-
notum flumen *Matrona* mergitur TON.
in Sequanam. Ausonius Consul
Romanus in descriptione Mosellæ *Marne, r.*
fluuij ait :

Non tibi se Liger anteferet, non Axo-
na præceps,
Matrona non Gallis Belgisque inter-
sita fines.

Quod à Cæsare quoque in Commentariis lib. primo de bello Gallico ei tribuitur. *Materna* sanè dicitur
ab auctore qui Aymoino historico
addidit. Verùm ineptè vt opinor,
nisi mendum dicatur factum à typographo vt assolet; qui pro Matrona Maternam posuit. Oritur au-

Sequa-
na.

tem in vico à Lingonum vrbe distante milliari vno, qui *Balisma* nominatur, loco vero ortus sui *Marnottæ* nomen est. Marcellinus libro decimo quinto, qui Iuliani Cæsaris in Gallia miles fuit: *Matrona*, inquit, *& Sequana prope castra Constantia funduntur in mare*. Et rursus, *Gallos ab Aquitanis Garumna flumen, à Belgis Matrona & Sequana diuidit*. Quod quidem de neutro fluuio dici debuit; primus enim in Sequanam funditur, nec Sequana tam prope eadem castra Oceano permiscetur, cùm apud Arefluctum in Caletibus id fiat, intersitque Aulercorum Regio. Ac propter gurgites quos habet & natatoribus & nauiculariis periculosissimus est. A Basso, Lingonum præfecto fa-

Francia per Flumina. 203

ma est *Bassiniam* regionem di- ctam. In ea sunt *Lingonicæ* ve-teres in sylua ingenti, cui *Passa-uantiæ* nomen, vbi quampluri-ma rudera & vestigia tuborum, marmoreique tumuli, vrbisque reliquiæ adhuc visuntur, indeque ad mœnia *Lingonum* vno die per-uenitur. In eadem Bassinia loco cui *Conflictus* nomen, visuntur antiquissima monumenta Latino-rum, quæ ineptum vulgus cœmi-teria Sarracenicæ gentis appellat. *Caluimontis* municipium in eo tractu situm est, altæ rupi super-positum, cuius radices subluit *Suisia* limpidissimus amnis. Is fluit iuxta Caluummontem à Me-ridie, vt *Matrona* à Septen-trione, ortus quatuor aut quin-que milliaribus supra id oppidum, in via qua *Diuionum* itur, prope

SEQVA-NA.
Bassigny.

Coeffy.

Chaulmont

Suizer.

Marneium, & *Villare* vicos, in Matronam tandem labitur infra vicum Buxeruillam quarta parte milliaris ab oppido distantem. Prope *Vangionis riuum*, id est amplissimum vicum, à Vagione gigante, vt accolæ fingūt, appellatum, Matrona fluit. Abest autem Vangionis riuus octo leucis ab oppido *Barri ad Albam* flumen, nec procul à finibus Lotharingiæ, & duabus tantùm leucis à fonte Matronę distans. Hyeme vado transiri nisi magno periculo non solet, piscosusque amnis est qui in Matronam influit. Quod quidem flumen *Victoriacum Parthorum* alluit, non illud quod Hispani superioribus bellis incenderūt, sed quòd à Francisco primo Rege nomen accepit, & ab Incenso distinguitur adiecta hac qualitate. De quo Aimoinus libro 3. cap. 14. lib. 4. cap. 51. *Eodemque*, ait, *veniente Sigeberto ad*

Sequana.
Marney.
Villiers.
Buxeruille.
Vennory ruisseau.

Vitry le François.
Vitry le Bruslé.

villam cui nomen est *Victoriacum*, colle-   Sᴇqᴠᴀ-
ctus est ad eum omnis exercitus, impoſi-   ɴᴀ.
tumque super clypeo sibi regem statuit.
Victoriaci autem Matrona nauigiorum patiens esse incipit vsque ad ostium. Gregorius Turonensis Victoriaci meminit non vtriusque, sed quod nunc Incensum appellamus. Planequa compertum est Vitriacum Francisci Regis non distare ab alio nisi quarta parte leucæ, & Matronam instar foſſæ illi seruire, vt   Sᴀᴜʟs,ʀ.
Saltum amnem Vitriaco alteri, à caſu sic appellato. Saltus autem oritur è montibus qui sunt vltra *Ligninum* Barréſis agri, fluitque *Barum Ducis*,   Bar le Duc.
postea *Magneuillam*, *Bignicurtium*, *Victoriacum Parthorum*, accipitur-   Vitry en
que à Matrona loco cui Saltus buc-   Partois.
cæ nomen est, quod idem significat atque ostium, abestque quindecim aut sexdecim leucis à fonte.
Postmodum *Catalaunum* præcipuã   Chaalons.

Sequana. vrbem, sedemque Episcopalem interluit, ibique lapideum pontem habet. Memius cum beato Dionysio à Clemente, multisque aliis ad prædicandum missus ad vrbem Catalaunensem venit, & vno ferè ab vrbe milliario speluncam sibi pro mansione statuit, & cùm octoginta annis vel circiter eidem Ecclesiæ præfuisset, migrauit ad Dominum. Vna leucâ seu milliari à Catalauno situm est castrum Episcopale cui *Salio* nomen, & pari spatio Templum Virginis, cui *Spinæ* nomen, cruxque inter Salium & Spinam reperitur, vbi constans fama est pugnatum aduersus Attilam, & parù abest Vidula amnis Remos petens. Exin *Aspernacum*, & *Castellionem* oppida à Flodoardo Canonico Remensi, atque Hincmaro scriptoribus egregiis celebrata. *Curtaco* stagnum est Campaniæ quatuor

Espernay. Chastillon.

Franciæ per Flumina. 207

tuor leucis ab Asperneto distans, tamque capax piscium vt singulę piscationes eius æstimentur octo millibus Francicorum. Maximina gens Parisiensis nuper eum possidebat. *Asparnacum* oppidum est in finibus Campaniæ Rhemorum ad ripas Matronæ fluminis. Stagnum Belleuallis Campanię quoque est, quod septem in circuitu leucas complectitur, fuitque Dormanicæ familiæ nobilis & notæ ab eadem Campania, Dormannisque ad Matronã oppidi; & profecto piscatio fieri solita septimo quoque anno, & vendi duabus librarum millibus cuilibet emptori plus offerenti. Et quidam Tricassis nomine Argentarius illam emisse dicitur. Ronio siue Rognanus duobus millibus supra Monasterium *Baufremontij* oritur, quod est caput ordinis Religiosorum Charitatis beatæ Mariæ Vir-

SEQVA-
NA.

Blaise,r.

ginis regulæ Diui Augustini, dictumque monasterium alluit, inde ad Abbatiam Sancti Vrbani Ordinis Cluniacésis, iuxtaque Ionuillam arcem nobilissimam gentis Guisiorum, postea Vitriacum Francicum, postmodum ad Sanctum Desiderium, denique Matronam ingreditur. *Blasia* centesimo passu à *Brancacuria* oritur è fonte, qui manat è duobus altis montibus, quorum vni *Reginaldię* nomen, vino & vitibus fertili, alteri *Perticæ*, grano admodum affluenti per Conuentum beatissimæ Virginis Mariæ à Ioanne Baldricurtio constitutum Ludouici vndecimi temporibus, fluit, *Blasiæque* nobilis castri fossas implet, atque vbi attigit *Blesocium* in Matronam flumen labitur media leuca à *Lasicuria*, & quatuordecim tantùm

Franciæ per Flumina.

milliaria longitudinis habet. Id cœnobium primum locum tenet in ordine sancti Francisci à Paula, qui ad Regem veniens apud Blasiam exceptus est à Ioanne militari viro, qui illum ex Italia in Galliam mandato Regio adduxerat. Et in diuersa ripa Matronæ *Auisiacum* generoso vino celebre, *Dormanosque* non ignobile oppidum, & *Castrum Theodorici* diues & opulentum alluit. Et ab oppido Theodorici non multum abest *Verturus* seu *Virtutum vicus*, in pago Catalaunico: nam ita à Glabro egregio scriptore nominatur libro secundo capite vndecimo, & in vita Arnulphi Suessionensis Episcopi hæc verba legi: *Venit in Campaniam ad castrum quod Virtutum appellant.* Postremo MELDORVM vrbem Cæsari notam

marginalia: SEQVANA. Ay. Chasteau-Thierry. Vertus. Meaulx.

Pap. Maſſ. deſcriptio

SEQVA-NA.

nunc interluit, cùm olim tantum allueret, ac pontem in ea lapideum habet. *Latiniacum* denique antiqui Monaſterij Benedictini atque oppidi nomē, cuius Beda meminit in Epitome Anglorum hiſtoriæ. Et *S. Mauri Foſſatenſis* cœnobium eiuſdem ordinis, & ſi nunc Pontificis auctoritate pro Monachis ſimplices tantùm Canonici nominantur, ac ſupra id monaſterium Matrona etiam ponte iungitur antequam *Carantonium vicum* in parrochia Cōfluentij flumina Sequanæ & Matronæ perueniant. Quo quidem in vico lapideum quoque pōtem habet.

Lagny.

Char.anton. Conſtans.

Brie.

Proninis.

Nunc operęprecium erit *Briæ* ipſius, quæ regio Pruuinum vſque protenditur oppidum Ioanni Sareſberienſi erudiſſimo viro notiſſimum, flumina in Matronam labentia breuiter attingere, atque imprimis *Vrcam* amnem qui *Aſſium*

Franciæ per Flumina.

vicum alluens apud *Moncellas* Re- Sequa-
giam domum amœnitate nulli na.
imparem effunditur, vna & amplius
leuca à Meldenſium ciuitate. Aimoinus libro 4. cap. 41. *Audoenus*
inquit, *fabricauit monaſterium intra*
Brigenſem ſaltum, quod Hieruſalem ab
eo quidem nominatum, verum à fluuio-
lo ſuper quem eſt ſitum Reſbacenſe nunc Rebes.
dicitur. Vincentius Beluacenſis de
eodem ſic loquitur in vita Sancti
Audoeni, *Supra torrentem quem vete-*
res incolę Reſbaſſem dixere. Idem autor eodem capite. *Rado,* inquit, *mo-*
naſterium conſtruxit ſuper Matronam
flumen quod nominauit Jotrum, in quo Ioûre.
ipſe ſub regula Abbatis Columbani Deo Morin, r.
vſque ad diem ſeruiuit vltimum. Mo-
rinus amnis per *Columniacum, Creſ-* Colomiers.
ciacum, ac *Colinium* pontem Virgi- Creſſy.
num Ciſtercienſis ordinis, quæ *Do-* Colin.
minæ vulgo appellantur, fluit, apud Le pont aux
portum *Condenſem* nauicularum Dames, &
les Dames
de pont.

O iij

SEQVA-
NA.

patiens. Quinquaginta enim cadorum qui vino pleni sint, aut alio liquore seu materia, ōnus patitur. Irrigat etiam cāpos Pruuino proximos, eosque fertiliores reddit, ac propè Laliuiacum in Matronam ocurrit.

SEINE.

SEQVANA autem à Confluentibus Latiniam Parisiorum fluens, primum alluit vicinam Ripæ domũ, in qua Echo mirabilis voces humanas crebro repetit, & dimidium versum vt *Arma virumq; cano*, eiusque singulas voces decies aut duodecies ingeminat. Quo fit vt legati principum magnique proceres & iuuētus tota eo confluat, oblectationem animi singularem ex illo vocum sono percipiens atque hauriens. In aduersa autem ripa iuxta Lutetiam occurrit monasteriũ S. Victoris martyris, intraque pratum eius amnis *Bibara*,

Bieure, r.

qui nunc extra septum illius monasterij labitur in Sequanam, qui tam-

Franciæ per Flumina.

olim ingreſſus vrbẽ, vſque ad *Bibarę* SEQVA-
vicum Iudeorũ in eum influebat, vt NA.
nunc quoque veſtigia oſtendunt. Is
amnis Bibara olim vocabatur, vocaturque hodie, à Bibara nobili vico in
agro Pariſiorum, etſi Bibara ſemper
fuit, ędificia autem vicorum non ſũ-
per, caduca enim ſunt. Patrum enim
memoria hic fluuiolus dici Gobelinus cœpit à nomine Ioannis Gobelini aui materni Dionyſiæ Gaudaris
vxoris meæ, egregij tinctoris omnis
generis pannorum, lanarumque cu-
iuſcumq; coloris, cõfectoriſque optimi purpurę, quod genus pãni Cõ-
ſtantinopolim atq; in orientẽ ſolem
ad remotiſſimas gentes mari vehitur. Gobelinus autem ſe acolam huius amnis reddidit infra tẽplũ beati
Hypolitæ loco decliui, ædificans in
ſuburbio Diui Marcelli nomine dicto, qui Pariſienſis Epiſcopus olim
uit, & Gobelini nomen in poſteris

O iiij

Sequa-
na.

eius maribus, qui nunc Lutetiæ viuunt diu seruabitur. Cuius filius
fuit Iacobus Corrector apud Ratio-
nales, & Baltazar Præses Rationaliū
opulentissimus, & alij eiusdem cognominis & artificio tincturæ dedi-
ti cum liberis suis supersunt. Hic autem amnis vnde oriatur, & quid habeat proprij narrare mihi propositū
est antequam de Lutetia Parisiorum
dicam ea quæ necessariò explicanda
mihi videntur. *Bibara* oritur apud
Jancurtium nobilis Parisiorum agri
vicum. *Trappas* inter & *Caprosiam* nō
ignobilia loca fluit, nec procul à
Montimino, inde *Butium* quod abest
à fonte Bibaræ leuca vna & dimidia, mox descendit vsque ad moletrinam quæ in valle *Betina* est, ibique tenuem riuulum cum *Iouium*
accedit accipit, aptum ad stagnum
Boueriarum. Inde distractus mille
passus, & aliquanto amplius auctus.

Bieure, r.
Jencourt.

Trappes.
Cheureuse.

Jouy.

aquis *Igniacum*, & *Antoninum* vicos petens, Bibarę quę fuit Dormanicæ notæ gentis, nomen accipit, postea Burgum Reginæ defluens acceptis iàm aliquot, sed tenuibus riuulis *Gentiliacum* defertur Parisiensis Episcopi amœnissimum recessum, vbi Synodus olim habita est. Tandem in suburbium S. Marcelli Lutetiam veniens locum tingendæ purpuræ aptissimum, cæterisque pannis, in Sequanam flumen influit, & cancrorum infinita copia abundare experti sunt agricolę Iouij piscari soliti, sed etiam piscem non habere nisi cum fossę castri illius aut stagnum Boueriacum extra crepidines diffluunt. Ante vltimum ciuile bellum tingebatur multo melius apud sanctum Marcellum quàm alibi, sed adducti sunt artifices qui tincturam tàm benè faciunt & alibi, quàm quæ fit in eo recessu, nec ta-

SEQVA-NA.

men vtutur alia aqua quàm Sequanæ, etsi alij aiunt aquam Bibaræ dulciorem, nec corrosiuam quamuis turbida ferè est: id opus iuuare, viuaciorem enim, ideoque minus corrigibilem aquam Sequanæ experimento videri. Pánique maximè purpurei qui in Bibara tinguntur colorem viuaciorem habent, quàm qui in Sequana. Nunc de inundationibus eiusdem Sequanæ & Matronæ, quæ olim contigerunt, aliquid dicere præstat, quàm de huiusmodi cásibus quos sciri necesse est penitus silere. Gregorius Turonensis cap. 27. lib. 6. *Aquæ, ait, extra solitum inualuerunt, nam tantam inundationem Sequana Matronaque circa Parisios intulerunt, vt inter ciuitatem & Basilicam sancti Laurentij naufragia sepè contingerent.* Idem scriptor libro 6. cap. 9. *Tempore, inquit, Clotarij Regis apud Parisios ad Basilicam sancti*

Franciæ per Flumina. 217

Laurentij gregi monasterioli Domnolus præfuerat postea Cænomanorum Episcopus. Hoc autem anno 1608. etsi niues pluuiæque incredibiles inundationes tota Gallia plurimas intulere, nullam tamen periculosam circa Lutetiã vidimus, quod non sine Dei beneficio singulari dicere & prædicare possumus.

SEQVANA.

VENTVM tandem est ad insulam Parisiorum, cui nunc in vtroque littore Sequanę, in dextro quidẽ vrbs vasta atque ingẽs, in sinistro Vniuersitas apposita est. hæc quidẽ meridiẽ spectat, vrbs septentriones. Inter has media est insula duplo longior quã latior, quã fluuius ab oriente lapsus circũfluit. *Cæsar l. 6. Concilium, inquit, Lutetiam Parisiorum trãsfert. Confines erant hi Senonibus, ciuitatemq; patrum memoria coniunxerant.* Idem libro septimo, *Labienus cum quatuor legionibus Lutetiam proficiscitur, id est*

SEQVA-
NA.

Tap. Maff. descriptio
oppidum Parisiorum positum in insula
fluminis Sequanæ. Fortunatus lib. pri-
mo de eodem oppido sic ait:
Nos maris Oceani tumidum circumfluit
æquor,
At te Parisius chare sodalis habet.
Sequana te retinet, nos vnda Britanni-
ca cingit.
Diuersos terris alligat omnis amor.
Idem Fortunatus ad librum.
Inde Parisiacam placidè properabis ad
vrbem,
Quam modò Germanus regit, & Dio-
nysius olim.
Si pede progrederis venerato sepulchra
Remedi.
Atque pij fratris complectere templa
Medardi.
Idemque Fortunatus libro septimo,
ait:
Ipse Parisiaca properat Dionysius vrbe.
Herricus Altissiodorensis qui Caro-
lo Caluo vixit.

Franciæ per Flumina.

Tuque tuum rursus populosa Lutetia S℞QVÁ;
    nomen NA.
Carmine conde meo.

Quam si populosam tunc vocauit, populosissimam hodie diceret si nobiscum vita fueretur. Et quia populosa est, qua potione populus vtitur breuiter subiiciendum est. Aqua Sequanæ ad potandum melior est quàm vllius fluuij; est enim leuior aqua omnium fontium Parisiensis ciuitatis, talisque inuenta est experimento, cùm leuior Meudonicis aquis pondere ipso iudicata est, & quicumque aquam bibunt, tale de ea iudicium ferunt. M. Vitruuij de Architect.l.8. Quot modis ducantur aquæ cap.7. Ductus autem aquæ fiunt generibus tribus, riuis per canales structiles, aut fistulis plumbeis seu tabulis fictilibus, quorum eæ rationes sunt. Si canalibus vt structura fiat quamsolidissima, so-

SEQVA-
NA.

lumque riui libramenta habeat fastigiata, ne minus in centenos pedes semipede, eæque structuræ confornicentur, vt minimè Sol aquam tangat. Insula ipsa propter Episcopatū Ciuitas appellatur, de qua sic Iulianus in Misopogone. *Ego*, inquit, *olim eram in hybernis apud charam Lutetiam (sic enim Galli Parisiorum oppidum appellant) quæ insula est non magna, fluuio imminens: qui eam omni ex parte cingit Pontes sublicij vtrinque ad eam ferunt, raroque fluuius minuitur ac crescit; sed qualis æstate, talis solet esse hyeme. Aquam præbet iucundissimam & aspectu purissimam volenti bibere. Nam cùm insulam habitent, ibi maximè eos aquari necesse est. Hiems est illic placidissima propter calorem (vt aiunt) Oceani. Stadia enim abest non amplius nongenta, ac fortasse quædam tenuis aura illic diffunditur: videtur autem maritima aqua dulci esse calidior. Sanè igi-*

Franciæ per Flumina. 221

tûr ob hanc causam siue aliam mihi igno- SEQVA-
tam, ita se res habet. *Hyems* eius terræ NA.
incolis mitior est: præterea vites optimæ
illic nascuntur: quin etiam ficus multi
iam arte quadam extulerunt, cùm eas per
hyemem calamis tritici tanquam vesti-
mentis contegerent, & aliis eiusmodi
rebus, quæ cœli iniurias arboribus prohibere solent. Erat tum igitur hyems
solito vehementior, & fluuius quasi
marmoreus crustas præteruehebat (no-
stis lapidem phrygium, cui persimiles e-
rant candidi istius lapidis crustæ con-
cretæ, magnæ & aliæ ex alijs labentes)
quin etiam fluuium coniuncturæ & tanquam pontem facturæ videbantur. Cùm
igitur in his rebus durior & agrestior
essem, quam vmquam antea; nequaquam cubiculum in quo requiesce-
bam calefieri patiebar, quia modo
illic pluraque domicilia sub ca-
minis carbone calefiunt, cùm tamen
ad ignis calorem excipiendum esset

SEQVA-NA.

Pap. Maff. descriptio oportunum. Quod tùm quoque accidit ob meam duritiem, atque in me ipsum præcipuè vt verè dicam, inhumanitatem, qui me ad illum aërem tolerandum assuefacere volebam, cùm eius præsidij maximè indigeret. Cùmque hyems inualesceret, atque indies fieret vehementior, ne tum quidem famulis meis permisi vt domicilium calefacerent, veritus ne humorem qui in parietibus erat commouerem. Itaque accensum ignem & candentes aliquot carbones inferri iussi. Hi verò etsi non multi erant, attamen multum vaporem è parietibus excitarunt, à quo cùm caput meum oppletum esset, somnus me complexus est, ac sanè metui ne suffocarer. Verùm raptus extra cubiculum medicis suadentibus, vt cibum quem antea sumpseram, eijcerem, non multum eieci, neque sanè multus erat: ita me leuatum sensi, adeò vt nocte leuiore vsus fuerim, & postero die ad quidvis agendum paratus. Quare ad

hunc

hunc modum ego apud Gallos, sicut ille SEQVA-
apud Menandrum discolus, labores no- NA.
uos mihi procreabam. Verum hoc facile
Gallorum rusticitas ferebat. Nunc interpretor verba aliquot Iuliani, primùm Lutetiam Parisiorum oppidum appellat. Ita Michaël Singelus in Encomio Diui Dionysij. In vita eiusdem quæ est incerti autoris à Ioachimo Perionio nostrate in Latinum conuersa tradit Dionysium abeuntibus sociis remansisse apud Lutetiam Parisiorum paruum adhuc & exiguum oppidum. Insula enim non est magna, quia quadraginta ad summum iugera terræ continet, vt mensores asserunt. Cùm autem ait flumen omni ex parte eam cingere, hoc & Vibius Sequester dilucidè explicat his verbis: *Sequana Gallię Lutetiam Parisiorum circumfluit, vel insulam facit.* Cùm vero ait pontes sublicios vtrinque ad eã

SEQVA-NA. ferre, profectò temporibus Guntranni & Chilperici vnicum tantum pontem video in Sequana fuisse. Aimoinus capite 48. libro tertio ait: *Apud pontem Parisiacæ vrbis memoratus Princeps Chilpericus custodes posuerat, vt insidiatores de regno fratris sui Guntranni aduenientes arcerentur.* Et ante eum Gregorius Turon. cap. 19. libro sexto de Chilperico Rege loquens, *Apud pontem veró Vrbiensem ciuitatis Parisiacę, & quæ sequuntur.* Idem capite 33. libri octaui, vbi de eo Chilperico loquitur, sic ait: *Extitit his diebus apud Urbem Parisiacam mulier quæ diceret incolis, fugite ab vrbe, & scitote eam incendio concremandam. Incendium quod ab vna parte pontis cœperat desæuire, ab alia vero parte tàm valide cuncta conflagrauit, vt amnis finem imponeret. Veruntamen Ecclesię domibus suis non sunt adustæ; aiebant enim hanc vrbem quasi consecratam fuis-*

Franciæ per Flumina. 225

se antiquitus, vt non ibi incendium præ- SEQVA-
ualeret, non serpens, non glis apparuisset. NA.
Nuper autem cum cuniculus pontis e-
mundaretur, & cœnum de quo repletum
fuerat auferretur, serpentem, gliremque
aëreum repererunt, quibus ablatis, &
glires ibi deinceps extra numerum &
serpentes apparuerunt, & postea incen-
dia perferre cœpit. De hoc ponte &
Petrarcha loquitur. In vita Liborij
Episcopi Cenomanésis reperio hęc
verba; *Appropinquantes vero*, inquit,
*Parisiensi ciuitati quam fluētis Sequanæ
cinctā Iulius Cęsar condidisse & ob simi-
litudinem insulæ maris, Isius nominatæ,
Parisius fertur appellasse. Simili modo ab
Episcopo loci illius Ercanrado nomine,
omnique populo vltra pontē stratū super
memoratū fluuium occurrente suscepti, &
in principalem eiusdē vrbis Ecclesiā dedu-
cti sunt; erat autē dies dominica.* In quibus verbis qui vitā Liborij scripsit in
eo errauit, existimás Lutetiā à Cęsare

P ij

SEQVA-NA.

conditam: neque enim in commentariis de bello Gallico aut alibi à se ædificatam ait. Multo minus ab Isio insula maris dictam refert. Sed vitæ Sanctorum ferè hoc mali habent, quod vel ab imperitis scriptæ sunt, vel ab ijs qui multis seculis post eorum mortem vixere ignaris rerum præteritarum aut Geographiæ, quos proinde sæpe errasse facillimum fuit. Sulpitius Seuerus parum remotus à Iuliani temporibus libro 1. de vita Martini: *Apud Parisios verò dum portam ciuitatis illius magnis secum turbis euntibus introiret, leprosum,* inquit, *miserabili facie horrentibus cunctis osculatus est.* Postea Iulianus ait raro fluuium Sequanam minui, ac crescere, sed qualis æstate est, talem solere esse hyeme. Et ratio est, quia ripis coercetur ne extra eas diffluat & inundet campos. Aliquando tamen quibusdam in locis adeò coer-

ceri non potest, vt quæuis inunda- SEQVA-
tio impediri possit. Cúque ait, *aquā* NA.
prębet iucūdissimam volenti bibere, nam
cùm insulam habitent, ibi maximè eos a-
quari necesse est, & nunc quoque eodem modo se habet, deferturque
per vrbem & collegia, baiulorum
humeris, vt incolarum necessitati
succurratur, idque leui precio. Et vrbem quidem è proximo vico *Bellæ-* Belle-vill
villæ super sabulo per aquæductus *sur sablon*
fontibus abundare satis notum est,
& singulos ciues puteos habere, etsi
non omnes potui prosint, vtiles tamen sunt domestico vsui familiarū.
In Academia verò nulli quidem
sunt fontes publici, sed putei plures
apti ad bibendum, idque accidit
propter situm eius & loca editiora.
Possunt tamen ex Issiaco proximo
vico facilè deduci per tubulos aut
plumbeos, aut ligneos, aut fictiles,
quod etsi nondū factum est, breui ta-

P iij

men fiet, vt spero. Hyemem Parisijs esse placidissimam propter calorem, vt aiunt Oceani, fortè illo biennio quo Iulianus in Gallia fuit ita res habuit. At nobis qui diu, id est ab annis quadraginta Lutetiam incoluimus, hyemes flante Borea calorem Oceani nobis adimunt. Tum addit Oceanum stadia abesse non amplius nongenta, id est milliaria quinquaginta octo, totidem enim numerantur à Lutetia vsque ad Arefluctum ostium Sequanę terra iter facientibus. nam Rothomagum vsque octo & viginti, inde ad Arefluctum triginta supersunt, & Portum Gratiæ à Francisco Rege primo códitum ac nominatum duabus leucis inde abesse dicunt. Sed multo plura propter flexus sinuosi amnis numeranda. De spatio autem vniuscuiusque stadij Plinius senior eleganter disserit, & Gregorius Florens

Sequana.

Le Haure de Grace.

Turonum Archiepiscopus capite 46. libri sexti. Villam *Calensem* ait distare ab vrbe Parisiaca quasi centum stadiis, id est quatuor tantùm leucis siue octo passuum millibus, nam ita metimur. Mox ait, fortasse quædam tenuis aura illic diffunditur, videtur autem maritima aqua dulci esse calidior. In Anglia quidem seu maiori Britannia maritimus ille calor esse dicitur, at nos aut raro aut numquam experimur, neque mitiorem nobis hyemem. In vita enim Dionysij ab incerto autore scienter scripta hæc verba reperio. *Lutetia Parisiorum oppidum idem erat fertile, consitumque & ornatum arboribus, vitibus autē & vuis, vt quod fontibus allueretur, & suis suppeditaret, erat nobile. In ijs etiam mensariorum negotijs innumerabili copia vrbis & finitimorum munitum erat. Piscium præterea copiam ex amne*

SEQVA: NA. *Chelles.*

P iiij

SEQVA-NA.

quasi ex maris ore vndarum instar proferens prębebat. Nec verò exiguum præsidium fluuius ipse mœnibus ferre intelligebatur. Is enim latitudinem vrbis latitudine sua insulæ specie aqua circundabat. Hilduinus Monasterij Diui Dionysij Abbas, qui Ludouico & Carolo Caluo regibus vixit, ita Parisiorum Ciuitatem, id est oppidum describit in Areopageticis. *Parisiorum,* inquit, *ciuitas salubris aëre, iucunda flumine, fœcunda terris, arboribus nemorosa, & vinetis vberrima, constipata populis, referta commerciis & variis commeatibus, vnda fluminis circumfluente: quæ si quis inter commoditatum genera etiam alueo suo magnam piscium copiam ciuibus ministrabat.* Gregorius Turonensis libro secundo historiæ suæ. *Egressus,* inquit, *à Turonis Parisios Clodoueus venit, ibique Cathedram regni constituit.* Petrarcha in epistola

quadam; *Primę, ait, aliarum totius or-* SEQVA-
bis ciuitatum Roma, & Parisij, vno eo- NA.
demque die ad percipiendum lauream
poëticam me vocarunt. Idem autor libello contra calumnias, *Schola Parisiensis ceu ruralis est calathus, quo poma peregrina & nobilia vndique deferuntur.* In quo libello multa de Victoriano monasterio & præclara reperies. Cæsarius Coloniensis monachus Cisterciensium ordinis. *Jn Parisiensi,* inquit, *ciuitate fons est totius scientiæ & pietatis,* libro 5. cap. 22. Gregorius quoque nonus Romanus Pontifex appellat Academiam Parisiensem parentem scientiarum. Bernardus Clareuallensis his antiquior. *Parisij,* inquit, *nobilis ciuitas Galliæ, & Regni sedes* lib. 3. de considerat. Itaque illam, sicut Cydonem FLORVS vrbem vrbium, sic ego Lutetiam, quòd in ea hominum sit infinita multitudo, appellare audeo.

SEQVA-NA.

Libro quinto narrationis amatoriæ verba huiusmodi legisse me meminí. *Iubenti mihi ciuitas Alexandria amplior apparebat quàm vt habitatoribus compleri posset, populus autem tàm numerosus videbatur vt aliqua ne ciuitate contineri posset dubitare cogeret.* Et populosam Lutetiam Herricus Altissiodorensis in vita Germani appellat. Iulianus Sarapioni clarissimo, de Damasco ita scribit: *Æquum erat, opinor, veram Iouis vrbem, totius Orientis oculum (sacram & amplissimam Damascum dico) cum omnibus alijs rebus, vt sacrorum elegantia, templorum magnitudine, temporum anni opportunitate, fontium nitore, fluuiorum multitudine terræ vbertate vinceret.* Gregorius Nazianzenus Eustachio Sophistæ epistola III. *Fac Alexandrum imiteris vir admirande, qui Atheniensibus placere studens regni sui theatrum Athenas appellabat.* Laoni-

cus Chalcondilas libro secundo hi- SIQVA-
storiæ, *Vrbs maxima & ciuitas Pari-* NA.
siorum sedes est, inquit, *& caput totius
regni, siue situs pulchritudinem, siue multitudinem populi, mores ciuiles atque
humanitates, incolarum opes, commoda & abundantiam omnium rerum
quas expetere possis, ac multo post se relinquit omnes alias habitationes nunc
vsque cognitas.* Apud Ioannem Villaneum grauissimum scriptorem & iudicij plenum idem reperio quod postea à Nebiano Episcopo Ligure scriptum video. *Remotis suburbijs Parisiorum Lutetię spatium triginta millia palmarum non multum excedere, Florentia cinctu murorum grandior est quàm Lutetia passibus quinquaginta, suburbia verò non habet extra vrbem & multo plures hortos intra.* Iulius Cæsar Scaliger exercitatione 67. *Gallos,* inquit, *video ad*

SEQVA-
NA.

Pap. Mass. descriptio
omnia momenta vel euentuum, vel disciplinarum promptos, paratos, versatiles: vt semel quicquam vel visum, vel auditū, illicò apud eorum ingenia & deponat & amittat nouitatem. In eo ipso penitus extemplo videntur nati atque educati. Qui animorum vigor ingens, maturaque celeritas, nulli alij nationi data est à natura. Quoquò incubuere, felicissimè sese dant, ocyssime proficiunt, gnauiter exercent, mercaturam, artes, arma, literas, eruditionem, subtilitatem, atque nationum fide sunt maxime integra, & cōstanti. Et exercitatione 260. idem Scaliger ait: *In Gallia Lutetiam contemplare, quæ duodecim millia domorum continet intra muros, præter eos vicos, qui sunt in pomœriis, quorum capacitas longe vrbem ipsam dicitur superare. Domos autem illas ne putaueris casas. sunt enim plurimę quę aliquot hominum millia capere queant: in quibus scientiarum omnium, trium linguarum*

Franciæ per Flumina. 235

cultus, eloquentiæ exercitationes supe- SEQVA-
rant auditorum fidem. Hęc tamen vrbs NA.
neque in feruida, neque in gelida, neque
omninò in sterili regione sita est: & habet
magnas vrbes vicinas nobilissimas, Ambianum, Rothomagum, Aurelianum: oppida verò clarissima, populosissima, opu-
lentissima complura. Neque tamen eius
magnitudinem magnitudini regni adscri-
bas: non enim ibi regia stata est: non eo
deuoluuntur suprema iudicia prouin-
ciarum, non ad eam fluuius, aut mare diuersis aut longinquis è locis vehit incolas. Quin Rothomagus mari propior,
portus vtens beneficio, minor est. Nec
verò vt Iulius Scaliger domos vrbis
Parisiensis ad decies mille numera-
bo, vt ille facit ante quadraginta annos: Sed sub Henrico quarto Regni dominatore ciuitatem quingentis domibus auctam assero. Cæsar
ipse libro septimo de Gallis loquēs,
vt est summæ genus solertię atque ad om-

SEQVA-
NA.

Pap. Maff. descriptio
nia imitanda & efficienda quę à quoque
tradantur aptissimum. Bucananus
quàm præclarè de Gallia, de Lutetia, de literis ibi florentibus, deque
Budeo ciue Parisiensi sentiat hi versus indicant:

Sunt vniuersi splendor orbis Galliæ,
Et Galliarum splendor est Lutetia,
Splendor Camœnę sunt sacræ Lutetię.
Budeus ornat vnus innocentia,
Splendore vitę, litteris, solertia,
Orbem, Camœnas, Galliam, Lutetiam.

Idem de Budeo ita canit:

Gallia quòd Gręca est, quod Græcia barbara non est,
Vtraque Budeo debet vtrumque suo.

Situm autem vrbis & academię,
& ciuitatis Parisiorum elegantissimè Ariostus poëta Ferrariensis tradit in hunc modum.

Siede Pariggi in vna gran pianura
Nel vmbilico à Francia, anzy nel cuore.

Franciæ per Flumina.

SEQVA-
NA.

Gli paſſa la riuiera entro le mura,
E corre & eſce in altra parte fuore;
Ma fà vna iſola prima; è vaſſicura
De la Città vna parte, è la migliore:
L'altre due (ch'in tre parti è la gran
　　terra)
Di fuor la foſſa, è dentro il fiume ſerra.

Etſi Cæſar libro ſexto videtur aliter quàm Arioſtus ſenſiſſe. *Druides,* inquit, *certo anni tempore in finibus Carnutum, quæ regio totius Galliæ media habetur, conſidunt in loco conſecrato.* Igitur non Lutetiam Pariſiorum, ſed Carnutos totius Galliæ medios putauit. Verùm quod iureconſulti aiunt proximè cingendus habetur pro cincto, ita id quod parum abeſt, omninò abeſſe non videtur. Ita regio Carnutum, quæ vicina eſt Pariſiorum finibus, vixque diſtat à Lutetia decem & octo paſſuum millibus, bina millia paſſuú pro ſingulis leucis complexi, non

SEQVA-
NA.

inepte affirmabimus, Lutetiam vmbilicum totius Galliæ aut cor videri. Commodum autem Lutetiæ incredibile est gipsus, qui adhibito tátum igni & aqua mollescit, & lapis qui intra & extra vrbem reperitur, vt facile & paucorum mensium interuallo vasta domus & quiduis aliud ædificari possit, & ornamenta quæ decori intra & extra domum sunt præsto fieri. gipsus enim statim arescit, vnde dici solet de ebriis eos vinum, vt gipsum aquam ebibere. Cùm Henricus tertius Rex Polonię electus esset, Conradus tantam lætitiam nunciaturus mutatis equis Lutetiam venit, Philippo Huralto Cancellario tunc anuli Regij custode, qui mihi vt domestico hominé parum Latinè scientem commisit, vt eum quò vellet deducerem, qui inspecto Virginis templo & altissima turri, vbi campanile est, rogauit
vt ad

Franciæ per Flumina.

vt ad summam turrim vna ascende- SEQVA-
remus: quod propter graduum in- NA.
finitum pene numerum non sine labore fecimus. Tunc ego, quid vides
domine Corade? Inspecta vrbe, non
vrbem inquit, sed orbem video.
Guillielmus Armoricus Philippidos
lib. 1. ait:

――――――*Franci*
Finibus egressi patriis per Gallica rura
Sedem quærebant, ponendis mœnibus
　　aptam,
Et se Parisios dixerunt nomine Græco,
Quod sonat expositum nostris audacia
　　verbis:
Erroris causa vitandi nomine solo
A quibus exierant Francis distare vo-
　　lentes.
At iàm Sequaneo surgebat littore cun-
　　ctis
Urbibus vrbs speciosa magis, bona cuius
　　ad vnguem　　　　　　(tur,
Commendare mihi sensus breuitate nega-

Q

SEQVA-
NA.

Quod caput est regni, quæ grandia germina Regum
Educat, & doctrix existit totius orbis;
Cui quamuis verè toto præluceat orbi,
Nullus in orbe locus, quoniam tunc temporis illam
Reddebat palus & terræ pinguedo lutosam
Aptum Parisij posuere Lutetia nomen.

Cuius auctoris opinionem improbo, cùm Lutetiam Parisiorum insulam dici à Cæsare videamus, qui multis ante aduentum Francorum seculis in Gallia fuit. Quod verò illam vrbem vrbibus magis speciosam prædicat, id est vrbem vrbium, vt de Cydone diximus, Cathedram Regni fuisse constitutam, regiosque filios in ea educatos à Meroueo, Childerico, & Clodoueo, atque aliis, Gregorius Turo-

nensis primique scriptores docue- SEQVA-
runt. Cùm vero adiicit *& doctrix* NA.
existit totius orbis: item, *quanto toti*
præluceat orbi, id verissimum non
puto: tunc enim disciplinæ Lutetiæ Parisiorum non colebantur
præterquam in Episcopio, vt ex
Conciliis Parisiensi & Meldensi curiosi facilè perspicient. Et cùm
ait tunc temporis paludem & terræ pinguedine lutosam Lutetiam
fuisse, propterea aptum nomen ei
impositum, minus decipitur, minus-
que nos decipit, palus enim exsicca-
ta est. Denique addit, *& terrę pin-*
guedo lutosam aptum posuere Lutetię
nomen. Etsi enim nunc lutosa est,
vt olim fuit, non sequitur Lutetiam
appellatam à luto, vt ex Iuliano intelligere potuimus: nam Græca vox
candorem potius & albediné significat. Ignoscendum tamen poëtæ si
quid preter communé opinioné &

Q ij

SEQVA-
NA.

vulgatas historias proferre ausus est,
addit & alium versum.

*Vrbs quoque Parisius meruit tunc primo
vocari,
Qui prius indiderat situs esse Lutetia
nomen,
Et sic terra fuit Francorum nomine dicta
Francis, cuius erat antiquum Gallia nomen.*

Idem autor, de Lutetia sic ait Philip. lib. 1.

*Nulla quibus toto gens est acceptior orbe,
Militia, sensu, doctrina, Philosophia,
Artibus ingenuis, ornatu, veste, nitore.*

Tempore quidem Iuliani, vt supra ostendimus, plures sublicij pontes Lutetiæ erant, qui ad insulam v-
trinque ferebant, postea sub Clodo-
uei liberis vnico ponte vsos fuisse in-
sulanos. Capite vndecimo lib. quarti Capitulorum Caroli Magni de
duodecim pontibus super Sequa-

nam restaurandis agitur his verbis. SEQVA-
Volumus vt hi pagenses qui eos facere NA.
debent, à missis nostris admoneantur
vt eos celeriter restaurent, & vt eorum
vanæ contentioni non consentiant, quando dicunt se non aliubi eosdem pontes facere debere, nisi vbi antiquitus fuerant:
sed ibi vbi nunc necesse est eosdem pontes
facere iubeantur. Et ex XII. capite dicti libri: De omnibus pontibus per regnum nostrum faciendis in communi
missi nostri admoueat, vt ab ipsis restaurentur, qui eos facere solebant. Nunc
de pontibus qui nostris temporibus
aut patrum memoria extitere dicendum est. Adrianus Turnebus
vir nostra ętate eruditissimus duobus versibus rem indicat.

Sequana qua piger sinuosis flexibus
  errans
Amneque diuiduam coniungit pontibus vrbem.

Igitur pons qui insulam & vrbem
Q iiij

Sequana.

Pap. Mass. descriptio
iungit, cùm esset sublicius, ac ruinam minaretur, Ludouicus duodecimus Rex noster felicibus auspicijs preclarum ac lapideum fieri curauit, in quo sunt sex fornices praealtæ, admodumque largæ, præfectum operi adhibens Io. Iocundum Veronensem ordinis sancti Dominici monachum, cuius nomen atque opera in arcu latissimo eius pontis sunt incisa capitalibus literis, versusque Sannazarij Neapolitani præstanti ingenio poëtę in hunc modum.

Jocundus geminos fecit tibi Sequana pontes,
  Jure tuum potes hunc dicere pontificem.

Duos verò pontes fecit, vnum lapideum, alterum sublicium, qui nomen sancti Michaëlis sortitus est: illisque versibus ambiguo pontificis nomine acutè indicare voluit di-

gnum esse pontificatu Parisiorum SEQVA-
Iucundum tanti operis ducem, ge- NA.
minorumque pontium artificem, si
forte contingeret mors Episcopi
qui tum Ecclesiæ præerat. Supra verò fornices eius pontis, qui latissimus
est, vtrinque stant domus eiusdem
altitudinis & latitudinis, fornicæque
vnius, vt viatores qui flumen non vident, nec sentiunt fluentis impetum,
se in ponte esse non putent. Paruo interuallo totidem pontes pu-
blicij, vnus super quem habitant
aurifices aptis domibus in vtraque parte pontis exædificatis, quæ
latitudine & altitudine si conferantur pares ferè sunt, auri-
ficesque illi tanta fide, peritia, &
arte auro, argentoque vtuntur,
vt nulla sit prouincia in Europa,
Asia, Affrica, quæ eos non ma-
gnifaciat. Decreto Senatus Parisiensis lato anno Christi millesi-

Q iiij

SEQVA-NA. mo quingentesimo septuagesimo sexto statutum est ne imposterum venditoribus minutarum auium liceret in ponte sublicio vel aurificũ vendere, sed locus is & alius commodior datus est, vallis miseriæ paulo infra eum pontem titulo tamen onerofo, vt quo die Rex & Regina solemniter & in pompa Lutetiam intrarent aucupes tenerentur munusculum illis parare quadringentarum auium, quibus libertas naturalis captiuis simul concederetur, & reginæ ingressus differretur ob aliquam causam, totidem auiculæ præberentur. Sublicius quoque pons alius super Sequanam fuit infra illum quem aurifices incolunt: à molitoribus dictum lectores scient propter vndecim moletrinas publicas in vsum ciuium ibi constitutas, cuius curatores cùm periculum ruinæ & inopinati casus perspicientes

monerent, vt familiarum magistri SEQVA-
decederét loco, persuaderi numquã NA.
potuerunt: benè monentibus enim
non est creditũ. Itaque die Dominica 11. calendas Ianuarij anno millesimo quingẽtesimo nonagesimo sexto, circa horam à meridie sextã po-
stridie Diui Thomæ pons immi-
nente nocte non totus quidem con-
cidit, sed pars ea quæ magni horo-
logij turrim pene attingebat, eaque
cęterarum maxima prima periit, qua
parte maiora nauigia ferẽdo sali aduersa Sequana trãsire solebant. Circa
mediã noctẽ media pars pótis hor-
rendis clamoribus miserorum ciuium quibus succurri non poterat,
& ipsa in fluuium dissolutis compa-
gibus & retinaculis præceps ijt, &
circa crepusculum pars tertia cor-
ruit mercimonia & pecuniæ, ac su-
pellex plurima mercatorum, quas in
domibus habebant, cum incolis ab-

SEQVA-NA.

sorpta mersaque sunt, & periisse cōstat centū incolas, septē aut octo ad summum è naufragio restitutis nauiculariorum diligentia & vrinatorum. Moletrinæ autem illæ in occidentem solem versæ erant, vt cætera pars pontis liberior esset, faciliorque ad transitum. Isabella filia Antonij Ancoquij mercatoris ferreę supellectilis telarumque, quinquennis tunc puella, labente parte pontis, quæ horologio vicina erat, in flumen decidit tàm oportunè, vt trabis cui domi insederat beneficio delata fuerit vsque ad portam nouam, vbi piscator audita puellæ voce querula statim accurrit, illamque periculo eripiens, delatamque domum & calefactam benignè cœna excepit, ac parentibus reddidit, vt mater mihi narrauit, filianque dixit nupsisse paucis ante men-

Franciæ per Flumina.

sibus, & valere singulari Dei beneficio atque prouidentia. Funestum pontem concidisse demonstrauimus. Alius eodem pene loco statim fieri cœpit, quem Rex propter cognomen Caroli artificis & præfecti tignarij, Mercatoris pontem appellari voluit. Vnde versus.

Pons olim submersus aquis, nunc mole resurgo:

Mercator fecit, nomen & ipse dedit.

Cui Mercatori opus commissum data lege, vt latiorem & propinquiorem ponti artificum eum faceret, neue in eo vllæ moletrinæ struerentur, sed duo ordines tabernarum supra positis cubiculis duobus iustæ altitudinis, viā inter tabernas larga pedes decem & octo, & commoda, transeuntibus relicta. Alterum caput huius pontis

SEQVANA.

Le pont Marchand, ou le pont aux oiseaux.

SEQVA-
NA.

prope horologium Palatij, alterum prope Prætorium Parisiorum. *Domiciliorum* numerus quinquaginta vnius formæ vtrinque structorum non excedit. In quibus omni generi artificum & mercatorum habitare licebit. E regione autem Augustinianorum qui cis insulam habitant, pós alius è quadrato lapide ab Henrico tertio incœptus est, persuasione Ludouici Gonzagæ ducis Niuernorum genere quidem Mantuani, qui filiam decessoris Cliuij in matrimonio habebat, eumque pontem & publicè vtilem & sibi familiæque suæ commodissimum propter Palatium suum ponti vicinum fore sentiebat. Post mortem autem Henrici tertij clementissimi naturâ Regis, Henricus quartus successor eum ad initium insulæ perfici curauit, parsque illius pontis quinque fornices habet, indeque continuato ope-

re ad vicum Diui Germani Autiſſio- SEQVA-
dorenſis perduxit ab extrema inſula. NA.
Itaque ſunt in eo ſeptem arcus, &
in area ipſius quę latiſſima eſt, & pa-
uimento ſtrata, via equitibus, vehi-
culis, carris relicta, duæ vtrinque ſe-
mitæ altiores media deſtinatæ ſunt
peditibus ſolis, vt commodius pontem tranſeant. Nulla in eo ponte æ-
dificia, vt in aliis conſtructa ſunt,
quod Rex noluit *Luparam* Regiam *Le Louure.*
ſuam priuari conſpectu Palatij Pariſienſis, in quo lites ſubditorum à
Conſiliariis ſuis diſceptari ac dirimi
ſolent.

Egreſſus autem Lutetia fluuius,
& Oceanum petens quantum ferat breuiter cómemorare neceſſe
eſt. Pleno alueo quaſi mille qua-
dringentos & eo amplius cados vino plenos vehere conſueuit, ſed
multo pauciores antequam ad vrbé
peruenerit, aut cùm auerſo flumine

Pap. Mass. descriptio

SEQVA-
NA.

nitendum est sursum versus fontem perseuerat. Itaque per longos circuitus flexusque errat instar anguillæ aut lampetræ luxuriantium piscium, vt parua magnis conferantur, antequam *Possiacum* attingat decem millibus passuum à Lutetia distantem, nauigantibus autem viginti quatuor. In dextera verò ripa Monasterium *Paulianorum Patrum*, qui ita sunt appellati à Francisco, quem Paula Calabriæ oppidum tulit. Deinde in sinistra ripa visitur Castellum *Meudonis* in edito colle positum, & virenti sylua, vinetoque exornatum vsque ad radices, iuxta quas Sequana fluit. Postea *Nouigentum* Diui Clodoaldi nomen ferens, vbi Sequana lapideum pontem habet. Quo in oppidulo & colle versus orientem solem & Lutetiæ aspectum Clodoaldus agna-

Poissy.

Les bons hommes de S. François de Paule.

Meudon.

S. Clou.

Franciæ per Flumina. 253

tionis quondam Regiæ marmoreo tumulo sepultus iacet, & cor Henrici tertij in æde ipsius Clodoaldi situm est, cùm in domo Hieronymi Gondij scelerate cultro percussus à Iacobo Clemente Dominicano è Sorbona vico Senonensi extinctus esset, scilicet mediis in castris: obsessurus enim Lutetiam venerat. Multæ sunt ibi ædes magnificæ & pulcherrimæ, aliquot fontes, vinumque generosum suppetit, & aër salubris. *Surinæ* in radicibus *Valeriani Montis* vini excellentis feracissimæ. In vertice illius collis admodum edito loco siti & salubri, sunt aliquot recessus Eremitarum, qui se includi ob pietatem voluerunt. Ex alia autem ripa mons alius spectatur, priusquam *Nijonum* sedes

SEQVANA.

Sureni.
Mont-Valerian.

Pap. Mass. descriptio

SEQVA-
NA.

Mont-Mar-
tre.

S. Oüyn.

S. Denis.

Paulianorum fratrum. In hoc paruo colle, quem alij à *Mercurio*, alij à *Marte* verisimiliter dictum putant, cùm Gallica vox Latinè respódeat, Dionysius, Rusticus & Eleutherius martyrium passi sunt, septimo Kal. Octobris, Domitiano Cæsare sic enim in eorum vita Græcè scripta & Venetiis pridem excusa legimus, conuersaque in Latinum sermonem à nostrate Perionio, tametsi aliter ipse in Annalibus ad Traiani imperium agonem Dionysij referat. Postea nauigantibus occurrit *Audoeni* oppidulum, in quo Ioannis Regis Philippo Valesio prognati Regia olim fuit. Tum *beati Dionysij* monasterium atque oppidum in latissima longissimaque planicie & fluuio ipsi contigua situ cernitur. Dionysius autē beata manu sua è corpore à nefariis hominibus gladio præcisum caput sumpsit,
& sus-

& suspensum brachio amplexus est, atq; in collis vertice duo millia passuum plena forti animo ingrediens portauit. Nouum profecto ac vetus & posterorum fama celebrandum miraculum, corpus esse sine animo & capite, quod viui instar pro more currat: hominemque iàm mortuum, qui ingrediatur firmis vestigiis à Monte-martyrum vsque ad Catullę honestissimæ fœminæ agellum, vbi Dionysius & cæteri martyres sepulti sunt, & nomen aliud, id est Dionysij dedere. Quod oppidum aut monasterium à Dagoberto Rege lapsu temporis constitutum, abest à Lutetia quinque passuum millibus, idest leucis duabus, & quod excurrit. Ex vita sancti quoque Eugenij elicimus hæc verba. *Cùm penè quatuor millibus ab vrbe Parisiaca loco nomine Duogilo propinquarent. In dextera autem ripa, v-*

SEQVA-NA.

Pap. Mass. descriptio

SEQVA-
NA.
Madril.

Le bois de
Boloigne.

Le port de
Neuilly.

Espernay.

Arg...tenil

bi *Nijonium* est *Madridij* castrum à Francisco primo Rege in memoriam captiuitatis suæ apud Madridum Hispaniæ constructum visitur: *Sylua Boloniensis* & Templum Virginis quod Boloniense appellamus, & portus cui *Nulliaco* nomen, tum Audoeni, mox Diui Dionysij oppidum, de quo iàm diximus: à quo parum ab est *Spinogilus villa*, de qua Aimoinus egregius historicus ait: *In Spinogilo villa super Sequanam flumen sita non procul à Parisiis.* Hæc autor ille capite 3. libri quarti. Et Appendix Gregorij capite 79. *Anno igitur decimo sexto Regni sui Dagobertus profluuio ventris in Spinogilo villa super Sequano fluuio nec procul à Parisiis ægrotare cœpit*, vbi mendosè *Sigonam* pro *Sequana* positum moneo. In eadem ripa collocatus est *Argentolij* vicus monasterio Virginum olim orna-

tus, & Iesu Christi pueri veste cæte- S*equa*ris nobilior. De Argentolio ad Hu- *na.*
gonem Abbatem S. Dionysij libro primo Decretalium Epistolarum Innocentij tertij hęc verba sunt. *Argentolium situm est supra flumen Sequanam. Adeleidis vxor Hugonis Francorum Regis in territorio Parisiensi construxit Monasterium villa quæ dicitur Argentoilus*, vti Helgaudus narrat in vita Roberti. A portu Nulliaco traiicitur Sequana, quo transito *Chatonium* itur pedestri itinere. Is est alter portus ipsius Sequanæ, vbi etiam traiiciendus. Vltra quem modico itinere confecto *Nemptodorus* & ab eo *Ruellium* alius *Nanterre.* quoque vicus distans mille passibus *Ruel.* in ipsa ripa fluminis situs est, de quibus Gregorius Turonensis capite octauo libri decimi, ita loquitur. *Postquam autem Guntrannus Rex accessit Parisios, exinde ad*

R ij

Pap. Mass. descriptio

SEQVA-
NA.

Rothoialensem villam ipsius vrbis properans, euocato puero iussit baptisterium præparari in vico Nemptodoro. Hunc etiam sic appellasse Cóstantium ciuē Lugdunensem in vita Germani Altissiodorensis manifestum esse cupio: & in vita Genouefæ virginis temporibus Childeberti Regis à doctissimo quodam viro, cuius nomen periisse doleo, scripta. Et in inscriptione sepulchri Caroli Calui in loco Monasterij beati Dionysij, dicitur eis donasse Ruellium vicum, quem Rothoialensem appellatum supra diximus. Iterum transeundus

Le port
du Pec-

nauigio Sequana apud *portum Peccēsem*, vbi est parrochiale Templum sancti Vandregisili, possessum à Bernardinis monachis sedentibus in vrbe Lutetia. Itaque *Possiacum* abest

Poissy.

ab vrbe sex leucis, vltimusque portus sub sancto Germano appellatur portus Peccensis, quo ex portu as-

Franciæ per Flumina.

cěditur quousque terra peruenitur ad S. Germani Regiam nullius diœceseos, vt Monasterium Diui Dionysij: quod priuilegio Romanorū Pontificum eis concessum est. Denique transita *Lalia* sylua longitudine bis mille passuũ attingitur Possiacum. In eadem etiam ripa siti sunt hi tres vici secundum flumen, *Chartreuilla*, *Confluentum*, & *Andresiacum*, antequam nauigando Possiacum peruenias: quem locum ab Iuone Carnotensi Episcopo, qui hoc nosse potuit, *Pixedunum* appellari etiam video in Archidiaconatu Carnotensi, vulgo de *Pisares* epistola 114. *Iuo Dei gratia Episcopus, Mellentinis & omnibus in Pixensi Archidiaconatu*, quem nunc Meduntam translatum comperimus, tertio ab hoc oppidulo milliari; in quo quidem Possiaci oppido Bosonis & Grimoaldi palatiorũ ruinę adhuc visuntur,

marginalia: SEQVANA. S. Germain en Laye. Chartreuille. Conflan. Andresy.

R iij

SIQVA-NA.

aulicorum temporibus Caroli Calui, nec non Roberti Regis, & Cóstantiæ vxoris eius, atque diui Ludouici baptisterium, sicut ipse in literis ad amicos secretioribus appellabat. Philippi quoque Pulchri opus, id est nobile monasterium Virginum Dominicani ordinis. Denique Pissiacum dicitur in vita Roberti Regis à scriptore ei cognito, & pons lapideus pro sublicio apud eum impositus est. In sinistra autē ripa est agger siue via publica, per quam ad Regiam Germani liberè & securè itur. Apud Andresiacum verò & Confluentum *Aisia* inclytus amnis in Sequanam labitur, quod Vibius Sequester libro de fluminibus ad Virgilianum filium apertè loquitur cùm ait: *Aisia Galliæ in Sequanam influit*; ab ea *Pons ad Aisiam* nominatus est, vnde oppidum *Pons*

Oyse, v. Pontoyse.

Æsiæ dicitur, septem leucis à Lu- SEQVA-
tetia distans, id est Gallicis non NA.
Aquitanicis, & matresfamilias e-
ius oppidi hoc prouerbio & v-
tuntur & vsæ sunt, *Nolumus filias
nostras collocare extra Æsiam*, id
est extra fines otij pinguioris &
commodorum. Gallicè autem ita
loquuntur. Verum Æsiam Aimoinus & eo ineptiores scriptores *Isaram* vocant. Iuo idem Carnotensis Epistola ad Philippum
primum Francorum Regem id
ipsum oppidum *Pontesiam* vocat, & Briua Æsiæ pons Æsiæ
est, quo nomine in Gallia antiquitus vtebamur. Æsia profluit è tenui fonte qui visitur
in saltu prope *Hiessonem*: dimi- Hiesson.
dia enim tantùm leuca ab eo vi-
co distat, atque admodum exiguus
ad Hiessonem fluit. Is vicus supra

Pap. Mass. descriptio

SEQVA-
NA.
Veruin.

Veruinum non ignobile oppidum, vbi pax nuper nobis Flãdriæque vtilis facta est, ferè quinque aut sex leucis situs est in *Tierachia* quam vocant, diœceseos Laudunensis. In quem alius riuulus exiguus Aroesia influit. Inde *Crescacium* aquis penè obrutum super Serram eiusdem diœcesis, mox *Faram* Picardiæ paludibus inuiam. Est & *Fara Tardonensium* propius Lutetiã, apud Flodoardum Canonicum Remensem ac scriptorem iàm vetustum, qui de vtraque loquitur. Postea prope *Calnicum* vrbem (vix enim ab eo distat mille passibus) & deductus ex ea riuus prope muros fluit. *Carolus Martellus* regressus in regionẽ Francorum ægrotare cœpit in villa *Verberia* supra fluuium *Isaram*. Aimoinus cap. 57. lib. 4. & in eodem capite. *Veniens Carolus Carisiacum villam* (quæ *Cresciacum* nunc dicitur contracta Carisiaci vo-

Tierrache.

Arrouaise.

La Ferè en Picardie.
La Fere en Tartenois.

Chaulny.

Verberie.

Crecy.

Franciæ per Flumina.

ce) *super Isaram fluuium valida febre* SEQVA-NA. *correptus obiit anno Verbi Incarnati septingentesimo quadragesimo primo.* Quo in loco traiicere flumen oportet, & nauigium ipsum Germanica voce *Bach* dicitur, quo vehimur à ripa in aliam. In quibus verbis expunximus vocem *Vermeriam,* quia Verberia ad Æsiam est. Vermeriam autem inepti scriptores aut Typographi posuerunt. Idem auctor cap. 88. lib. 3. *Inter Sequanam & Isaram,* eodemque capite Isaram iterum nominat. Et in eodem errore Fortunatus fuit. Cùm enim de Isara loqueretur lib. 7. Carminum ad Gogonem ait:

Isara, Sara, Chares, Schaldis, Saba,
 Summena, Sura.

Quin Reges nostri post Aimoinum malè scientem pro Aisia Isaram dixerunt. Philippus Valesius in publico instrumento confirmationis

SEQVA-
NA.

priuilegiorum Academiæ Aurelianensis, scribit illa priuilegia data apud Pontisaram. Et ferè scriptores omnes in communi errore decepti sunt, ac pro Isara Allobrogũ qui in Rhodanũ influit, de quo idem Sequester sic ait: *Isara Gallię decurrit in Rhodanum*, Aisiam Galliæ Isaram quoque appellarunt. Paulus Æmilius Isaram Belgicam, & Lupus Ferrariensis in Epistolis Isaram simpliciter vocat. De Confluento M. S. Beccensis monasterij sic habet: *Anno millesimo octuagesimo, Iuo Comes de Bellomonte super Isaram, & Adelidis vxor eius, volentes beatæ Honorinę de Confluento à Monachis Deo deseruiri, dederunt eam & omnia ad illam pertinentia Beccensi Monasterio; sub libera potestate & ordinatione Abbatum præfati Cænobij.*

Conflant

Abbeville. Super Aisia sita est Abbatis vil-

la, caput Pontiuij sic dicti à nu- SEQVA-
mero pontium, quibus opus est NA.
ad traiiciendas paludes stagnaque
varia, quæ se effundunt in Ocea-
num prope *Galarici* Monasterium S. *Valery.*
atque oppidum, nunc Valerij,
corrupto quidem verbo, sed
dulciori effecto. Constat, *Te-*
quiniacum, *Dulendium*, *Cressia-*
cum, *sancti Spiritus oppidum*, ad
riuulum parum abesse ab Abbatis Villa. AMBIANI ve- AMIENS.
rò aquis *Somonæ* clari amnis a- *La Some, r.*
bluuntur, fossasque altiores ha-
bent quàm ceteræ vrbes Picardiæ.

Nouiodunum oppidum Sues- NOYON.
sionum Cæsar libro 2. de bello Gallico esse ait: *In fines* (inquit) *Sues-*
sionum qui proximi Remis erant,
exercitum ducit; & magno itinere
confecto ad oppidum Nouiodu-
num contendit. Et alio loco: *Galba*

Pap. Maff. descriptio
Nouiodunū dat Cæsari cum obsidibus:
quod oppidum hodie Nouiomus
dicitur, prope id Axona fluens apud
villam Episcopi, in dextera ripa lapideū pontem habet. Axona verò in
Aisiam labitur in modica insula quā
accolæ vocant *Buccam Aisiæ*, qui auctus Axonæ aquis, rectà Compendium petit. Oritur autem Axona
in Remorū vltimis finibus testimonio Iulij Cæsaris, perque fossas *Sanctæ Menechildis* Regij prætorij fluit,
à qua vrbe duabus leucis abest *Mo-
somus* Archiepiscopij Remensis, &
totidem vltra eam, Lotharingia est
posita. Notare tamen oportet facultatem concessam ab Innocentio tertio erigendi Episcopatus Mosomi.
Inde *Attiniacum* fertur locum Capitularium Caroli Magni, Ludouici,
& Caroli Calui, quos Epistolæ Lupi
in agro Senonum Abbatis apud Ferrarias Monasterium ordinis Benedi-

Sequana. Ayne, r.

Pont l'Euesque.

Saincte Menehould

Attigny.

Franciæ per Flumina.

ctini magnopere laudant. De Axo- Sᴇǫᴠᴀ̨-
na autem Cęsar libro secundo Com- ɴᴀ.
mentariorum de bello Gallico. *Flu-*
men Axonam, inquit, exercitum tra-
ducere maturabat. Et infra: *In eo flu-*
mine pons erat, in quo pręsidium ponit.
Tum hostes ex eo loco ad flumen Axo-
nam contenderunt. Denique hostes im-
pediti nostros in flumine aggressi magnum
eorum numerum occiderunt. Ausonius
sub Gratiano Cæsare Consul dictus
Axonam pręcipitem esse ait ob cursum aquæ expeditum & celerem.
Fortunatus Italus poëta, sed Episcopus Pictauiensis, ad Gogonem libro
septimo.

An tenet herbosis quia frangitur Axo-
   na ripis,
  Cuius aluntur aquis, pascua, prata,
   seges.

Armoricus Philippidos lib. 9.

Axona qui faciunt nomen vulgare
   moderni

SEQVA-NA.

Qui tibi cùm tollit natiuum Vidula no-
men
Ipse suum perdit Isara maiore receptus.
Idem scriptor de Suessione & Axona.
Lene fluit piscosus aquis.

Ex vita Crispini & Crispiniani, *Rictiouarus preses iussit suspensis ad colla molaribus sub glacie in flumen Axonam demergi.*

Retelois.
Retel.
Chasteau
de Portian.

Idem fluuius decurrens per agrum Reteliorum *Regiteste* ipsum oppidum alluit, deinde *Castrum Portiani*, postremo *Veliam* properans præclaram Suessionum vrbem alluit, & vallem Suessionicam vno versu Armoricus ita laudat Philippid. lib.10.
Valle Suessonica quàm fortia corpora surgunt.

Tandem apud Compendium in Aisiam labitur. Capiuntur in eo lucij, perticę & lampredæ, carpiones sæpè ita crassi vt in foro Remensi ve-

Franciæ per Flumina.

luti monstruosi vendi soleat. Compendium verò Gregorij ætate villa erat, nunc Regia est, ac fortè Ludouici & Caroli Calui temporibus. *Compendium, inquit, villam vna cum Rege secessit.* lib. 6. cap. 35. Ipse (Ludouicus Pius) *intra Compendium & Carisiacum cæteraque his vicina palatia vsque ad hiberni temporis initium conuersatus est*, capite 115. lib. quarti. *Indeque per Monasterium sancti Quintini ad Siluacum, & inde per Carisiacum,* nunc corruptè Cresciacum, *veniens autumnalem venationem in Cotiæ saltu exercuit*, capite 25. lib. 5. Ad fluuios qui Axonam influunt nunc venio. Sed antequa id faciam præmoneo lectorem Summā veteri lingua Campaniensi siue Belgicæ secundæ significare fontem vnde fluit, vt Summa Vela seu Vidula, Summa Bionæ, Summa Turbæ, qui in

SEQVANA.

Cuis.

Somme Vole, r.

Bione, r.
Tourbe, r.

Sequa-
na.
Ancy.

Axonam fluunt. *Bionna* autem per Ancium castrum fluens infra Viennam Axonæ permiscetur. *Turba* è fonte ortus Gauillam fluit, atque labitur in eundem supra *Capellam* vicum Salictum, è Villari sicco profluens Axonam ingreditur supra

Vallie.

Chenium vicum. *Vallia* quoque oritur supra Monasterium Signense, *Castrum Portiani* irrigat, Axonam influens. Similiter *Ardilio* vel A-

Ardilie, r.

dressia apud Soram ortus Trialeurium decurrens, defluit in eam. Porrò etsi modici sunt riui isti, tamen præterire eos non oportuit. Denique Axona amnis & latissimus est, & aquarum copia tumés. Cœpimus

Vele, r.

de Vela seu Vidula dicere. Id nunc præstandum. Vidula seu Vela oritur è fonte sito supra vicum Summæ Velæ, qui abest à *Spina* celebri vico,

Nostre Dame de l'Espine.

temploque Virginis Mariæ leuca & dimidia tantum, sed à Catalauno vrbe

Franciæ per Flumina. 271

vrbe præclara ad Matronam flumen distat tribus leucis & dimidia. Spina autem duabus abest à Catalauno. Infra id municipium satis amplum situque mediocriter alto fluit Vela amnis, qui Castellum Sillerij alluit, postea *Remos* rectà petit oppidumque eorum notissimum, cui Dvrecortorio nomen, prope quam vrbem fluit. De campis Catalaunicis Paulus Diaconus cùm describit pugnam Catalaunicam, contra Atilam fortissimum HunnorumRegem, contra quẽ pro republicaRomana, vt supra dixim⁹, Ætius & Visigothi stere, sic loquitur: *Eo siquidem prælio in campis Catalaunicis 800000. millia hominum cæsa referuntur, tantumque est sanguinis effusum, vt paruulus qui ibidem labebatur riuulus, immodicus subito torrens effectus cadauera secum traheret peremptorum.* Hæc Paulus Diaconus

S

SEQVA-
NA.

Pap. Mass descriptio in historia Logobardorum. Qui per riuulum occisorum sanguine imbutũ non potuit nisi de Vidula loqui, presertim cum constans hodie quoque fama sit iuxta eum fluuium pugnatum esse, victumque Attilam in cãpis Catalaunicis. Flodoardus in vitis Remensium Pontificum de Ebbone Archiepiscopo loquens, Epitaphium matris eius ab eo scriptum inserit.

Mea forte si requiris temporis initia,
Scito Caroli fuisse Regni sub primordia.
Ludouico triumphãte dies fluxit ultima.
Renus primos lauit mores alueus Ger-
   manicus:
Hinc nutriuit & secundos Liger amnis
   Gallicus,
Sequana fouit iuuentam, sordes sordens
   Vidula,
Presul erat urbis huius mihi natus u-
   nicus,
Idem me conduxit sibi sociam laboribus.

Franciæ per Flumina. 274

Proximum ruinæ locum renouando cu- SEQVA-
 pidus, NA.
Decem fermè nuper annos simul hic pe-
 regrinus,
Ebbo Rector, ego mater Hilmitrudis
 humilis,
Fundamenta sedis sanctæ pariter ere-
 ximus.
Deo debitum laborem dum gerebat Pon-
 tifex,
Fessa quietem quærebam: Ecce sub hoc
 tumulo
Quinto me September mensis Calenda-
 rum rapuit.
O Viator, esto cautus semper ab excef-
 sibus,
Fateor non præfuisse vt debui, dum po-
 tui:
Veniam dic pro vindicta, da (Deus)
 petentibus.

 Quo in epitaphio Ebbo Archiepiscopus Remensis matris suæ
Hilmitrudis laudes prosequitur,
    S ij

Sequa-
na.

Fimes.

Pap. Masson. descriptio simul trium fluuiorum Galliæ meminit, Ligeris, Sequanæ, & Vidulæ.

A Remorum vrbe *Fimas* vsque primum oppidum, portumque Vidulæ sex leucæ terrestri itinere computantur. Fimas autem martyrium sanctæ Macræ Hincmarus esse ait epistola ad Episcopos Franciæ, etsi Ecclesia Fimarum Diuo Martino dicata est. De eadem Macra Vsuardus in Martyrologio. *In territorio, inquit, Remensi passio sanctę Macræ, quę iubente Rictiouaro presside cùm in ignem esset precipitata, & permansisset illæsa; deinde mammillis abscissis, & squalore carceris afflicta, super testas etiā acutissimas ac prunas volutata, orans transiuit ad dominum.* Verùm lapsus Vidula paulo longiùs, Norum exiguus riuulus voluntariam ei deditionem facit. Ab eodem Fimarum oppido vsque ad portum *Theobaldi* occurrit alius fluuiolus decurrens è

Nore, f.

Franciæ per Flumina. 275

monte Virginis. Cæterū post Theo-
baldi portum *Brannacum* oculis sub-
iicitur *Euodij* templo insigne & me-
moria Agnetis nobilissimę fœminę,
quæ nupsit Roberto, Ludouici
Crassi Regis filio, qui primus Drui-
densium Principum familiam con-
stituit, moneoque curiosos Branaci
mentionem fieri à Gregorio Turo-
nési in historia Regum nostrorū vbi
de Chilperico Rege agitur, indeque
vsque ad ostium Vidulæ in Axonā
quod est è regione vici nomine *Con-
dei* nihil superest. Denique à Remo-
rum vrbe vsque ad Vidulæ & Axo-
nę mixtionem, leucæ computan-
tur viginti quinque & amplius, ne
dicam triginta, si eas fluminis lapsu
conficias. De Rhemis autem Cæsar
libro 2. *Qui proximi Gallię ex Belgis
sunt Suessiones fratres consanguineosque
Remorum, & Suessiones Bellouacorum
esse finitimos, feracissimosque agros possi-*

S iij

SEQVA-
NA.

Breune.
S. Iuct.

276 Pap. Mass. descriptio

Sequana. Mante,

dere. Vrbs autē *Medunta* tertio à Passiaco seu Pixeduno milliari collocata est, & pontē habet, & regiorū infantium propter aëris salubritatem educatione gloriari solebat. De qua Guilielmus Armoricus poëta temporibus Philip. Aug. Regis Frácię & Ludouici 8. Philipp. l. 3. ita cecinit.

--*Medunta, Trecas, Barrumque reuisit.*
item lib. xi.

--*Vada sub piscosa Meduntæ.*

Meulan.

In aduersa vero ripa *Mellentini* siti sunt, & ita appellátur à Mellento insula atque oppido. Ab eodē Iuone epist. 115. multo melius quàm *Mulācum* à Paulo Æmilio Veronensi historico Francorum Lutetiæ in templo Virginis sepulto. Verisimile enim non est locum appellationis in diocesi sua ab Iuone Episcopo nescitum. *Epta* autē amnis est, cuius fontem serenum Armoricus appellat,

Epte, r.

vnde inquit lib. 4. Philippidos.

Vnde oriens ortis fluit vtilis Epta, sa- SEQVA-
tisque, NA.
Donec Sequanio procul hinc se perdit in amne.

De quo etiam duobus locis Sugerius loquitur in vita Crassi nostri regis, eorum primus est, *Grata pisciũ fœcunditate Epta fluuius prope Gisor-* Gisors. *tium fluit.* Alter, *Interfluit Gisortium fluuius grata piscium fœcunditate, qui dicitur Epta*, qui quidem oritur è fonte cognomine, duabus leucis aut circiter à Gornaio distans. Pars Gornay. eius Gornaium interluit, pars muros eius circuit Gisortium quoque partim intersecat, partim ambit versus sanctum Clarum fluens, nomenque S. Clair. amittit. Apud *Guidonis Rupem* Se- Roche-quanæ permiscetur, ab ostio eius in Guyon. fontem quatuordecim leucis distans, à Gisortio verò septem. Tructas nutrit, lucios, cancros, goiones, anguillas prope innumeras.

S iiij

SEQVA-
NA.

Et quidem *Gisortium* oppidani putant dictum quasi regis otium. Municipium enim est elegans ac benè situm, ac prouerbio dici solet tàm ab ipsis quàm à vicinis populis videri eam vrbem Doarium Virginis Mariæ. Donatio enim propter nuptias à sponso facta Doarium est, quæ neque vendi, neque liberis ex quaque causa eripi potest, ideoque charissima est. De Gisortio autem notus est versus Armorici.

Gisorti mœnia frangit.

Aliam quoque interpretationem afferunt, ac Gisortium dictum putant quasi diuortium Regum Angliæ & Franciæ. Sugerius historicus de Gorneio insula hæc pauca tradit. *Habet Castello insula grata amœnitate pabulorum, equis & pecoribus opima, quæ se aliquantisper latam, sed plus longuam producens maximam oppidanis confert vtilitatem, cùm & spa-*

Franciæ per Flumina. 279

tiantibus decurrentium aquarum clari- SEQVA-
ficam & exhilarationem,& modò flo- NA.
rentium, modò crescentium graminum
obtutibus & formis exhilaratam offe-
rat clarificationem; huius etiam circun-
clusione existentibus securitatem. Est Gornay sur
aliud Gornacum Castrum super flu- Marne.
uium Matronæ situm; vnde *Hugo de
Pomponia miles strenuus mercatorum
equos in via Regia insperato rapuit, &
Gornacum adduxit.* Hic itaque locus
ad Normaniam pertinet.

Postmodum Sequana *Vernonem*
oppidum alluit, quod egregium pó- Vernon.
tem lapideumque habet, & Guilielmus Neubrigensis Anglorum historicus nomen oppidi etiam complectitur. *Gallionem* etiam Archie- Gaillon.
piscopi Rothomagensis secessum
ad animi oblectationem ab eadem
ripa parum abesse moneo, qua Verno, qua Medunta, qua Pissiacum situm reperies. De quo Gallione Ar-

Pap. Mass. descriptio

Sequa-
na.
moricus lib. 5. Philippidos ait:
Gallionis cingere muros.

Ac ferè distat Gallio à ripa Sequanæ duobus passuum millibus. A Gallione autem ad S. Andoeni parrochiam, quæ Archiepiscopi Rothomagensis olim fuit: inde ad *Arcua-*

Pont de
l'Arche.
ti pontis oppidum veniendum est. De eo Armoricus Philipp. lib. 7. ait: *Pontem qui dicitur Arcsæ diruit.*

Quo transito, Sequana non multo post quinque leucarum flexum facit, vsque ad sancti Audoeni oppidulum, sed si breuiorem nauigationem facere velis, opus est vt terra progressus aut equo, curru, aut bobus vnam tantum leucam conficias donec aquam Sequanæ iterum reperias, & nauiculis ibi statim habitis vt viatores celeriter excepti Rothomagum clarissimam vrbem vehantur. Sed antequam de ea dicamus, Auduram flumen describere lubet,

Francia per Flumina. 281

quod in Sequanam labitur ad pontem Arcuatum, fornices enim pontium arcus appellari mos est. E Pertica regione Carnuto vicina labitur. De qua libro tertio Philippidos Armoricus meminit cùm ait: *Pertica Rotroldo gaudet nemorosa recepto*

In Carnutum agros moderato cursu fertur. De eo agitur in veteri martyrologio ad 12. Kal. Nouembris his omnino verbis.

Carnotis, Iotro monasterio natalis S. Prisci martyris super fluuiū Audurę. Et in vita Leofredi Abbatis S. Crucis Eburonicū, fluuij Aucturę bis fit mētio. Vita autē illa scientissimè olim perscripta est. *Curuā villā* municipiū Carnutū alluit, de quo Iuo Carnotēsis epistola 268. *Ecclesia*, inquit, *S. Nicolai sita est in municipio quod Curuauilla dicitur.* Et epistola 267. *Hęc Ecclesia in municipio quod Curuauilla dicitur sita à fundatore suo in honore*

SEQVA-
NA.

Le Perche.

Couruille.

SEQVA-NA. sancti Nicolai, Canonico ædium fuit deputata. Inde labitur ad vrbem Carnutum inferioremque eius partem, orientalem scilicet alluit. Fortunatus in vita sancti Martini lib. 3. de hac vrbe loquitur his verbis.

Carnotus hinc etiam dum prętereunda
veniret
Ethnica per campos passim obuia turba fluebat.

Cuius vrbis descriptionem non pręterit Armoricus Philippidos libro secundo.

Urbs quoque Carnutū, quam ciuis tàm
numerosus,
Tamque potens Clerus, & tàm prędiues opimant,
Ecclesiæque decus, cui scemate, mole, decore,
Iudicio par nulla meo reperitur in
orbe.
Quàm, quasi postpositis specialiter om-
nibus, vnam

Virgo beata docet Christi se mater SEQVA-
amare NA.
Innumerabilibus signis, gratoque fa-
uore,
Carnuti dominam se dignans sæpè
vocare:
Cuius & interulam cuncti venerant-
tus ibidem,
Qua vestita fuit cùm partum protu-
lit agnum.

Tum *Nouigentum* alluit Regium Nogent le
dictum à Philippo Valesio, qui ibi Roy.
decessit, & eius nominis Rex sextus
fuit. Postmodum excipit *Vegriam* è *Vegre, r.*
Monfortia sylua profluentem, ve-
nientemque *Hudençum* munici- Houdan.
pium in via qua *Drocas* itur. E Dro- Dreux.
cis *Blesia* amnis in Anduram labi- Blaise, r.
tur, nec non *Hadra* qui è *Nonanti-* Hadre, ri
curia & longius fluens *Stratam* mo- Nonencourt,
nasterium, deinde *Motellas* vicum L'Estree.
alluit, antequam ad Æduram periturus perueniat. De Hadra autem vul-

284 *Pap. Mass. descriptio*

SEQVA-
NA.
go dici solet ille versus.

Hadra licet parua Francorum diuidit arua.

quod olim Francos à Normanorum finibus distingueret. In prouincia vero Normannia Audura fontem habet inter *Aquilam* & *Vernolium*, cuius muros alluës incipit Normanniam à Francia distinguere. A Vernolio *Filiceras* Anglicis bellis notas petit, mox Nonanticuriam Normannici quidem iuris, nisi quod suburbana ædificia sunt Frācici Imperij. Postea *Anetum* pulcherrimam stationem & amœnissimam villam præterfluit. Deinde Iberium nobilem vicum quem *Ibram*, & Ibream Armoricus appellat, quarto Philippidos.

L'Aigle.
Verneuil.

Filiers.

Anet.

Yury.

Sibi iam subiecit Ibream.
Et alibi.
Ad Ibram signa reflectat.

Pacy.
Exin *Paciacum* in diuersa ripa situ

alluit. De quo idem Armoricus Phi- SEQVA-
lippidos 3. de Ricardo Anglorum NA.
rege loquens.

*Paciaci sibi tuta magis fore mœnia cre-
dens.*

Et de Philippo rege lib. 4.

Iàm sibi Paciacũ, sibi iàm subiecit Ibreã.

A Paciaco autem continuato cur-
su propè *Eburonicum* vrbem Epis- EVREVX.
copatu insignē, deinde Lucum veris præterfluit: postea Gallionem, deniq; cis pontem Sequanæ, quē arcus
seu fornices vocant, vbi penè peruē-
tũ est, ipsi fluuio permiscetur, & piscem quidē optimũ gustuque suauis-
simum, & varij generis hic amnis fer
re solet. Id enim scire possum, cùm
in ripa eius apud *Brokiũ* ordinis Cla- *Icon. r.*
reuallensis monasteriũ quinque aut
sex continuos menses habitarim, ciuilia bella fugiens. Duo riuuli, vnus
è stagno *Bertuliensi* fluēs, alter è Vernolio Perticensis regionis oppido,

SEQVA-
NA.

in vnum confluentes *Itonem* amnem faciunt, quod apud *Condetum* amœnam stationem Episcopi Eburonicum lapideo ponte iungitur, perspicuasque vndas gerit, arenamque mortalium oculis gratissimam. Inde Eburonicum primariam vrbem petens, in medio itinere repente terra absorptus periisse videtur: amplius enim quàm terna passuum millia latet quasi numquam rediturus. Verùm magna spectantium admiratione duabus leucis ab illa vrbe erumpit, quasi iterum velit videri: quod naturæ miraculum ingens esse puto. Idque accidit prope Abbatiam Sanctæ Crucis Diui Leufredi in vico *Cailliaco*, quo nomine Rothomagenses abuti solent cùm herbam Cresconiam abundè illo loco renascentem publicè & in foro distrahentes Cailliacum non semel, sed ter aut quater ingeminant. Innocentius

nocentius tertius epistolarum De- SEQVA-
cretalium lib. 1. ad Abbatem San- NA.
ctæ Crucis, & sancti Leufredi loquitur de Ecclesia Diui Remigij in villa Cailliaco. Deinde Iton ad suburbana ædificia vrbis Eburonicum
prope Diui Taurini monasterium,
ipsamque vrbem fluit antequam in *La Seine.*
Auduram se effundat. Lucios per-
casque nobiles hic amnis profert, &
albos pisces alit. ROTHOMAGI præ- ROVEN.
clarum pontem Sequanæ imposi-
tum inuenies, de qua vrbe epistola
ad Victricium Episcopum Paulinus
agit in hunc modum; *Nunc Rotho-*
magum & vicinis ante regionibus tenui
nomine peruulgatum in longinquis etiā
prouinciis nominari venerabiliter audi-
mus, & inter vrbes sacratis locis nobi-
les cùm diuina laude numerari: haud
immeritò: cùm totam illic qualis in O-
riente memoratur Hierusalem, faciem
Apostolorum quoque præsentia meri-
T

SEQVA-NA.

tum tuę sanctitatis adduxerit: qui peregrinam memoriis suis vrbem affectu sanctorum spirituum, & affectu operum diuinorum sedibus suis comparant, qui in teipsum aptissimum sibi diuersorium repererunt. Fortunatus multo post, Rothomagum versibus suis inseruit: quam & Vitichindus lapsu temporum Danorum vrbem vocat, quod eam Normanni, id est Septentrionales populi inhabitent. Inter opera verò illius vrbis publica & admiranda pons ille spectari merito suo debet ingeniose ab artifice exædificatus, fœlicisque eius in eo perspicue habetur ratio difficultatis, quæ inerat propter recurrentem fluxum & refluxum maris, qui singulis diebus bis accidit. Idcirco enim è quadrato lapide structus est pilastris stupenda crassitudine, & fornicibus præaltis.

De fluxu autem eo & refluxu Oceani Armoricus poëta Philip. 6. SEQVANA.

Substitit in portu, refluo quem Sequana fluctu,
Vno quoque die bis certis influit horis,
Et breue post spatium refluit, siccumque relinquit,
Tamque repentinos operatur causa meatus,
Soli nota Deo, nec eam comprehendere sensu
Humano potuit, poteritue in secula quisquam.
Causa latet, sed res ita est.

De fluxu & refluxu generaliter, deque duobus æquinoctiis ab eodem scriptore consequenter agitur, ita vt scientiam eius lector admirari cogatur. Et Fortunati versus se offerunt:

Peruenit qua se piscoso Sequana fluxu

Pap. Maff. descriptio

SEQVA-
NA.

In mare fert iuncto Rothomagense sinu.

In ea vrbe ad Orientem eius visuntur riuuli duo, qui illam introrsus irrigant, vni *Robetio*, alteri *Auberæ* nomen, inque Sequanam labuntur. Quæ ad Oceanum fluere perseuerás Caldebecū municipium alluit gentis Caletorum, mox inter *Aresluctum* in eadem ripa & *Hunfluctum* attingens Oceanum subit. De Caleto autem pago ad annum millesimum centesimum sexagesimum tertium Sigebertus tradit quod sequitur. *Iuliabona in Caletensi pago iuxta Sequanam est*, sedes Regia à Dominis Normannorum multùm amata, & frequentata. Hanc Iulius Cæsar, ex cuius nomine Iulia vocatur, condidit. Destructo verò Caleto ex eius veteri vocabulo tota regio sita inter Sequanam & mare adhuc vocatur. Quod verò dicat Gobelinus bonus

Caudebec.
Caux.

Harfleur.
Honfleur.

L'islebonne

Franciæ per flumina.

auctor scire operæpretium est in cōmentariis Pij secundi libro sexto. *Normannia*, inquit, *prouincia est Gallię ad Oceanum pertingens, hinc Morinis quos nostra ætas Picardos appellat, inde Venetis iuncta, quos Britones vocant.* In eo quod de Normannia dicit nihil improbo, sed Picardos appellari Morinos, & Britones Venetos nescio quàm verum sit, vsque adeo periculosum est homini externo de ignotis regionibus scribere. Alter autor est Ioannes Theutonicus in Glossa, cap. Moses ait. *Normanni egregiè potant, ne animæ eorum maneant in sicco.* Quam eius vocem ridiculá puto; sobrietate enim Normanni Theuthonas superant. Ammiani quoque Marcellini ex libro decimo quinto locus hic annotandus est. *A Belgis eandem gentem Matrona discindit & Sequana, amnes magnitudinis geminę, qui fluentes per*

SEQVANA.

SEQVA-NA.

Lugdunensem secundam, post circumclausum ambitu insulari Parisiorum Castellum Lutetiæ nomine, consociatim meant, meantesque protinus in mare propè Castra Constantia funduntur. Non quidem admodum propè, ô Marcelline, si verum amamus. Lexouij enim Aulerci & Baiocassini obstant atque impediunt ne prope Castra Constantia fundi Sequanam in Oceanum putemus. Totam autem Normanniam à veteribus nominari secundam Lugdunensem libro de notitia Episcopatuum Galliæ iàm ostendimus. Sunt ergo in Lugdunési secunda septem Episcopatus cum territorio quisque suo, Rothomagensis, Ebroicensis, Lexouius, Sesuuiensis, Baiocassinus, Abrincatus, & Constantia. Quæ territoria ab vr̄o Rothomagensi amplissimo Senatu summum ius accipiunt. Primùm igitur amnes singulorum

Franciæ per Flumina. 293

Episcopatuum prosequamur. *An-* SEQVA-
delia quidem diœceseos Rothoma- NA.
gensis in Sequanam labitur, vtilis- *Andele,r.*
simus vrbi Lutetiæ Parisiorum. Ligna enim non colligata in eum iaciuntur, quæ sensim ad ostium eius perueniunt, vbi in parata nauigia collocantur vt aduerso flumine Sequana in portum Parisiensem perueniant; vtque celerius id fiat, adhibentur singulis nauigiis equi aliquot præituri. De Andelio Armoricus lib. 6.

Obsidet Andelij, quod dicitur insula
    Castrum.

Et diffusius libro septimo de Andelio quoque agitur. Andelius verò amnis oritur prope *Catillio-*
nem castrum sub *Feritate Brayca,*
ac decurrit retro *Orgueillium* vicum: Charle
deinde secundum colles *Nollæ vallis,*
& Caroli noni regis, vbi venationis labores pati erat solitus, secessum

T iiij

Sequa-na.

procul ab oculis mortalium. Tum *Floriacum* in via qua Rothomagum itur. *Pontem S. Petri* præcipuam sedem Roncelliorum nobilissimæ gentis, postremo Andelius nomen amittit apud Abbatiam duorum Amantium iuxta pontem quem *Arcuatum*, vt dixi, vocant, in Sequanam influens. *Sesuuÿ* verò ab Alenconio vrbe quinque leucis distant, estque ditissimus locus totius Episcopatus. Oritur autem prope Sesuuios *Olena* amnis Ptolomeo memoratus, Sesuuiorumque vrbem interluit. *Argentam* vrbem quinque leucis remotam petens, quæ in edito quidem loco sita decliuis tamen est, qua parte in Olenam descenditur, qui continuato cursu *Cadomum* præclaram vrbem Baiocassinæ diœceseos interluit, ponteque iungitur è tribus fornicibus composito. De qua Armori-

Olne, r.

Cáem.

Franciæ per Flumina.

cus Philippidos libro octauo.

SEQVA-
NA.

Villa potens, opulenta, situ spatiosa, decora
Fluminibus, pratis, & agrorum fertilitate,
Merciferasque rates portu capiente marino,
Seque tot Ecclesiis, domibus, & ciuibus ornans,
Vt se Parisio vix annuat esse minorem.

Qui verò situm Cadomi benè excusserit, illam iudicabit & pulchram & amœnam ob Olenam flumen, qui bis quolibet die ob fluxum & refluxum Oceani inflatur. In quam vrbem fluuius quoque alius nomine *Vdo* fluit, atque in Olenam labitur. Postremò tribus leucis ab vrbe in portu *Doystrehano* in Oceanum effunditur. Notandumque est nauigia magna ab Oceano Cadomum magno ipsius commodo

Oudon, r.

Eſtrehan.

Pap. Mass. descriptio

SEQVA-
NA.

quęstuque ciuium impelli, ob fluxum refluxumque maris. Prope Cadomum in loco cui *Semellæ* nomen anno millesimo sexcentesimo quinto Balena ingens in littore Oceani destituta aquis refluxus qui tunc longè maximus fuit, capta atque oppressa est. Abeunte verò mari plebs sulmones, alausas, & lampredas quotidie quamplurimas capit aut occidit. Sulla amnis è meridie profluens, & Tillij castri muros lauans, duos lapideos pontes habet: quorum vnus Vetus appellatur, alter ve-

Vieux pont. Reuiers.

rò *Redeueris*, Archidiaconatumque Cadomensem intersecat, prope cuius ostium dum mare intrat supereminet Templum parrochiale & via publica intermedia, & Castellum quod vul-

Courseulle.

go *Cursus Sullę* dicitur, quia ibi Cursus Sullæ desinit. Vrbs ve-

Franciæ per Flumina. 297

rò Baiocaſſium ab Oceano leuca & dimidia diſtans, Epiſcopatu illuſtris, Templumque Virgini ſacrum, ſtructura tectiſque magnificum habet, cui adiacet cœmiterium parrochiale ſancti Saluatoris ad meridiem, vbi leguntur verſus in muro turris maioris olim ſculpti, qui ſic habent: SEQVANA.

Quarta dies. Paſchę erat dum Clerus ad
 huius
Quæ iacet hîc vetulæ venimus exequias
Lætitiæ diem magis quem amiſiſſe dolemus,
Quàm centum tales ſi caderent vetulæ.

Eam vrbem alluit ad orientem amnis, qui vulgo *Aura* dicitur: ſed in Chartulario Eccleſię *Aurea*; fluitque per parrochiam, quę *Vallis ſuper Auram* dicitur. Alius autem amnis *Droma* decurrit per parrochiam quæ *Vauſelles* nuncupatur, leuca vna ab vrbe, valde quidẽ periculoſus: *Aure, r.*
Vaux ſur Aure.
Drome, r.

vnde hoc vulgare circumfertur,
La Riuiere de Drome
Ha tous les ans cheual ou homme.

Id est aut equum aut hominem Droma quotannis absorbet.

Hi ambo confluunt prope locum qui *Māsiones* appellatur, & ad radices *Montis Chalni* versus *Fossam Solstitij* sensim decurrunt super sabulo, arenaque firma & vnita, vbi è mortalium oculis subducuntur, non sine admiratione eorum qui id fieri vident. Inde sub terra latentes apparere incipiunt dimidia leuca super littus maris, ad locum qui *Portus Baiocassium* dicitur.

Uironus seu *Viria*, Regia sedes Prætorij Cadomēsis eodē nomine quo vrbs fluuium habet, qui in mare labitur apud *Vadum sancti Clementis*, & non procul decurrit è regione Cōstantina *Doua* amnis, cuius origo est apud siluam & Castellum

---

Marginalia:
- SEQVANA.
- Maisons.
- La Fosse du Soucy.
- Vire, r.
- Le Vé saint Clement, autrement le grand Vé.
- La Done, r.

Franciæ per Flumina.

vulgo *Briquebec* appellatum. Inde alluit castrum sancti Saluatoris cognomento Vicecomitis, vbi lapideo ponte transitur, postea acceptis aliquot fluuiolis fluit prope *Carantum* oppidum, vbi lapideum pontem habet: postea versus vada sancti Clementis properat, & tandem effunditur in mare, cuius fluxus refluxusque quotidie visitur. In Episcopatu verò Abrincantuorum duo fluuij sunt, & *Ocrium* promontoriū Michaëlis nomen ferens, de quibus hæc dicenda sunt. Primus vocatur *Arduus*, de quo Glaber historicus Cluniacensis cap. 3. lib. 3. *Est*, inquit, *non longè à promontorio S. Michaëlis in Oceano fluuiolus cognomento Arduus.* secundus *Senuna*, quod didici à Postello Barantonio doctissimo viro genere Normanno, Oceano proximus, & nauigabilis fluuius, qui circa Ocreum promontorium in mare

SEQVANA.

Le mont S. Michel.

Ardre, r.

Senune.

SEQVA-
NA.

Pap. Masson. descriptio euoluitur. Idē historicus de promōtorio Michaëlis eodem loco scribit. *Contigit in proximum Ecclesiam beati Michaëlis Archangeli cremari incendio, quæ scilicet constituta in quodam promontorio littoris Oceani maris, toto orbe nunc vsque habetur venerabilis. Nam & inibi certissimum conspicitur videlicet ex incremento atque decremento lunari eundo ac redeundo processu mirabili in giro eius promontorij, reuma scilicet Oceani, cuius etiam maris excrementum Malinas vocant, decrementum quoque Ledones nuncupant: atque ob hoc maximè prædictus locus à plurimis terrarum populis sæpius frequentatur. Est etiam non longè à prædicto promontorio fluuiolus cognomento Arduus, qui post hæc paululum excrescens per aliquod temporis spatium intransmeabilis effectus ad prędictam Ecclesiam ire volentibus viam plurimum impedientibus a-*

Franciæ per Flumina.

liquantisper eiusdem itineris obstaculum fuit: Postmodum verò in sese rediens profundissimè littus suo cursu sulcatum reliquit. De eodem promontorio & Armoricus breuiter scribit.

Hic summo rupis in vertice scemate miro
Condidit Ecclesiam deuotio Christicolarum,
Angelico monitu sibi quam sacrauit honore
Perpetuo Michael Archangelus, vt famuletur
Christo semper ibi monachorum concio sancta,
Quo vix perque gradus ascenditur, inferiusque
Pendula villa domos speciosas & plures habet:
Et populi multi satis ampla sede capaces, (dum
Qui locus in cælum se taliter elenat, vt

Pap. Mass. descriptio

SEQVA-
NA.

A longè aspicitur aliud nihil esse videtur,

Ardua quàm turris hominum fabricata labore.

Circa annum Domini septingentesimum decimum S. Michaël Abrincensium Episcopum monuit, vt in summitate montis qui à ciuitate Abrincensi distat sex millibus, Ecclesiam in nomine eius consecraret.

Auranches.

Eosdem verò Abrincantuos à Britonum finibus Coethnus amnis separat atque distinguit, vt ille ipse Armoricus tradit libro octauo, cùm ait:

Coethnon, r.

— — — Abrincos
Finibus à Britonum quos limitat vnda
Coethni.

Castra verò Constantia Episcopum habent, à Constantino Cæsare Constantini Magni filio dicta, vt ex Marcellino apparet. Illa verò ciuitas muris

Contances.

Franciæ per Flumina. 303

ris incincta fossisque est. Extra eam versus occidentem solem in ima valle visuntur Romana opera, & altissimæ columnæ incredibilis structuræ, sub quibus fluit *Bulsardio* riuulus, supraque eas instar pontis fornices per quos fons semileuca ab eo aquæductu distans per tubulos plumbeos perducitur vsque ad vrbem Constantiensem, & quidem mediam, sine quibus tubulis aqua ferè destitueretur. Supersunt *Lexouij* & *Aulerci*, de quibus Armoricus ait 5. Philippidos:

——————*Siceræque tumentis*
Algia potatrix, Lexouia fontis egena,
Quæ pro fonte maras gaudet potare
lutosas.

SEQVA-NA.

Burd, r.

AVGI.

In Ecclesia Lexouiensi Archidiaconus Algiensis est notissimum nomen ab Algia dictum. *Regino* historicus ad annum Christi millesimum octingentesimúnonagesimum nar-

V

Pap. Mass. descrip.

SEQVA-
NA.

S. Lo.

rat Normannos, quoddam castellum in Constantiensi territorio quod, ad sanctum Loth dicebatur, obsedisse; accessum ad fontem aquæ ex toto prohibentes oppidanis siti arescentibus fit deditio eo pacto, vt vita tantum concessa cætera tollerent. Illis à munitione progressis gens perfida fidem & promissa data prophanat, omnesque absque respectu iugulat: inter quos Constantiensis Ecclesię Episcopum interimunt. Qui historicus sancti Viri de quo loquitur nomen nesciuit, quem Constantienses Laudum appellant. Quas autem maras Lexouiorum esse dicit Armoricus, easque à Lexouiensibus potari, hæ sunt resides aquæ. Algiam autem appellat quam vulgo Augiam Aulercorum Normãni vocant. Quæ regio sub Lexouiorum Episcopatu est, & de eorum naturali eloquentia alibi diximus. Superest

Franciæ per Flumina.

vt de aliquot Normannię locis nondum expositis pauca dicamus: ac primùm de Fiscanensi monasterio, de quo Glaber c. 4. l. 4. sic ait: *Fiscanense monasterium supra mare constitutum à Rothomagensi vrbe quadraginta fere milliaribus distat.* Paulus Diaconus de Longobardis libro 1. capite 6. De Ebodia insula quid dicat videamus: *Triginta fermè millibus à Sequanico littore Ebodia insula distat, in qua, sicut ab incolis ipsis asseueratur, vergentium in eadem Charibdi aquarum garrulitas est.* Audiui quendam nobilissimum Gallorum referentem, quod aliquot naues prius tempestate conuulsæ, postmodum ab hac eadem Charibdi voratæ sint. Cæterum præstat quinti capitis initium adiungere ad intelligendum quid sit vorago,

SEQVA-
NA.

Pap.Maff. descriptio
& vbi sit. *Nec multùm procul ab hoc de quo prædiximus littore contra Occidentalem partem, qua sine fine Oceanum pelagus profundissima illa aquarum vorago est, quam vsitato nomine maris vmbilicum vocamus, quæ bis in die fluctus absorbere & rursum euomere dicitur, sicut per vniuersa illa littora accedentibus & recedentibus fluctibus celeritate nimia fieri comprobatur. Huiusmodi vorago à poëta Virgilio Charibdis Cappellatur, quam ille in freto Siculo esse his versibus attestatur.*

Dextrum Scilla latus, lævum implacata Charibdis
Obsidet, atque imo barathri ter gurgite vasto
Sorbet in abruptum fluctus, rursusque sub auram
Erigit alternos, & sidera verberat vnda.

Ab hac sanè de qua diximus vora-

gine sæpe naues rapi, è curfuque at- SEQVA-
trahi affirmantur tanta celeritate, vt NA.
fagittarum per aërem lapfus imitari
videantur, & nonnumquam in illo
barathro horrendo nimio exitio pe-
reant. Sæpe cùm iamque mergendæ
funt fubitis vndarum motibus re-
troactæ, tanta rurfus agilitate inde
elongantur, quanta priùs attractæ
fuerant. Affirmant effe & aliam
huiufmodi voraginem inter Britanniam infulam, Galliamque prouinciam. Cui etiam rei aftipulantur
Sequanica Aquitanicaq; littora, quę
bis quotidie tam fubitis inundationibus opplentur, vt qui fortaffe aliquantulum introrfus ad littora de-
prehenfus fuerit euadere vix poffit.
Videas earum regionum flumina
fontes verfus curfu velociffimo relabi, ac per multorum millium fpatia
dulces fluminum lymphas in amaritudinem verti. Ac ne quis duo nos

V iij

Sequa-
na.
Iue, r.
Rille, r.

flumina agri Lexouiorum obmisisse queratur, dicemus *Iuam* Lexouiorum populos irrigare, & *Rillam* amnem in eadem dioecesi fluere, nominarique S. Pauli super Rillam municipiolum. Post ostium fluminis Sequanæ occurrit *Portus Gratiæ*, quem Franciscus primus ædificare coepit aduersus vim Anglorum, Henricus verò filius eius egregiè muniuit. In eadem ora maritima *Fiscanum* quoque monasterium situm suprà diximus. *Dieppa* sequitur à fluuiolo nomen habens, vnde Armoricus:

Le Haure de Grace.

Dieppe.

— *portus fama celeberrimus, atque*
Villa potens opibus florēti nomine Deppem.

Postremo *Aucum* non longè ab Oceano adhuc Normannicum est. Cuius populos callidos, cautosque esse natura cognitum est, nec subijci velle legibus aut moribus vllius gētis, & morum suorum obseruantis-

Ev.

Franciæ per Flumina. 309

simos custodes esse. Intra viginti quatuor horas licet eis ab eo quod dixerint promiserintque impunè discedere. Litigare scienter & nodū in scirpo quærere solent, vt non sine causa Placentinus Normannos esse doli capaces ante pubertatem olim dixerit. Eosdem ego ingeniosos ad percipiendas bonas artes & scientias prædico. SEQVA-
NA.

Picardia statim sequitur, quæ Belgicæ secundæ partem facit, in qua *Gualerici* Aruerni genere monasterium atque oppidum indigenæ nō Galerici, sed corruptè Valerici solent appellare. De situ eius in vita sancti Galerici agitur his verbis; *Situs eius loci commodissimus est. Namque ab vno latere ex propinquo mari multam habet amœnitatem, ab alio verò præterfluit piscosus fluuius Summa, atque illic super scopulos & saxa ingentia, ab imo vsque ad sublime vi-* S. Valerii.

Summe, r.

Tap. Mass. descriptio

SEQVA-
NA.

suntur structa ędificia quę admirandum prębent vicinę Regionis hominibus spectaculum. Porro à parte tertia quę ceteris pręcellit, humus est optima & valde fertilis, & tàm arboribus pomiferis, quàm siluestribus, iisque & densis & speciosis, magno ambitu cingitur ad multam vtique amoenitatem. Nec abs re fuerit etiam quod in vita Burchardi Comitis Corbolij reperitur, hoc modo. Tēpore gloriosi Roberti Regis circa annum Domini millesimum vigesimum octauum, regni vero sui quadragesimum primum, dum Francorum regnum optima pace gubernaretur, subito idem regnum maligna conturbatur aduersitate. Vnde accidit vt quidam huius seculi ventosa nobilitate pręediues Arnulphus Comitatus officio insignitus contra dominum Robertum insurgeret: & contra quę eius ditioni subiecta fore videbantur incendio concremaret, & ea mala quę inferre poterat in omnibus adhibe-

Franciæ per Flumina.

ret. Qua discordia preualente, & diaboli sæuitia præeunte Cœnobium sancti Vualarici adiit, incendio cuncta quę potuit concremauit, atque ipsum corpus cōfessoris Christi proprio dominio subdidit. Qua de re tristitia magna repleti monachi, tanto carentes patrono celeri gressu Regem Francorum adeunt, poscentes vt eis succurrere dignaretur. Qui eis pręsentiam sui exhibere non valens Dominum Burchardum exorando deprecatur, vt eis sua vice succurreret, & eis corpus sanctum quo valeret iuuamine reddere faceret. Uenerandus verò Burchardus Comes illuc adueniens de Dei gratia corde confidens Comitem Fladrensem adiit, Regia profert verba, & eum exorando deprecatur quatenus confessoris Christi membra quæ iniqua cupiditate sustulerat, voluntate & misericordia Dei præeunte solo restitueret proprio qui eius precibus assensum præbens pacem fecit cum rege & Francis &

SEQVANA.

SEQVA-
NA.

quod à tanto Comite petebatur celeriter adimpletur. Cumque veniſſent ad fluuium qui Summa dicitur, & inde tranſire vellent: repente mare cernunt inundaſſe, & viam ſancto corpori Comitique Burchardo & cæteris qui cum eo erant denegare. Tunc Comes qui baiulus ſancti corporis erat cunctis audientibus ad Deum tota mente exorantibus dixit: Domine Ieſu Chriſte, ſi miſericordia voluntatis tuæ exiſtit vt corpus huius ſancti tui proprio reſtituatur cœnobio, iubeas nobis hoc flumen maris clementia tuæ bonitatis diuidere, & viam huius itineris clementia tua nobis pandere non dedignetur: quatenus hęc plebs tuo nomini ſeruiens ad laudem gloriæ tuę, & ad honorem huius ſancti tui corde deuoto munera laudum læta cordis exultatione perſoluere valeat. Ad hanc vocem ſerui Dei & precibus ſancti ſui exoratus Dominus, ſubito ęquoreum mare ita diuiſum eſt, vt

Franciæ per Flumina.

baiuli sancti Corporis & cunctus populus laudando & benedicendo Dominum Deum cum summa laudis deuotione illud æquoreum maris periculum siccis vestigijs absque vllo maris periculo pertransiret: ex quo facto illud Dominus reiterare dignatus est miraculum quod per *Moysem* famulum suum fugientibus filijs Israël per medium mare operari dignatus est. Hic verò amnis non est admodum largus, sed altus, & *Sumina* vocatur à Fortunato Pictauiensi Episcopo; sic enim ait c. 10. vitę S. Medardi. *In prouinciam ducitur Francorum acies Clotarij Regis cum manu valida ad fluuium cui vocabulum Sumina.* In vita S. Oportunę *Somona* dicitur. Id veliuolum flumē est, nūquam astringitur gelu, vno loco periculosissimè nauigatur propter cęcū gurgitē accolis tamē cogni tū. Gregorius antiquissimus rerū nostrarū scriptor eodē nomine apellat,

SEQVANA.

Sequa-
na.

Pap. Mass. descriptio
ipsumque esse ex pulchris magnisque fluminibus regni Francię multi autores testantur. De eo & pluribus aliis poëta Gallicus sic cecinit.

Tu n'as rien veu, que Dordogne & Gironde,
Bien tost verras la Charante profonde,
Loyre au long cours, Seine au port fructueux,
Saune qui dort, le Rosne impetueux:
Aussi la Somme, & force autres riuieres
Qui ont les bords de maintes villes fieres.

Quibus versibus Ligerim quidé ob longissimum cursum eius laudat. Sequaná propter fructuosum portum, Ararim dormienti similem ob leuem eius motum, Rhodanum impetu rapidum esse dicit. Sommam multis vrbibus instructam atque ornatam, quam idcirco ab or-

Somme, r.

tu fonteque petimus. Oritur in vi- SEQVA-
co Veromanduorum Feruaquio, NA.
vnde S. Quintini municipium petit: S. Quentin
de quo Vsuardus in Martyrologio
vetus scriptor sic ait: *In Galliis oppido*
Vermandensi sancti Quintini, qui sub Verman-
Maximino Imperatore martyrium pas- dois.
sus, cuius corpus post annos quinqua-
ginta quinque reuelante Angelo inuen-
tum est. Hęc ille pridie Kal. Nouẽ-
bres. In vita quoque eius martyris
scriptum inuenio quod sequitur.
Eius venerabile corpus licèt ab impiis in
Somona fluuio cum plumbo fuisset im-
mersum, tamen per annos plurimos la-
tuit, () incorruptum est repertum. Sigebertus historicus ad annum non-
gentesimum sexagesimum quartũ;
Ecclesia, inquit, *S. Quintini martyris*
est in insula super fluuium Somenę sita,
cuius martyrium anno Christi trecente-
simo secundo contigit. Addit Sigiber-
tus, ab Eusebia matrona in superio-

Sequa-
na.

Pap. Mass. descriptio
ri loco præeminentis oppidi, quod antiquitus Augusta Veromduorũ vocabatur, corpus eius esse collocatũ, & rursus ab Eligio Episcopo Nouiomẽsi detectũ. De Veromandica

Amiens.
Santerre.

autem regione, de Ambianensi, deque Santeriensi quomodo Philippo Regi cesserint, & quàm vberes sint, Armoricus secundo Philippidos tradit.

Sic Regio quàm lata patet Veromanica
  tota

Ambianensis humus pariter cum Santeriensi

Ubertate soli Regi cessere Philippo.

Ambianorum fines Neruij contingunt. Cæsar lib. 2. de bello Gallico. Idem lib. 3. *Veromandui & Attrebates sunt finitimi Neruiorum.*

Peronne.

Inde Summa *Peronam* progreditur atque alluit, vbi flumen ipsum ponte iungitur. De Perona satis erit indicare in Templo illius sepultum

Franciæ per Flumina. 317

Carolum Simplicem Regem Fran- Sequa-
corum, malignitate doloque Heri- na.
berti Comitis Veromanduorum
captum. Quatuor leucis ab Ambiano clarissima vrbe distat *Corbia*,
quæ & vrbis nomen est, præclarique admodum Cœnobij, quod Sūma alluitur. Quam quidem qua
respicit Atrebates populos idem
flumen alluit. Ambianum sequitur, cuius ciues indiligentia suorum
ius liberæ custodiæ quod eis Reges
reliquerāt vltimis bellis amisere, cū
ab Hispanis turpiter capti ne dicam
delusi fuissent, opportuissetq; Henricum quartum fortissimum Regem illa obsessa cogere hostem
ad deditionem illius, etsi non
voluntariam. *Pequigninum* supra
Ambianorum vrbem est tribus Pequigny.
milliaribus, ponteque iungitur. Abbeville.
Postremo Abbatis-villam præclaram nunc vrbem alluit,

Pap. Maſſ. deſcriptio

SEQVA-
NA.
S. Riquier.

à qua diſtat ſancti Richarij monaſterium duabus leucis. Id olim *Centula S. Richarij* Presbyteri monaſterium fuit, vt Vſuardus ait: vnde fluuiolus recta in Suminam decurrit, caniturque hodie antiquus ille verſiculus.

Turribus à centum Centula dicta fuit.

Ponthieu.

Richarij autem monaſterium tàm celebre in regione *Pontiuenſium* eſt. Reſtat vt de oſtio tanti & tàm egregij fluuinis Summę aliquid dicamus, quod ſatis propè *Crotoſium* eſt, vrbḗ, caſtellum, portumque Pontiuij. Regio Poutinenſis vocatur Pontiuum in vita Bernardi eremitæ ex Abbatis villa: alij regionem *Pontium* dictam volunt à pontibus, quos propter paludes præterire oportebat. *Altilia* eiuſdem Picardiæ fluuius, prope *Dulendium* oritur, ſeque in Oceanum præcipitem dat non admodum procul à ponte *Collinarum,*

Aultee, r.
Dorlens.

rum, vico Pontiuensium. Super *Munstrolium* vrbem illius Regionis amnem esse Pontiuensium mihi retulit nobilissimus Adrianus Boslerius peritissimus Regionis, ac proprietarius *Boslerij* Castri, quod in ripa eiusdem loci prope situm est: à quo didici eundem fluuium altis marginibus contineri. Accolæ etiam alueum Altiliæ illum vocant. Dulendium autem à vico & castello Autiæ (ita enim Gallica voce Altilia dicitur) duabus tantum leucis distat, vadosusque est hic amnis traijcere volentibus ab Ambianis ad Atrebates, alibi vado carere dicitur. Postremo Altilia infra pōtem Collinarum & passum Altiliæ funditur in Oceanum, nec æstimari potest quot in ripis eius castella, vici, monasteria diuersorum ordinum, vrbes, munitionesque cum multa oblectatione animi visuntur. *Canceia*

SEQVANA. *Monstrueil.*

Canche, F.

SEQVA-NA. & Summa olim Pontiuensium clausuræ dicebantur, & ille quidem in
Manicourt. vico *Magnicurtio* oritur, & Comitatu sancti Pauli, peracto tandem cursu in mare exoneratur supra *Mōstrolium* vrbem, inter cellam *sancti*
S. Iosse. *Jodoci* Pontiuensis & *Stapulas* Lupi doctissimi Abbatis Ferrariarum, diœcesis Senonensis qui epistolas Ludouico Pio, & Carolo Caluo eius filio regnátibus scitè perscripsit. Canceia autem *Hesdinum* Attrebatum labitur, pluribusque acceptis fluminibus in Oceanum se effundit.
Bauuoisin. In Bellouacis Picardiæ populis, qui
Picardie. latè patent, *Tharam* maiorem, & *The-*
Thare, r. *rinam* minorem amnes omittere nó
Therin. debeo. Vterque ab Occasu profluit, vterque in Orientem fertur: quod
Milly. rarissimum est. *Milliacum* autem locus est Bellouacorum, Castellania hodie à Claromonte dependens, ad Regesque pertinens, cer-

ta tamen ex parte ad Hadrianum Bosserium egregiè nobilem, cuius domicilium indicamus esse in Bellouacis vico Cagnio. Hi duo fluuioli concurrunt atque confluunt, & aquas suas permiscent, abundantque troctis & cancris. In vita sancti Luciani de Thara reperio quod sequitur. *A monte (Millio) quasi millibus tribus Thare transacto, vnde peruenit Lucianus ad locum quem vir sanctus funeri tradendum elegerat vno ab vrbe milliario distans, in agello publico, ibique cum palma victoriæ sanctus requieuit in pace.* Et quidem in Bibliotheca Monasterij sancti Victoris iuxta Lutetiam exemplar reperi, nec solùm ibi, verum etiam Beluaci, & Græcè scripta est, præfixaque olim à Perionio doctissimo viro operibus Diui Dionysij. Prope Milliacum autem mons est

Pap. Mass. descriptio nomine *Millius*, & pratum in eius summo visitur, in quo Lucianus martyr capite plexus vitam amisit. Vsuardus ad V. Idus Ianuarias: *Beluaci*, inquit, *SS. martyrum Luciani Presbyteri, Maximiani & Iuliani, quorum Maximianus & Iulianus primò à persecutoribus gladio puniti sunt. Deinde beatus Lucianus post nimiam cædem cùm Christum viua voce confiteretur, priorum sententiam & ipse excepit.* Thara verò & Therina fluūt prope *Beluacum* clarissimam vrbem, sedemque Episcopi. Cæsar lib. 2. de bello Gallico; *Plurimi inter Belgas*, aiunt, *Bellouacos & virtute & auctoritate & longè numero valere, ac posse conficere armata millium centum.* Hodie quidem id nó potest, Cęsar (pace tua dixerim) nisi multos belli socios imploret. Deducitur intra vrbem riuus canali exceptus, qui eam perluit. Thara verò recepto iàm riuo, quem intra mœnia deductum SEQVA-NA. diximus, in radicibus Tharæ montis fluit. Et Thara quidem lapideum pontem habet antequam in Aisiam labatur, à quo ponte collocatis equis tractoriis efficitur vt facilius magna onera ex Aisia accipiat, cuiusmodi sunt nauigia sale onusta: nec fluere, sed cadere in illam necesse est, & altiorem esse. Indicare quoque necessarium puto in qua parte Picardiæ sita sint hæc loca, *Frigidus* *Froidmont.* *mons*, atque *Hermetis* illi vicinus, & *Monsdarmes.* collis siue mons qui nostratibus Gallis eorumque lingua *Beaunoir* dici- *Beauuoir.* tur iactu arcus distans à Bretulio, *Bretueil.* sex leucis à Beluaco, totidem ab Ambianis & MôteDesiderij. Restãt vestigia magnę vrbis loco palustri; vox autem Beauuoir aut si mauis Italicè loqui *Beluedere*, ab omnibus vicinis *Bretulio* populis celebratur. Dulacius domum suam ædificans repe-

X iij

Pap. Mass. descriptio

SEQVA-
NA.

rit in iaciendis fundamentis quadrorum quantitatem admodum crassorū in veteribus muris, rubicūdorumque instar sandali eo loco quē rusticani accolæ *Campos Trigui* appellant. *Sanguinis tersi* regionem Picardi vocant, quatuor leucis à Perona, Roya & Desiderij monte distantem. Postremò *Codiciacus*, &

Concy.
Veruin.
Gratepanse

Veruinium Bratuspantium quoque esse oppidum Bellouacorum Cæsar scribit libro secundo Commentariorum, & vbi fuerit ex similitudine nominis quod restat *Gratepanse*, dicitur mutata prima litera nominis

Froimont.

Latini in B. *Frigidus mons* à Beluaco distat leucis tantùm quatuor, estque situs Monasterij Cisterciensis Ordinis, in qua cella Helinandus historicus vixit, cuius opera in pluribus Galliæ armariis reperiuntur. Hoc enim scio. Prope quod Monasterium positus est Mons Hermetis, vbi adhuc in fodienda terra repriūtur metallicæ aut æreæ mortalium imagines, visiturque Castrametatio Romanorum duobus ferè passuum millibus à Bretulio Picardiæ vico. Hęc Dulacius genere Aruernus magnę autoritatis senex aduocat⁹ mihi & pluribus narrauit, quartam leucæ parté vestigiorū vrbis antiquæ & statuas & imagines æreas, & his similia detegi. Hęc narrabat homo minimè curiosus, de vicino sibi fūdo loqués. *Codiciacus* verò est locus situ alto atque eminenti, & naturaliter munito ac despicienti vndique subiectam planiciem admodū fertilem, quæ sumen terræ dici potest. Codiciacū nemo quod sciam appellauit qui ante Frodoardum vixerit. In finibus autē Laudunēsis vrbis & Episcopatus collocatus est, & Veromāduorū finibus continetur. Denique *Ueruiniū* vrbis nomē est sitæ in cōfinio Annouicorū, id est in regione Tierasche astq;

Sequana.

Veruin.

Tirache.

X iiij

326 *Pap. Mass. descriptio*

SEQVA-NA.
in edito monte situm, quod & admodum validum natura est, & expugnatu difficile, & aliundè satis munitum. His expositis moneo fines Suessionum, proximos Remis dici à Cæsare libro secundo Commentariorum de bello Gallico.

Vt verò ad Aisiam reuertamur, *Verberia* est oppidulum quatuor distans leucis à *Siluanecto* vrbe & Episcopatu celebri, propinquum eidem Aisiæ in via qua Compendium itur. In quo quidem oppidulo domus est pertinens ad ordinem Redemptionis captiuorum, qui ab immanibus Turcis vincti detinentur. Id oppidum aliqui *Vermeriam* ineptè appellant, cùm scribi Verberiam oporteat.

Verbery.

In fossis Siluanecti vrbis fluit à meridie exiguus amnis nomine *Nonneta*, oriturque duabus ab ea vrbe milliaribus, ac per *Centulliam* villam Memorantiorum fluit, & in Aisiam

Nonnette, r.

Chantilly.

Franciæ per Flumina. 327

labitur tribus leucis cum dimidia ab eadem amœnissima villa quam Memorantij Proceres vt suam colunt. Aisia postmodum acceptis Syluanectensis agri amnibus, *Credilium* epistola Lupi Ferrariensis cognitum alluit, & *Maxentiæ* pontem. De eo loco appendix Gregorij Turonensis cap. 26. loquitur in hunc modum: *Ebroinus cum multo comitatu exercitum Luxouio cœnobio egressus vsque Isaram fluuium veniens accessit, custodes dormientes interfecit, ad sanctam Maxentiam atque Isaram fluuium transiens, quos ibi inuenit de insidiatoribus suis occidit.* Quem locum in verbo Issam bis posito corrigimus, vt necesse est, Isaram pro Issa substituentes. *Bellomontem* postea sanctique Lupi oppidula idem fluuius irrigat, *Adami insulam* faciens in agro Parisiorum, Aisiæ pontis oppidum alluit. Isaraque ab incolis

SEQVANA.

Creil.

Pont sainte Mexance.

Luxeul.

Beaumont.

L'isle Adam.

Pap. Maſſ. deſcriptio

SEQVA- ineptè dicitur cùm Aiſiā nominari
NA. oporteat, nec veterē errorem ſequi.
Poſtremò infra Aiſię oppidum longius fluit, decurrens in locum quem
La fin vocant *Finem Aiſię*, & Gallica voce
d'Aiſe. *la fin d'Aiſe*, inter Confluentū & Andre-
ſiacum labitur in Sequanā Regē flu-
uiorum, vt ita dicam. Nec dici poteſt
quot & quāta cōmoda Aiſia fluuius
propter mercimonia varij generis,
& ligna Pariſiorum vrbi quotannis
afferat, licèt aduerſo Sequana, in
quem ſe effundit cum in eam vrbem nauigandum ſit.

Morinorum gentem vltimam eſſe mortalium circa mare Oceanum
Ptolomeus ait. Et Virgilius illo ſe-
mi-verſu:

——*Extremique hominum Morini.*

At Gratius in Cynegitico.

Quid freta ſi Morinum dubio refluen-
tia ponto
Noueris?

Franciæ per Flumina.

Ac Morini quidem subiiciebantur Episcopatui *Taruanensi.* Ipsa vrbe consensu principum diruta atque euersa, solo fluuiolo nomine *Leyt*, ad quem sita erat, incolumi & integro permanente: tres ex ea Episcopatus constituti sunt, quorum vnus Boloniæ ad Oceanum collocaretur, duo, Yprensis scilicet & sancti Audomari, diuisis parrochiis Belgio relinquerentur. Erectio quidem Episcopatus *Boloniensis* facta est anno millesimo quingentesimo sexagesimo sexto, & primus Episcopus creatus est anno proximè insecuto. *Pontiuum* verò Galli vt suum habent. In vita S. Saluij Monstroliensis docetur Pontiui prouinciam appellari regionem illam. Ioãnes Comes Pontiui anno millesimo centesimo quinquagesimo octauo talem titulum publicis literis sibi

SEQVANA. Teroanne.

Leyt, tuisseau.

Boloigne.

Ponthieu.

Sequana.

attribuit. *Toncharum* vicus antiqua & nobilis Perria Pontiui pertinet ad Adrianum Bouflertium spectatę virtutis & nobilitatis virum, sic dictum à *Castro Pontiuij*, in extremis paludibus sito. Hincmarus Archiepiscopus Remensis ad Ludouicum Balbum Regem Francorum scribés *Ponticum* vocat non Pontiuum.

Nunc *Calesium* venio. Eum locū Philippus Comes Boloniæ, & patruus Ludouici noni tunc viuentis, primus munire, ac muris cingere cœpit, quod munitionem illam bello gerendo vtilem prospiceret propter viciniam Oceani, indeque breuissimum & facilem sibi in Angliā traiectum petere liceret, vt in historia Ludouici noni fratre Philippi geniti cap. quarto exponitur: quod Chronicon seu vita scripta est à Ioanne Ionuillę Domino sub Ca-

Franciæ per Flumina. 331

talaunensi Episcopatu & Seneschallo Campaniæ in Belgica sitę, vixitque temporibus eiusdem Ludouici quem nos sanctum dicimus. Caletium verò non est portus Itius vulgo de *Esseu* quem Flandri *Jsten*, Bolonienses in consuetudine sua *Vuissem* vocant, vnde commodissimum è Gallia in Britanniam traiectum esse Iulius Cæsar scripsit his verbis quarto Commentariorum: *Cæsar cum omnibus copiis in Morinos proficiscitur quod inde erat breuissimus in Britanniam traiectus.* Caletium enim vrbis nomen est, à quadringentis annis constitutæ. Portus verò Itius hodie non clausus, situsque inter Caletium & Boloniam, vbi vestigia portus adhuc visuntur, redacti ad formam prati virentis, aceruusque ingens aggestæ terræ fossis adhuc cinctæ visitur. Vnde nihil vicinius Angliæ regno. quatuor enim

SEQVANA.

Calais.
Esseu portu

SEQVA-
NA.

leucæ cum dimidia supersunt traiecturæ in Britanniam insulam. Cæterum soluenti à Caletio secundis ventis in eadem insulam itur tribus horis. Cæsar libro quinto Commentariorum belli Gallici, collaudatis militibus, atque iis qui negotio præfuere, quid fieri velit ostendit, atque omnes ad portum Itium conuenire iubet. Quo ex portu commodissimum in Britanniam traiectum esse cognouit, circiter millium passuum triginta transmissum à continenti. Eiusdem Cæsaris ex libro sexto hæc quoque sunt. *In insula Britanniæ (id est Anglia) celeberrima ædificia esse ferè Gallicis similia.* Materiam cuiusque generis vt in Gallia esse præter fagum & abietem, loca quoque temperatiora quàm in Gallia remissioribus frigoribus, insulam esse natura triquetra, cuius vnum latus est contra Galliam, ad Cantium omnes Gallicas naues appelli, regionem maritimam omnem, neque multam à Gallica differre consuetudine. Nunc de Morinis ex epistola Paulini ad Victricium Episcopum Rotomagensem. *Nunc*, inquit, *in terra Morinorum situ orbis extrema, quam barbaris fluctibus fremitus tundit Oceani, gentium populi remoturum: qui sedebant in latebris via maris arenosa extra Iordanem antequam pinguescerent fines deserti, in ea ora sibi per tuam sanctitatem à Domino luce gaudentes cordę aspera Christo intrante posuerunt. Vbi quondam deserta syluarum ac litorum pariter in tota aduenę barbaria aut latrones incolę frequentabant, nunc venerabiles & Angelici sanctorum chori vrbes, oppida, insulas, syluas, Ecclesiis & monasteriis plebe numerosis pace consona celebrāt. Et*

SEQVANA.

Sequa-
na.

Pap. Mass. descriptio paulo infra de Neruico littore loquitur in hunc modum. *In remotissimo Neruici littoris tractu, quem tenui adhuc spiritu fides veritatis afflauerat, & potissimum in vas electionis excersiti, in te prima refulsit, clarius incaluit, ardentius & propius apparuit: in quo sanctificaret illic nomen, & per cuius nomen etiam à solis occasu in omnem terram sonus eius exiret.*

Gessoriacum littus esse gentis Morinorum ex initio Bedæ de historia Ecclesiæ Anglorum apparet. *Moto ergo velitari auxilio Herutis scilicet & Batauis, numerisque Mesicorum pluribus adulta hyeme, Lupicinus dux Boloniam venit, quæsitisque nauigiis & omni composito milite obseruato flatu secundo ventorum ad Rutupias sitas ex aduerso defertur petitque* LONDINVM. Hæc Ammianus lib. xx. Idem autor lib. xxvii. *Ad hæc prohibenda si copiam dedisset Fortuna prosperior, orbis extrema*

Franciæ per Flumina.

extrema dux efficacissimus petens cùm veniſſet ad Boloniæ littus, quod à ſpatio controuerſo terrarum anguſtiis reciproci diſtinguitur maris attolli horrēdis ęſtibus aſſuęti, rurſuſque ſine vlla nauigantium noxa ad ſpeciem complanari camporum exinde tranſmeato lentius freto defertur Rutupias ſtationem ex aduerſo tranquillam. In Comitatu Bolonienſi & in ipſa vrbe eſt Abbatia beatæ Virginis, in qua Epiſcopi ſedes: extra eam quinque aliæ, & quatuor Prioratus. Ab Rege Franciæ etiam tenebat comitatus D. Pauli *ob Deſurenam* Caſtrum ab eodē Bolonienſi appēdens, ſicuti primis verbis conſuetudinis municipalis ōſtēditur. Foſſa verò *Bolonienſis*, quam vocant, in circuitu habet leucas ſex & viginti.

Lyana oritur ſupra *Cremarem* vicū quem irrigat, mox *Queſtocquam* & prope *Samelium* Benedictini ordinis Monaſterium fluens, vicos

SIQVA-NA.

Lyane.

SEQVA-NA.
aliquot alluit priusquam pôtem ......
attingat quousque Oceani fluxus
percurrerit. Deinde in portu Boloniæ in mare effunditur prope Du-
nefort ab Anglis exædificatum. I-
gitur Lyanæ cursus septem aut o-
cto leucas non excedit. Troctum
piscem alit atque optimum: mercatores eum optarent nauigabi-
lem vt ligna afferret è vicinis illi syluis, quibus regio abundat.

DE MOSA ET MOSELLA,
aliisque fluuiis Medio-matricum.

MOSA flumen profluit ex monte *Vogeso*, qui est in finibus Lingonum, vt Cæsar ait, progressusque longo cursu inter *Barrensem* & *Lotharingiam* prouincias, *Verdunum* vrbem Episcopatu ornatam, & Regi Galliæ obedientē alluit. Deinde *Maseriarum* vrbem, quæ ad eundem regē pertinet, moxq; lōgiore cursu influit in Rhenū. *Sabis* nunc Sābra amnis erumpit è *Viuario Osij* vulgo d'Oisy, quod ad Ducatum Guysiæ pertinet, ac prope Namurcum in Mosam labitur. Profundus est, & margines altos habet. Hæc Guilielmus Bellaius de Sabi nobilis historicus, & Ande-

Mosa.
La Meuse.
Sambre, fl.
Oisy.

MOSEL-
LA.

La Moselle,

Pap. Mass. descriptio gauensis genere in Gallia natus refert. Mosella *verò circa fines Lingonum ortus describitur à Fortunato Episcopo Pictauiensi ad Villicum Episcopum Metensem, in hunc modum.*

Gurgite cæruleo pelagus Mosella relaxat,
   Et mouet ingentes molliter amnis aquas.
Lambit odoriferas vernanti gramine ripas,
   Et lauat herbarum leniter vnda comas.
Hinc dextra de parte fluit, qua Salia fertur,
   Flumine sed fluctus pauperiore trahit.
Hic vbi perspicuis Mosellam cursibus intrat,
   Alterius vires implet, & ipse perit.
Hoc Metis fundata loco spetiosa coruscans

Franciæ per Flumina.

Piscibus obsessum gaudet vtrumque
 latus.
Deliciosus ager ridet, vernantibus ar-
 uis,
 Hinc sata culta vides, cernis & inde
  rosas.
Prospicis vmbroso vestitos palmite col-
 les,
 Certatur varia fertilitate locus.
Vrbs mynita nimis quam cingit murus
 & amnis,
 Pontificis meritis stas valitura ma-
  gis.
Villicus Æthereis qui sic bene militat
 armis,
 Stratus humi genibus te leuat ille
  suis.

MOSEL-
LA.

Sed ante eum Decius Ausonius in Mosellæ descriptione nihil obmisit, quod voluptatem aut gratiam habeat, quam idcirco preterimus, quia longa est, & apud eum Authorem reperitur.

Y iij

Mosella.
La Salie, r.

Saliam verò versu ad Gogonem ita complectitur.

Seu qui Metas adit de sale nomen habens.

Salia è Lindo lacu profluit, nec ad aquandum vtilis est, nec laudabilem piscem alit, sed insipidum. De qua & Ioannes Abbas in vita Gosuidis. *Clericus Monasterij ipsius vicem officij Ecclesiastici in ordine proprio administrans, cui nomen Fulgebertus erat, fluuium ciuitati à parte Orientali contiguum, qui Sallia dicitur, causa aliqua traiicere gestiebat.* Tacitus refert Lucium Verum Nerone imperante Romanarum legionum in Germania legatum Mosellam atque Ararim flumina facta inter vtrumque fossa parasse connectere, vt copiç per mare, dein Rhodano & Arari subuectæ per eam fossam mox flumine Mosella in Rhenum, exin Oceanum decur-

rerent, sublatisque itineris difficul- *Mosel-*
tatibus nauigabilia inter se Occidé- *la.*
tis Septentrionisque littora fierent:
cui operi Gracilem Belgiero legatum inuidisse dicit, ac deterruisse.
Verùm ne legiones alienæ prouinciæ assuescerent studia Galliarum
affectare formidolosum id Impera-
tori dictitans, quo plerumque pro-
hibentur conatus honesti. Tacitus
lib. 13. Vibius Sequester Mosellam
Belgicæ defluere in Rhenum describit. Ausonius de Treueris loquens.
Largus tranquillo perlabitur amne Mo-
sella. Et Ammianus lib. XVI. *Apud*
Confluentes locum ita cognominatum
Mosella confunditur Rheno . Hæc
duo flumina describuntur à Cæsare,
idque lib. 4. Mosa & Rhenus: *Mosa*
inquit, *profluit ex monte Vogeso qui*
est in finibus Lingonum, & parte qua-
dam Rheni recepta quæ appellatur Va-
halis insulam efficit Batauorum, neque

MOSEL-
LA.

longius ab eo millibus paſſuum octoginta in Oceanum influit. Et hæc quidem quatuor flumina Moſa, Moſella, Arar, Matrona, è Vogeſo oriūtur, ac tantum fermè diſtat fons Matronæ à fonte Moſę quantum Arar à Moſella, decem videlicet leucis.

S. Romerin.

Lector quoque annotabit *ſancti Romerici* montis Burgum & Eccleſiam ſancti illius in confinio eſſe Burgūdiæ, Fraciæ, vel Lotharingiæ. Pretereo deſcriptionem Moſæ à Guichardino accuratè factā. Ad Rhenū venio. *Rhenus* Rethicarum Alpium inacceſſo ac præcipiti vertice ortus modico flexu in occidentem verſus Septentrionali Oceano miſcetur. Cornelius Tacitus de ſitu & moribus Germaniæ. Idē autor Annaliū lib. xx. de eodem fluuio ſic ait: *Rhenus in alueo communi haud modicas inſulas circumueniens apud principium agri Batauij velut in duos amnes diuidi-*

Franciæ per Flumina.

tur, seruatque nomen & violentiam cur- MOSEL-
sus qua Germaniã preuehitur donec O- LA.
ceano misceatur, ad Gallicam ripã latior
& placidior diffluens, verso cognomento
Vahalem accolæ dicunt, mox id quoque
vocabulum mutat Mosa fluuius, eiusque
immenso ore in eundem Oceanum effundit. Et Annalium libro 11. de Claudij
temporibus loqués. Corbulo, inquit,
ne miles otium exueret, inter Mosam
Rheni trium & viginti millium spatio
fossam perduxit qua maria Oceani vitarentur. Ammianus Marcellinus
libro decimo quinto Rhenum describit, & Pomponius Mela de origine Rheni: eleganter. Guichardinus in descriptione Flandriæ, & de
eiusdem fluminis fonte Strabo antiquus autor accuratè scribit. Et
Claudianus:

—————sublimis in arctum
Prominet Hercinia cõfinis Retia siluę
Quæ se Danubij iactat Rhenique pa-

MOSEL-
LA.

Pap. Mass. descriptio rentem.

Sed ante hos omnes Cæsar vixit, à quo pons in Rheno factus est, vt ipse tradit lib. 4. quem pontem postea rescidit. Eodem libro vnde oriatur sic explicat. *Rhenus oritur ex Lepontiis, qui Alpes incolunt, & longo spatio per fines Antuatium, Heluetiorum, Sequanorum, Mediomatricum, Treuirorumque citatus fertur, & vbi Oceano appropinquat in plures diffluit partes, multisque ingentibus insulis effectis, quarum pars magna à feris barbarisque nationibus incolitur: ex quibus sunt qui piscibus atque ouis auium viuere existimantur, multisque capitibus in Oceanum influit.*

Gallia olim protendebatur vsque ad Rhenum, vnde Ausonius ait:

Et Rhenum Gallia limitis esse loro.

De Treueri Cæsar ait libro

Franciæ per Flumina. 345

sexto, *Hæc ciuitas longe plurimi totius Galliæ equitatu valet, magnasque habet copias peditum.* Rhenumque, vt supra demonstrauimus, tangit, sed progressu temporis Gallis dictum est, *Veteres migrate Quirites*, cùm lingua hodie & moribus Galli à Germanis different.

MOSELLA.

Arduenna sylua est totius Galliæ maxima, atque à ripis Rheni finibusque Treuirorum ad Neruios pertinet, millibusque amplius quingentis in longitudinem patet. Sylua eadem ingenti magnitudine per medios fines Treuirorum flumine Rheno ad initium Remorum pertinet. Hi duo loci de Arduenna ex Iulio Cæsare à nobis descripti sunt. Ex Epistola Petrarchæ ad Ioannem Columnam, quæ est. 4. libri primi de rebus familiaribus. Ad secun-

MOSELLA.

dum Kalend. Iulias, inquit, Colonia discessi, tanto sole ac puluere, vt sæpe Alpinas niues, ac frigora Rheni à Virgilio requirerem. Inde Arduennam syluam scriptorum testimonio pridem mihi cognitam, sed visu atram atque horrificam transiui solus, & (quod magis admireris) belli tempore, sed incautos, vt aiunt, Deus adiuuat.

Mosellam autem Fortunatus libro decimo Carminum feracem, & Rhenum spumantem appellat his versibus:

Tum venio, qua se duo flumina conflua iungunt,
Hinc Rhenus spumans, inde Mosella ferax.

Armoricus poëta Philippidos libro decimo de Lotharingis loquens de his duobus fluminibus.

Quos inter Gallos & Theutonicos speciosa

Et fœcunda magis tellus alit ubere MOSEL-
glebæ, LA.
Millibus à Mosa distans, vbi Mosu-
la paucis
Leucos & Methes speciosis irrigat vn-
dis.

In Chronico Besuensis Monaste- Orne, v.
rij apud Lingones Ornæ fluuij mé-
tionem fieri video his verbis: *An-*
no decimo sexto regni sui Theodoricus
mouet exercitum, & Lingonis de vni-
uersis regni sui prouinciis mense Maio
exercitus adunatur, dirigensque per An- Andelan.
delaum, Nasio Castrum super Ornam Nas.
fluuium situ, & inde Tullum ciuitatem
perrexit. Andelaum Campaniæ est,
Nasium olim vrbs gentis Bar-
rensium. Sigebertus de illustribus
Ecclesiasticis scriptoribus. *Leo,* inquit, *ex Episcopo vrbis Leucorum,*
quę & Tullas appellatur, nonus huius Thoul.
nominis Papa Romanus. Tullo inter

MOSEL-
LA.
Nancy.

alia oppida diœceſeos annumeratur *Nancium*, Ducis Lotharingiæ ſedes præcipua, eademque munitiſſima. Denique fluuius Moſella clariſſimā vrbē *Mediomatricum*, cui Rex noſter imperat, alluit, progreſſuſque longius excurrit in Rhenum.

RHODANVS,

ARAR, ISARA,

ET DRVENTIA.

VARRO in tribus primis Europæ fluuiis *Rhodanum* posuit, vt Gellius cap. septimo libri decimi testis est. De eo flumine Vibius Sequester ait: *Rhodanus Galliæ Lugdunum & Auenionem decurrens, atque Arelatem mari Thirreno miscetur.* At Iulius Cæsar libro primo Commentariorum de bello Gallico. *Lacus*, ait, *Lemanus in flumen Rhodani influit:* quod verissimè ab eo scriptum puto, vt ab Ausonio hunc versum.

RHODA-
NVS.

Le Rhosne,
r.

RHODA-NVS.

Qua rapitur princeps Rhodanus genitore Lemano.

Etsi Gregorius Turonensis libro primo de gloria Confessorum cap. 76. ita scripserit de Lemano, deque Rhodano. *Lemanus lacus,* inquit, *per quem Rhodanus influit, extenditur in lōgitudine quasi stadiis quadringentis. In latitudine verò stadiis centum quinquaginta.* Quid autem per stadia intelligat Gregorius ipso expositore vtar; loquens enim libro sexto cap. 46. de Calla monasterio Virginum in agro Parisiensi, ait locum ipsum distare à Lutetia stadiis quasi centum. Et stadium cētum vigintiquinque passuum esse, Gellius affirmat. Gregorij verba sunt. *Chilpericus ad villam Calensem quę distat ab vrbe Parisiaca quasi centum stadijs accedit, ibique venationes exercet.* Nunc autem à Lutetia Calam vsque quatuor leucas spatij esse dicimus. Eodem loco de

Franciæ per Flumina. 351

de gloria martyrum hæc verba e- RHODA-
tiam adiicit. *In hoc stagno ferunt tru-* NVS.
ctarum piscium magnitudinem vsque ad
centum librarum pondera trutinari. Stagnum vocat lacum Lemanum: quo
sensu Romani scriptores, vt Mela &
alij, stagna Vocalrum dixere. In *Lacu* Le lac du
Burgite, qui Rhodano proximus est, Bourget.
& Altæcumbæ monasterio ordinis
Cisterciensis, vidi captam truc̄tam
ponderis octoginta librarum, quam
conuiuæ, quorum vnus fui, ab Alphonso Delbenio Episcopo Albiēsi prandio excepti hilariter comedimus. Ac ne quis dubitandi occasionem habeat, Rhodanum influere
in lacum Lemanum dicimus vt no- Lac de Gemen non amittat, permixtusque illi nene.
pereat. Erumpere enim Rhodanum
è lacu, & in mare Mediterraneum
decurrere compertum est. Cæsar
eodem libro, *Inter fines Heluetiorum*
& Allobrogum Rhodanus fluit, isque in
Z

RHODA-
NVS.

nonnullis locis vado transitur, & lacu Lemano (et) flumine Rhodano qui prouinciam nostram ab heluetiis diuidit. Et alibi, *Sequanos à prouincia nostra Rhodanus diuidit.* Quod nomen Prouinciæ accipiendum est pro eo tractu terræ cui Romani soli præerant, & in quo iurisdictionem suam exercere poterant. Hilarius Latinæ eloquentiæ Rhodanus appellatur ab Hieronymo præfatione secundæ ad Galatas. Hoc flumen ripas rodit, dictumque à rodendo Petrarcha existimauit, apud Carpentoracte educatus puer, adultus apud Clausam vallem, & Sorgiam Regem fontium, vt ipse loquitur. Quintus Sertorius ciuis Romanus eum traiecit armatus, quod Plutarchus grauis scriptor in vita eius annotauit. Describitur autem ab Ammiano, qui eum rapidum esse ait, à Paulo Iouio diligentissimo scriptore Al-

pium & fluuiorum qui in eis oriun- RHODA-
tur. Et nobilissimus quoque flu- NVS.
uiorum Rhodanus ab Eusebio dicitur his verbis: *Oppidum Rhodani Coloni Rhodiorum locauerunt,
vnde amnis Rhodanus nomen accepit,*
vt Hieronymus in epistola ad Galatas tradit. Et idem Eusebius lib.
quinto capite quinto. *Galliæ vrbes
sunt facilè principes, & quæ præter
ceteras omnium sermone præstare dicuntur, Lugdunum & Vienna, per
quas vtrasque Rhodanum fluuium
pertransire ac præcipiti cursu per vniuersam Galliam ferri constat.* In prin-
cipio mercatus qui hîc celebrari
solet, quique est propter fre-
quentiam hominum ex omnibus
eo gentibus commeantium. Polybius quidem libro tertio, *Rhodanus,* ait, *tribus fontibus surgit
supra maris Adriatici intimum*

Z ij

RHODA-NVS.

sinum, seque per medium iter agens egreditur (quæ verba sententiam nostram supra positam apertè confirmant) *& inde in occidentem ablatus aliquamdiu Gallias dirimit, post cursu versus meridiem adducto defluit in mare Sardonium. Id à Sardinia insula nomen accepit.* Deinde adiicit Alpes à Massilia incipientes vsque ad intimum maris Adriatici sinum protendi. Illud quoque Polybij est, *cui propterea insulæ nomen inditum, quod ibi Arar, Rhodanusque ex Alpibus decurrentes aliquantum agri amplexi defluunt in vnum.* Eodem libro Polybius, *Europæ præcipua pars,* inquit, *Septentrionē spectat vltra Thanaim & Narbonem fluuium, qui non longè distat ab ora Massiliæ, à Rhodani ostiis quæ in Sardonium defluunt mare. Hanc omnem Regionem habitant Galli à Narbone vsque ad Pyreneum montem; extenditurque à mari nostro ad Oceanum.* Quo loco Poly-

Franciæ per Flumina. 355

bius per Narbonem fluuium intelli- RHODA-
git Atacem ex Pyreneo monte di- NVS.
greſſum, deinde Narbonem vſur-
pat pro vrbe Narbonenſi. *Hannibal
traiecto Rhodano in Volcis, qui ſūt è regione prouinciæ, quartis Caſtris ad inſu-
lam peruenit. Ibi Arar Rhodanuſque
amnis diuerſis ex Alpibus decurrentes,
agri aliquantulū amplexi confluunt in
vnum mediis campis quibus inſulæ nomē
inditum. Accolunt prope Allobroges gens iàm inde nulla Gallica gente opibus aut fama inferior.* Hæc Liuius decadis ſecundæ lib. 1. Iſque locus confirmat quod à Strabone narratum ſcimus. Poſtremo à Silio Italico, excellenti poëta deſcribitur lib.
tertio Punicoruum:

*Aggeribus caput Alpinis, & rupe niuali
Proſilit in Celtas, ingentemque extrahit
  amnem.
Spumanti Rhodanus proſcindens gurgite campos,*

Z iij

RHODA-
NVS.

At propere in pontum late ruit incitus
    alueo,
Auget opes stanti similis, tacitoque li-
    quore
Mixtus Arar, quem gurgitibus comple-
    xus anhelis
Cunctantem immergit pelago, raptumq;
    per arua
Ferre vetat patrium vicina ad littora
    nomen.

Hos de Arari versus veros esse dicet qui locum illum Cæsaris ex lib. 1. de bello Gallico legerit. *Flumen est Arar, quod per fines Heduorum & Sequanorum in Rhodanum influit incredibili lenitate, ita vt oculis, in vtram partem fluat, iudicari non possit.* Rhodanū quoque esse auriferum vt pleraque Galliæ flumina curiosi scient, & qui aurum legunt in hoc flumine hac ratione illud purgant, arenæ culeo agitatæ hydrargiro super infuso & mox adusto quod fuit repertum elucescit. Hic pauci versus quorundam poëtarum in laudem Rhodani atque Araris inserendi sunt, ac primùm ordiemur à versu Ligurini poëtæ:

Chrisopolim placidam dubius perlabitur amnis
Maximus Allobrogum Rhodanus dominator aquarum.

Glaber capite primo lib. 5. *In ciuitate Chrisopoleos, quę vulgo Vesuntio vocatur, id est aurea ciuitas.* Extremum oppidum Allobrogum proximumque Heluetiorum finibus *Geneua* est, ex oppido pons ad Heluetios pertinet. Geneuam inter oppida Allobrogum numerari certum est, apud quam propter Lemanum lacum, vt supra diximus, Rhodanus intumescit. De quo Rhodano & Arari poëta etiam canit.

Rhoda-
nvs.

Rhodanus raptum velocibus vndis
In mare fert Ararim.

Sidonius magnam partem fluuiorum Galliæ vno aut altero versu complectitur carmine quinto.

――――Sequana, Ledus,
Rhenus, Arar, Rhodanus, Mosa, Matrona,
Clitis, Elauer, Atax, Vahalis.

Et Fortunatus in vita S. Martini:
Largior Eridano, Rhodano torrentior amplo,
Uberior Nilo, generoso sparsior Histro.

Et libro secundo.
Rhenus, Arar, Rhodanus, Tybris, Padus, Hister, Orontes.
Quod mare, terra, polus, pisce, alite, fruge ministrat.

Ausonius de Garumna & Rhodano.
Testis Arar, Rhodanusque celer, magnusque Garumna.

Libro decimo Epistolarum familiarium Marci Ciceronis Plancus ait:

Cum exercitu meo à Confluente Rhoda- RHODA-
no castra moui. NVS.

Communia verò testimonia de Arari & Rhodano Claudiani poëtæ proferam. In Eutropium quidem.

*Acarium pelagus Michalęaque littora
    iuncti*
*Marsya, Meanderque petunt, sed Mar-
    sya velox*
*Dum suus est, flexuque carens, iàm flu-
    mine mistus*
Mollitur Meandre tuo contraria passus
Quàm Rhodano stimulatus Arar.

In Rufinum ij.

*Inde truces flauo comitantur vertice
    Galli,*
*Quos Rhodanus velox, Araris quos tar-
    dior ambit,*
Et quos nascētes explorat gurgite Rhenus

Idem Claudianus:

Diuersoq́; tuas celebrarunt gurgite voces
*Lentus Arar, Rhodanusque celer, & di-
    ues Iberus.*

RHODA-
NVS.

Ac ne plura poëtarum testimonia congeram, *umbrosis ac gelidis in vallibus quas rupes Alpium angustat, & quas paruus adhuc Rhodanus secat, vnde regio ipsa Vallensis vulgo dicitur.* Petrarcha Ep. VIII. lib. v. rerum seniliū ad Ioan. Bocatium. Nec à Vallensibus ad Lepontios, vbi Rhodanus oritur progressuri sumus: nihil enim necesse est.

Geneuæ autē infra oppidū Rhodanus ligneū pontē habet, & *Lemanus* lacus procurrit in lōgitudinē leucarū quatuordecim versus Veragros vbi est *Agaunū* martyrū Mauritij & Thebeorū illorū memoria nobile, & in decē tātū versus Antuates siue Vaudios: In latitudinem verò in quatuor duntaxat: sed qua maxima est latitudo inter *Conchias* & *Morgē* angustus est, & in ripa quæ ad Chablasios pertinet, vicus est eiusdē cū *Lemano* cognomine aquam perpetuò effundēs.

S. Maurice en Chablois.

Geneuenses etiam non procul à moe- RHODAnibus alium in arua pontem quoque NVS.
ligneum habent, antequam Rhodano permisceatur. Is è *Fulcinatiũ* iugis
dilapsus imbribus hibernis intumescere est solitus, adeóque inflari, vt se
ipse non capiat. Quod autem ad ripas Lemani attinet, eas nonnũquam
glacie astringi compertum est, atque institores qui besoliam piscem
lauaretio persimilem capere in eo
solent, pro eo qui est piscium saluberrimus imperitis stultisque emptoribus exponunt.

IDANVS.

IN superiori Burgundia, quæ Co- Ain, r.
mitatus nomine gloriatur, & Sequanorum appellatione se illustriorē
putat, *Idanus* fluuius prope vrbē Nozaretium surgit, ac parte Sequanorũ

Pap. Mass. descriptio

Rhoda- decursa ingreditur vltra *Montē Jo-*
nvs.
La Bresse. *uis Bressiam* regionem, illamque in
partes duas secat apud Idanum op-
pidum, potemque nominis sui post-
Pont d'In. ea incredibili penè numero riuorum iam collecto in Rhodanum la-
bitur, non minorem aquæ secum
trahens copiam, quàm rapidus ille
fluuius facit. Hæc de Idano tradit
Gilbertus scriptor diligens, idem-
Bugé. que, vt ait, Nozaretij natus. *Bugesij*
autem vsque ad Idanum procurrūt,
S. Oyan du qui *S. Eugendi Iurensis* parrochiam
Iou. abluit proximam insigni Cœnobio
Le Mont S. D. Claudij Vesuntionum Archie-
Claude. piscopi. Et quamuis altissimi montis Iuræ radices subluat, non tamen
ab eo oritur, vt ostendimus, verùm
crates lignorum è sapineis syluis ad
Rhodanum, in quem influit, dedu-
cendas suscipit. Sebusiani quoque,
qui videntur dicti quasi Sauosiani,
Bourg en
Bresse. parent *Burgo* matri vrbium totius

regionis. Quæ etsi in vliginoso solo RHODA-
sita est ac palustri, munitissima ta- NVS.
men habetur ac vicina pulcherrimo
Virginis templo ordinis S. Augustini à Marguareta Flandrensi exædifi-
cato. Cæsar lib. 1. Comm. de bello
Gallico. *Ab Oscello, quod est citerioris
prouinciæ extremum, in fines Vocontiorum vlterioris prouinciæ die septimo peruenit. Inde in Allobrogum fines, ab Allo-
brogibus in Sebusianos exercitum ducit.*
Mons Iura altissimus est inter Sequanos & Heluetios. Cæsar eodē libro : *Mons Jura fines Sequanorum
ab Heluetiis diuidit.*

ARAR.

DE Arari Virgilius maximus LASANNE,
poëtarum, qui Augusto Cæsare vixit, res quæ per naturam fieri
possunt designans, ait:

ARAR.

Aut Ararim Parthus bibet, aut Germania Tygrin.

Seneca verò, qui Tyberio Cæsare floruit, de Rhodano & Arari sic loquitur in ludo, vel apotheosi Galliæ.

Vidi duobus imminens fluuijs iugum
Quod Phœbus ortu semper obuerso videt,
Vbi Rhodanus ingens amne prærapido fluit,
Ararque dubitans quo suos cursus agat.
Est ne illis tellus spiritus altrix tui?

Herculis hæc ad Claudium Cæsarem verba sunt apud Senecam.

Cornelius Tacitus Annaliũ lib. 13. Vidi, ait, conatũ Lucij veteris Mosellã & Ararim iungere cupientis: vetus Mosellam atque Ararim facta inter vtrumque fossa connectere parabat, vt copiæ per mare, deinde Rhodano & Arari subuectæ per eam fossam mox fluuio Mosella in Rhenum, exin Oceanum de-

turrerent, sublatisque Hinerum difficul- ARAR.
tatibus, nauigabilia inter se Occidentis Septentrionisque littora fierent. Ammianus libro decimo quinto. *Arar, inquit, quem Sauconam appellant, inter Germaniã primam fluit.* Quæ vox (primam) interpretabitur locum hunc Vibij Sequestri, *Arar Germaniæ fluuius è Vogeso monte miscetur Rhodano, qui ita leuè decurrit vt vix possit intelligi decursus eius.* Hoc sequutus verba Cæsaris dixit. At Strabo ait Ararim ex Alpibus labi. Idem Polybius, idem Liuius. Strabonis hæc quoque sunt libro quarto. *Arar dirimit Heduos à Sequanis* ; Atque inter Dubim & Ararim Heduos habitare dicit. *Alpes,* inquit Liuius, *sunt altitudines montium.* Nihil ergo interest siue dicant Ararim è Vogeso môte labi, siue ex Alpibus. Hic fluuius Lugdunũ interluit, vbi

RHODA-
NVS.

sicut Suetonius ait in Caligula, Claudius natus est Iulio Antonino Fabio Africano Coss. Kal. Augusti, eo ipso die quo primum Ara ibi Augusto dedicata est, appellatusque Tyberius Claudius Drusus. Iuuenalis poëta de eadem Ara loquitur cùm ait:

Aut Lugdunensem Rhetor dicturus ad Aram.

Qui enim vt id facerent se offerebant, in profluentem Ararim deiiciebantur, quę metuendi causa erat. Sub Tyberio verò Galliarum ciuitates ob magnitudinē æris alieni rebellionem captauere, cuius stimulator acerrimus inter Treuiros fuit Iulius Florus, apud Heduos Iulius Sacrouir. Item haud fermè vlla ciuitas intacta securibus eius mali fuit, sed erupere primi Andegaui ac Turoni, quorum Andegauos Acilius Auiola legatus, excita cohorte quę Lugduni presidium agitabat, coercuit. Turoni legionarios

legionarios remittunt, quos *Visselius* Arar. *Varro* Germaniæ legatus miserat, oppressi eodem *Auiola* duce & quibusdam Galliarum primoribus qui liberè auxilium per dissimulationis defectionem magisque illius tempore efficerent. Hæc Tacitus Annalium libro tertio. Et rursus, *Romæ*, inquit, *nō Treueris modo & apud Heduos, sed quatuor & sexaginta Galliæ ciuitates defecisse creditum est.* Lugdunum incensum Nerone imperante Seneca epistola nonagesima prima memoriæ tradidit; *Nunciato incendio quo Lugdunensis Colonia exarsa est, vna nox interfuit inter vrbem maximam, & nullam.* Sed illa ætate Lugdunum erat in colle situm admodum eminenti loco atque arduo cis Ararim, vt ex versibus Senecę supra diximus. Et Lugduni mentio fit ab Herrico Altissiodorensi monacho libro quarto cùm ait:

Aa

Pap. Mass. descriptio

ARAR.

*In Lugdunenses æquis processibus arces
Vexit Arar Rhodano sese sub mœnibus
abdens,
Lugduno celebrāt Gallorū famine nomē
Impositum quondam quod sit mons lucidus idem.*

Et reuera à Lucio Numantio Planco Coloniam ductam puto, quæ idcirco *Luciodunum* à tam nobili ciue Romano dicta sit voce postmodum corrupta, cùm pro Lucioduno Lugdunum dici cœpit. Quæ corruptio in marmore & antiqua inscriptione visitur in vestibulo Ecclesiæ Diui Stephani, vbi Lugdunum scriptum est pro Lucioduno. Nam quis mihi persuadeat Lugdum aliquem fuisse? l. nihil præponi de suspectis tutoribus. ff. & ff. Iulianus ait. *Imperator Adrianus Britasio Pollioni legato Lugduni in hac verba rescripsit, Marcus quāuis filiusfamilias sit tutor idoneus esse videtur. Idcirco curare non vult vt filium suū*

tutela eximat,) *in hoc artificio perseue-* ARAR.
rauit.Exiſtimo te huic fraudi recte occur-
ſurum,vt & filius & ipſe ad tutelã libe-
rorũ decreto gerendã compellantur. Et l.
Lugduneſes Galli, itē Viennenſes &
Narboneſes iuris Italici sũt, vt à Paulo Iureconſulto dici videmus. l. Paulus de cenſibus. ff. vt de Titiano &
Schola municipali apud Lugdunũ
mentionē fieri ab Auſonio in actione gratiarũ ad Cæſarē nomine Gratianũ, & Antonij nobilis Philoſophi
qui in ea vrbe Maiolũ Cluniacenſiũ
Abbatem egregiũque virum philoſophum docuit, vt in eius vita legimus.Excellēs de martyribus ſub Antonino Vero Lugduni paſſis,vbi de
Lugduno & de nũdinis foroque &
mercatoribus agitur, apud Euſebiũ
Cæſarienſem locus reperitur. Sidonius epiſt.5.l.1. ad Heroniũ poëtam
excellentē,ad quē etiã miſit Panegyricũ ad Antemiũ Cæſarē, Lugdunũ

Aa ij

ARAR. vocat *Rhodanusiā* suā, propter Rhodanū flumē ad quod publicæ hospitales domus institutæ sunt liberali mercatorum ciuiumque munificentia: forte ob nebulas Lugdunenses de quibus extat epistola eiusdem Sidonij ad Cādidianum eodem libro his verbis. *Morari me Romæ congratularis, illud tamen quasi facetè, & fatim, gnatorum salibus admixtis. Ais enim gaudere te, quod aliquādo necessarius tuus videam solem, quem vtique raro bibitor Araricus inspexerim. Nebulas enim mihi meorum Lugdunensium exprobras, & diem quereris nobis matutina caligine obstructum vix meridiano feruore reserari.* Episcopi verò Lugdunenses hi quidem excelluere, Hireneus cuius opera Græca quidem non habemus, sed in Latinam linguam conuersa antequam Hieronymus scriberet, ac de Rhodano eum loqui scimus. Sequuntur Eu-

Franciæ per Flumina. 371

cherius, quem epistola ad Valeria- ARAR.
num cognatum pluresque libelli &
Homeliæ immortalem reddiderunt.
Postea Patiens in eadem sede floruit
à Sidonio epistola 12. libri sexti mi-
rificè laudatus. Idem autor epistola
tertia libri noni ad Faustũ Reiorum
Episcopum, cuius vrbis & Ecclesiæ
sacra super inspiciebat, ait, *se audito-
rem eius fuisse tũc precipuè cùm in Lugdunensis Ecclesię dedicatę festis hebdo-
madalibus collegarum sacrosanctorum
rogatu exorareris, vt perorares. Ibi te inter spirituales regulas vel forenses me-
dioximum quidam concionantem (quippe vtrarumque doctissimum disciplinarum) pariter erectis sensibus, auribusque
curuatis ambiebamus : Hinc parum fa-
ctitantem desiderio nostro quia iudicio
satisfeceras*. Ad tertiũ Idus Septembris Vsuardus de eo ait , *Lugduni
depositio sancti Patientis Episcopi.*
Quartus Laidradus, cuius epistolam

Aa iiij

ARAR. super obitu sororis antea publicauimⁿ⁹. Quintus Agobardus, cuius opera nuper edidimus, alioquin peritura si in me vindice nō incidissent. Sextus Remigius. Eius doctissimi Theologi lib. M.S. à gente Tilliorum Lutetiæ seruatur. Bonauentura, & Gerso insignes Theologi, alter in æde Francisci apud suos, alter in Templo Laurentij sepultus iacet. Pontificum autem Romanorum Innocentius quartus & Gregorius decimus Lugduni Concilia habuere. Clemens V. in templo Iusti & Ioannes XXII. in Ioannis Baptistæ augustissima & cathedrali Basilica coronati sunt. Sed iustum etsi sanctum Pontificem Caluiniani non tulere, euerso dirutoque eius templo, cùm bellorum ciuilium exitia & calamitates Gallia pateretur. Hic iterum de attributis Arari dicendum est proposito Silij Italici poëtæ versu ex li-

Franciæ per Flumina. 373
brodecimo quinto de bello punico. Arar?
---*Rhodani qui gurgite gaudent,*
Quorum serpit Arar per rura pigerrimus
  vnda.
Et in opusculo laudis Domini facto
apud Heduos.
---*Stagnanti perlabitur agmine ripus*
Tardus Arar, pigrumque diu vix expli-
  cat amnem.
Et Theodulphus Aurelianensis E-
piscopus ad Modoynum pótificem
Heduorum ait de vtroque fluuio.
Circa Ararim pigrũ, Rhodanũq; rapacẽ.
Et veterum testimonio de Arati
deque Rhodano adiiciemus hunc
singularem, vt opinor, nec omitten-
dum Eutropij locum. Is libro sexto:
Cæsar, ait, *primo vicit Heluetios qui*
nunc Sequani appellantur.
Arar flumen in Rhodanum fluens.
VOgesi nomine nemo putet Vovge-
  eum montem, qui est in finibus Lingonum solùm contineri,
    A a iiij

ARAR. sed adijciat regionem proceris arboribus syluisque cæduis munitam, vnde riuos plures oriri fama est & quatuor flumina, patereque eā in circuitu cētū Gallici generis leucas. Arar igitur surgit in sylua Vogesi sita in confinio Lingonū, Mediomatricū, ipsiusq; Lotharingiæ: ac decursis aliquot vallibus exiguum oppidum

Arnoye. Arnoyum alluit, & superiorem Burgundiam Sequanorum ingreditur

Iouuelle. atque Ionuelliam, ipsius municipium irrigat, acceptisque septem aut octo fluuiolis labitur versus pontem ab eius nomine appellatum, fluitque

Gray. circa Grayum, arcem gentis Sequanorum, quæ instar propugnaculi illis est aduersus Lotharingiam & regnum Francorum, vnde se effundit in Burgundiā inferiorem, cui Ducatus nomen est. In duas partes finditur, vt insulam faciat, claudatque

Pont.Arlier in eo pontem Arliciorum, primæ vr-

Franciæ per Flumina.

bis inferioris Burgundiæ, quod no- *Arar.*
men pro Heduis illi tribuitur a fu-
peruentu Burgundionum è Germania.
Diſtat autem à Grais quatuor leucis
ſecundum morem regionis illius
ſumptis, & ligneum pontem habet. Deſcriptum eſt id oppidum ab
Armorico poëta, Philippi Au-
guſti Regis Galliæ. Inter Arlicios &
Aſſonam viſitur fluuius *Vencella*. Is *Vencelle, r.*
in medio curſu abſorbetur, poſtea
erumpit atque in Ararim labitur.
Hiſpaniæ fluuiolo perſimilis, qui *Anas* *Auſſone.*
à Mela dicitur. *Aſſonam* vero vrbem
in ripa Sequanorum ſitam Arar alluit, quam Ludouicus xj. pace cum
Sequanis facta vniuit Burgundiæ
Gallicæ, id eſt in poſterum ſuæ: Nec
Aſſona ſola ceſſit, verùm etiam Sancti Laurentij vicina Iuriſdictio vicos
atque oppidula aliquot complectés.
Eſt Aſſona parua quidem vrbs, ſed
diues ob portum nauigabilis fluuij

Arar. onera mercimoniorum sine periculo & damno vehentis. Castellum quoque egregiè munitum ac longum pontem habet, distantem à Diuione quinque aut sex tantùm **Dole.** leucis, à *Dola* Sequanorum primaria vrbe tribus: Estque in ea Senatus toti comitatui Burgundiæ superioris imperans, sicut Diuionensis Heduorum prouinciam vniuersam, id est totum ducatum Burgundię regit in vrbe ampliori quàm sit Dola. Postmodum Arar quinque
La Tylle, r. quoque fluuios accipit *Tyliam, Bes-*
Besué, r. *uam, Oscharum, Susionem, Nauigen-*
Ousche, r. *nam,* de quibus separatim mihi a-
Suson, r. gendum puto. In Chronico Be-
Nauigenne, r. suensis Monasterij, quod abest à Diuione quinque tantùm leucis, & cuius Glaber Historicus lib. 4. cap. 6. mentionem facit, hæc verba de Besuæ & Tylæ fluuiis in Ararim influentibus reperi, quæ subiicio. *Est*

Franciæ per Flumina. 377

locus inter fluuium Araris vel Sagun- ARAR.
næ & fluuium quem Tylam vocant ab
emergente ibidem fonte non modico qui
Besuus dicitur, dictus & ipse Besua. Fõs
est ipse limpidissimus, ad potandum habi-
lis, ac multimoda piscium copia fertilissi-
mus, nec sicut alij fontes, qui plurimi, de-
currendo & augmentando nomen accepit fluuij: Sed ibidem vbi oritur præ magnitudine flumẽ dicitur. Nascuntur in eo
diuersi generis herbę, quæ si frugum
alimonia minus abundauerit, pauperibus
subsidium præbeant vitæ. Sicque fons
iste totius sui irrigans confinia, ad omnia
quęcunque ibi feruntur vel colũtur con-
fruenda loca reddit habilia. Terra satis
opima, & nisi desit qui laboret frugum
feracissima: prata quoque sunt abundè,
quibus possunt nutriri pecora, & supple-
ri alia quęque priuata, necessaria. Syluas habet in procinctu locus, & con-
tiguas, quæ ad construenda ædificia,
seu ad omnia quæ generi humano

necessaria sunt sufficiant. Talem igitur locum Amalgarius Dux Deo & sanctis eius Apostolis Petro & Paulo dignum duxit offerre, & sub manu filij sui Vualdaleni, monachos, qui ibi Deo & sanctis eius deseruirent sub regula Beati Columbani studuit aggregare. Quid plura? Vualdalenum Abbatem ibi præfecit. Tyla amnis longo circuitu flexuque facto per *Solducium, Isidem* & *Castellum* super Tyla accipit Besuensis fontis riuulum, priusquam in Ararim labatur. Innocentius tertius epistolarum Decretalium libro primo Alberto Besuensi scribens. *Quia*, inquit, *Besuensis Ecclesia pro incendio quod sustinuit ad tantam deuenit inopiam, vt monachis & confratribus tuis ad obedientias Cluniacenses pro vita sustentatione trâsmittere, & aliquot de monachis Cluniacensibus ad Ecclesiam tuam pro reformatione & conseruatione ordinis cō-*

Marginalia:
ARAR.
La Tille, r.

Franciæ per flumina.

uocare donec Ecclesia tua reformetur. Oscara, fontem habet septima aut octaua supra Diuionem præclaram vrbem diœcesis Lingonensis leuca surgens, continuatoque cursu miscetur Arari apud *Laudonam sancti Ioannis* à nomine Prioratus ita dictam, distantemque à Diuione quinque leucis. Appendix ad Gregorium Turonensem narrat Flauchatum aduerso Arari venisse à Cabilono ciuitate vsque Lodonam S. Ioannis oppidum his verbis. *Flauchatus vexatus febri euectu nauali per Ararim fluuiu qui cognominatur Saugona, Laudonam properans, itinere emenso mortuus sepultusque in Ecclesia sancti Benigni in suburbiis Diuion.* Susio, riuulus vel potius torrens non perennis. oritur apud altissimam vallem Susionis tribus milliaribus supra Diuionem, eamque vrbem intus percurrit, misceturque Oscha-

ARAR.
Onsche, r.

S. Iean de Laune.

ræ; extra eam progressus, de quo vulgo dicitu

----Suson
Quelque iour noyera Dijon.

Quæ vrbs depingitur à Gregorio Turonensi lib. 3. cap. 19. *Erat tunc & beatus Gregorius apud vrbem Lingonicam magnus Dei sacerdos signis & virtutibus clarus. Sed quia huius pontificis meminimus, gratum arbitratus sum, vt situm loci Diuionensis in quo maximè erat assiduus, huic inseram lectioni. Est autem castrum firmissimis muris, in media planicie & satis iocunda compositum, terra valde fertilis atque fœcunda, ita vt aruis semel scissis vomere semina iaciantur, & magna fructuum opulētia subsequatur. A meridie habet Oscarum fluuium piscibus valde prædiuitem. Ab Aquilone verò, alius fluuiolus venit, qui per portam ingrediens, ac sub ponte decurrens, per aliam rursus portam egreditur, totum munitionis lo-*

Franciæ per Flumina. 381

cùm placida vnda circumfluens: Ante ARAR. portum autem molendina mira velocitate diuertit. Quatuor portę à quatuor plagis mundi sunt positę: totumque ędificium triginta tres turres exornant: murus vero illius de quadris lapidibus vsque in viginti pedes desuper è minuto lapide ædificatur, habens in altum pedes triginta, in latum pedes quindecim. Quæ cur non ciuitas dicta sit, ignoro, habet enim in circuitu preciosos fontes: A parte autem Occidentis montes sunt vberrimi, vineisque repleti, qui tàm nobile incolis falernũ porrigunt, vt respuant scalonum. Nam veteres ferunt ab Aureliano hoc imperatore fuisse ædificatum. Aimoinus historicus multo post Gregorium de Diuione, deque duobus fluuiis ita loquitur, capite vigesimo quarto libri secundi. *Erat tunc temporis Beatus Gregorius Lingonicæ vrbis Præsul summus. Sed quia huius*

ARAR.

pontificis meminimus, dignum est vt situm Diuionensis Castri, vbi maximè orabatur pandamus. Est denique illud castrum in cãpi planicie muris firmissimis circundatum, turribus triginta tribus honestatum, terras habens fertiles, per quas a meridie Oscarus haud procul à muro fluit piscibus diues: ab Aquilone alter fluuius per portã ingreditur, ac sub ponte decurrens, perque aliam portam egrediens, molendina summa vertit velocitate. Murus ad viginti pedes quadratis ædificatus lapidibus, desuper minores superpositos habens lapides, in altitudinem pedibus triginta, in latitudinem quindecim porrigitur. Portæ ibi quatuor, à quatuor plagis cœli. Quod cùm tantæ sit magnitudinis, cur vrbis vocabulo caruerit mirum habetur. Hoc idem ab Aureliano Imperatore constructum antiquitas asseruit. In vita Gregorij Turonensis hæc legi. Quõdam effectum est vt ad venerabilem matrem suam in Burgundia

Burgundia properaret, in sylius verò ARAR. *abiegnis quæ trans Verberim fluuium sitæ sunt, latrones incurrit.* Hic autem locus opinor ita legendus, vt Ararim non Verberim dicamus, error enim exscriptorum est, quem propterea nolo auctoribus adscribere. Cister- CISTEAUX. cium Monasterium, caputque ordinis sui exædificatum est mediis in syluis ex lapide curribus eo vecto importatoque à nouem fere leucis, mirumque est quomodo tantus aceruus lapidum eò trahi potuerit, cùm nullus ibi validus amnis sit, sed solus riuulus qui in *Valgiam* amnem defluit, & Valgia ipse in Ararim influit. Cæsarius monachus illius ordinis hæc ait lib. 10. miraculorum. *Apud Cistercium vbi caput est ordinis nostri, plurima nidificant ciconiæ, quod ideo à fratribus religiosis permittitur, quia per illas non solùm monasterium, sed omnia in circuitu loca ab immundis*

Pap. Mass. descriptio

ARAR.

vermibus mundantur, hyeme appropinquante recedunt, & tempore certo redeunt. Die quadam cùm acies suas ordinassent ad peregrinandum, ne hospitalitatis concessę immemores esse viderentur, conuentum, qui eadem hora in agro laborabat petentes, eumque crebrius gruttilando circumuolantes, omnes in admirationem verterũt, ignorantes quid peterent. Ad quos prior, puto quod licentiam petant recedendi, eleuansque manũ benedixit eis. Mox, mirum in modũ cũ multa alacritate simul auolantes monachis exeuntibus in viã, qui regularẽ benedictionẽ accipere, siue expectare parnipẽdũt, magnam verecundiam incusserunt. De hoc etiam Monasterio Paradinus, lib. de antiquo statu Burgũdiæ, *Monasteriũ Cisterciẽse in agro Belnẽsi, loco vliginoso & nemore vastissimo quod à cisternis credunt sortitum nomen.*

SENRE.

Surregium quoque habet ab vno latere Ararim flumen, eoquę

Francia per Flumina.

alluitur, ab alio palude munitur. Thaero riuulus est qui oppidum ipsum interluit, & vno parte claudit abluendo. *Belna* vero Cabilonensis diœcesis ad Ararim sita fluuiolum *Bursoriam* habet, qui in eandem labitur. Petrarcha aduersus Galli nescio cuius calumnias negare non audet Belnense vinum suis temporibus in pretio apud Gallos fuisse, prout hodie quoque est, restatque vetus prouerbium quod de eo vini genere dici solet.

Vinum Belnēse post omnia vina recense.

Exin *Verdunum* florens oppidum attingit in ripa quæ *Assonensem* Vicecomitatum aspicit. *Dubio* fluuius qui Vesuntionē excellentissimā vrbem Sequanorū alluit, & Dolā intersecat apud Verdunū in Ararim labitur. Deinde *Cabilinū* munitissimā vrbē Episcopatu ornatā alluit in ripa Neduorū. Habet & lapideū pōtē, & in

Araris]
Thærin, r.
Bursure, r.
Verdun.
Le Doux, r.
Dole.
Chalon

Bb ij

Arar.

Tournus.

Grone, v.
Beaujeu.

S. Pardoux.

vita Marcelli ita scriptū legimus; *Sepultus est beatissimus martir Marcelluus secundo ab vrbe Cabilonensi milliario, id est duobus passuum millibus.* Postmodum *Turnochium* Monasterium Benedictini Ordinis, atque oppidulum ei adiunctum alluit. De quo Gregorius Turonensis libro primo de gloria Confessorum. *Apud castrum*, inquit, *Trinorciense quadragesimo à Cabillonensi vrbe milliario.* Quibus verbis exprimitur quantum absit à *Cabilino.* Hodie enim distat sex aut quinque leucis nimiū longis.

Grona fluuius fontem habet in parrochia *Auenasij* regionis Bellijocensium, sub diœcesi Matisconensi. Surgit autem duobus ex ea locis vnus apud *Calotios*, alter *mansio sancti Perdulcis* appellatur, inde versus *Cluniacum* fluit in testamento Vvilielmi cognomento Pij Aruernorum Comitis & Ducis Aquitanorū, qui anno Domini nōgentesimo

Franciæ per Flumina. 387

decimo, Cluniacum monasterium ARAR, instituit: eius mentio fit his verbis. *Res iuris mei SS. Apostolis Petro videlicet & Paulo de propria trado donatione, Cluniacum videlicet villam quæ posita est, super fluuium qui Grauna vocatur, cum omnibus rebus ad ipsam villam pertinentibus. Quæ etiam res sitę sunt in ciuitate Matisconensi vel circa suis vnaquæque terminis conclusæ.* Glaber Rodulphus Graunæ fluuij & Cluniaci monasterij instituti meminit in hunc modum, *Monasterium cognomento Cluniacum, in pago Matisconensi super Graunam fluuium ex situ eiusdem loci accliui atque humili tale fortitum est nomen, vel etiā quod aptius illi congruit, à cluendo dictum, quoniam cluere crescere dicimus; insigni quippe incremento diuersorum donorum in dies locus idem obtinuit. Construxit igitur prędictum cœnobium primitus pater monachorum Bal-*

Arar.

mensis monasterij (in superiore Burgundia locati) Berno vocatus iubente Uuilielmo piissimo Aquitanorũ duce. Graona autem versus Septentriones fluere perseuerans, quarta parte leucæ à Cabillino influit in Ararim, loco cui portali Graonæ nomé est. Arar enim non contra Septentriones, vt Graona, sed versus meridiem fluit. *Pianetá* **Pianette, r.** fluuius è Casellis lapsus prope *Rome-* **Romenay.** *naium* decurrit. Hæc parrochia diœcesis Lugdunensis Episcopo Matisconensi olim tradita est, cuius fructus annui quingentos aureos quotannis ei afferunt, & qui ordines Ecclesiasticos appetunt, tenentur dimissorias literas ab Archiepiscopo Lugdunensi accipere. Parrochia S. Mauricij vbi virentium pratorũ copia est in diœcesi Matisconensi distat duabus leucis à Turnochio monasterio ordinis D. Behed. iuxta Ararim sito, in alia tamé diœcesi: ad Cabilonensem enim pertinet. Ad eiusdem

Franciæ per Flumina. 389

parrochiæ templum fluit riuus ad ponteM Taulinum qui separat iurisdictionem Mauricinam ab Vriniensi Regij iuris, indeq; versus *Sallon* castrum properans in Ararim influit. Cuius templi chorus ex quadrato lapide exædificatus est, visiturque tumulus Philippi Caprarij & Philibertæ Lugniensis vxoris eius, eorumque filij matri cognominis. A castro Trinorciensi quod Greg. sic appellauit, *Matiscone* Arar fluedo peruenit, quæ est Episcopalis ciuitas Arari apposita, pontéque fornicatum habet. Tribus fere milliaribus ab ea distat sylua *Castanedi*: ita enim rem habere Glaber his paucissimis verbis ostédit. *Est Ecclesia à ciuitate Matiscone tribus fere milliaribus distãs in sylua Castanedi sita, sine plebe solitaria, Sancti Joanni dicata.* Quo ex loco quantũ spatij cótineat longitudo cuiuslibet milliarij facilè est, eritque colligere atq; æstimare

Bb iiij

Pap. Mass. descriptio
locorum distantiam. Exin Arar *Bellamuillam* fertur ita dictam à nomine monasterij ordinis sancti Augustini, quòd in fertili pinguique agro sita sit, non quòd pulchra pluuio cœlo videri possit, propter lutum quod intra extraque eam viatoribus molestum sit. Eam tenuis fluuiolus præterfluit, moxque in Ararim labitur, vt *Murgo* quoque amniculus *Villamfrancam* interluit, sic dictam quòd olim exempta esset tributis atque oneribus. In quo oppido situ eleganti ac pulchro, viaque intermedia tanta latitudine vt ab vna porta oppidi oppositam facilè videas, primas literas Professore Petro Godofredo Trecassino fœliciter didici procurante auunculo matris meæ Antoninæ, fratre æditud S. Stephani in Ecclesia Lugdunensi, cuius memoriam diligenter conseruare debeo, faxintque superi vt probus il-

(marginalia:) Arar. Belleuille. Mourgon, r. Villefrache.

Franciæ per Flumina.

le vir cognomento Philibertus Gi- Arar.
rinetius mollissimè quiescat. Inter
hoc oppidum & *Anſam* vetus mu- Anſe.
nicipium non ignotum Iuoni Car-
notenſi, duo ſunt paſſuum millia, &
quod excurrit: quo ſpatio nihil ad o-
blectationem gratius eſſe poteſt, &
iuxta Anſam, *Aſergius* preceps ac no- *Aſergue, fl*
cens, periculoſuſque torrens præ-
ſertim hyeme, viatorum moleſtias
auget, atque in Ararim ſe effundit,
verumque videtur eſſe quod de tor-
rentibus poëta ait:

——*per ſaxa citati*
Torrenteſque ruunt.

Aſergij ortus debetur ſyluæ *A-*
ioniæ, à Claueſolis ſaxeum pontem
Guilermeriæ habet, deinde *Chame-*
letum oppidulum, poſtea *Tanneium* Tanney.
locum nobilitatis, familiæque Ca-
prariorum alluit. *Suena* verò riuus Saene, r.
incipit apud S. Apollinarẽ, decurritque *Volſonnã* & S. Clementẽ vicos, vbi

Arar.

hi duo amnes concurrunt, & quilibet eorum lapideum pontem ostendit, quos *Taresios* vocant; Longiùs progressi ad duos riuos veniunt, vbi est prioratus virginũ sacrarum ordinis S. Benedicti, *Aseiumq́;* oppidulũ & *Masilliacum*, vbi necesse est nauicula fluuium præterire, *Ansam* vetus municipum in epistolis Iuonis Carnotensis memoratũ, *Varennas* apud quas fluuius iterum lembo traiicitur postremo in Ararim præceps se effundit. A pede autem montis *Taratri* vsque ad fontem vnica tantùm leuca est, qui fons perennem aquã & multùm perspicuam fundit. Eius vna pars fluuij initium est in Ligerim Oceanumque properantis, altera in Ararim, inque Rhodanum ac Mediterraneũ. Igitur Lugduno Rodumnam contendenti primæ tres leucæ ad *Arbrelam* oppidulum occurrent, tantumdem ad sancti Sim-

Tarare.

Franciæ per Flumina.

phoriani Layensis, & Rodumnam vsque quatuor, addo Capellam quæ semileuca tantum abest. In diuersa autem ripa Araris *Triuoltium* oppidum visitur ædito situm loco, caputque *Vmbarum* regionis Lugduno vtilissimæ propter viciniam, & rerum quibus abundat affluentem copiam. Postmodum *Rupem-scissam* in eadem Vmbensi ripa alluit, patriam Ioannis Cardinalis à scissa rupe, quòd ibi natus esset. Denique *Insula* nomine *Barbara*, quam prope Lugdunum Arar facit, recreationi ciuium seruiens. Vnde Ausonij opera ferè omnia habuimus. Descriptionis huius fluuij finem faciam, vbi dixero tantam vrbem ab eo intersecari, pontemque eius ex nouem fornicibus structum esse magno totius vrbis commodo, & carpiones omnium delicatissimos iudicio

— marginalia: Arar. Trenoul. Dombes. Rochetaillée. Lyon.

ARAR. coquorum, qui aulam principis asse&ctantur, in eo generari. Nec prouerbium de Lugdunensibus meis prætermittere debeo, qui dicuntur ita viuere vt pedes in aqua, caput sub monte habeant. Vineæ, arbores, agri atque ædificia in altissimo colle, vbi vetus Lugdunum situm erat, hodie quoque cernuntur. Ac vinum illarum vitium velis nolis eo gustu est vt sapere odorem incensi vstulatique videatur, ac mihi cum Seneca apposite repetiturus videor, iugum illud imminere duobus fluuiis Rhodano præurapide fluenti, & Arari dubitati quo suos cursus agat: In Rhodanum enim statim influit, vt supra demonstratum est. Quamobrem Silius Punicorum libro tertio Ararim ita describit, ac de Rhodano primum loquitur.

Auget opes stanti similis tacitoque liquore

Francia per Flumina.

Mixtus Arar, quem gurgitibus com- ARAR.
plexus anhelis
Cunctantem immergit pelago, raptum-
que per arua
Ferre vetat patrium vicina ad litto-
ra nomen.

Seruius Virgilij interpres dum illum verſum Bucolicorum explicat,
Aut Ararim Parthus bibet, aut Germania Tygrim.
in hunc modum loquitur:
Gallię fluuius fluens in flumen Rhodanum
Tygris Armeniæ fluuius defluens in Perſicum ſinum.

Itaque per Tygrim & Ararim vult diuerſa loca inter ſe ſignificare. Dicit enim prius Parthum ex Arare bibiturum, & Germanum ex Tygri, quam ſibi obliuionem futuram non amiſſi agri Cæſaris beneficio. Burgundia Heduorum Lugduni habetur pro granario vrbis, vt Sici-

ARAR. lia olim Romæ, vinum Belnense, lignum & carbo ab ea prouincia Lugdunum per Ararim aduehuntur. Sal aduerso fluuio in eam quoque equorum opera ac sudore nauigia trahentium importatur, ac fere accidit cùm Rhodanus intumuit, vt cursus Araris sistatur, proptereaque subterraneas ædificiorum cellas aqua penetret, Ararque stagno persimilis reddatur, tā enim leniter lentéque fluit vt toto lapsu suo nullum aut exiguum murmur ab eo fieri exaudias, nisi cùm ad arcus pontium venit, vbi propter angustias eorum, & Lugduni propter rupes ponti ipsi adhærentes atque proximas murmur edere cogitur. Æstate quidem adeò quietus est, vt nauicularios vexare, eisque molestum esse eum pudeat: tantumdem enim laboris afferre consueuit descendendo, quàm aduersus, adeo

reses pigerque est, & pueris puellis-
que duodecim annorum Lugduni
nauiculæ committuntur ad traii-
ciendos vectores qui se in portu offerunt, & in vtraque ripa, idque
quotidie impuberes alacriter & tenui labore faciunt. Hîc finem faciam Araris narrationi, vbi dixero
sub Septimio Seuero Albinum qui
in Gallia se Cæsarem fecerat apud
Lugdunum occisum fuisse, quod
apud Sextū Aurelium Victorē reperi. Eodemq; autore Sextū Aurelium
Antoninū Bassianū Caracallā, Seueri filiū Lugduni genitū, à qua vrbe
cis Ararim situs est *Albini vicus* duabus tantum ab ea leucis distans. Hác
victoriam Seueri de Albino Tertul-
lianus memorat, qui illius cōstantis-
simi principis laudes libenter prosequitur. Deinde sub Maioriano &
Petro Magistro epistolarum eius,
cùm obsides præcepisset hostē de-
pulit de mœnibus vrbis, pacem illi

Arar. Victor dedit, boue, fruge, colono, ciuibus exhaustæ, vt ait Sidonius carmine quinto. In ponte Rhodani sunt arcus siue fornices nouemdecim maiores, & minores septem. Ac per eum fluuium crates lignorũ, & per Idanũ descendunt è Iura monte Sequanorum, id est Franci Comitatus Burgundiæ superioris, & è Sabaudia vicina illis regione è sapineis syluis, per industriam & vigilantiam putrescentium pedum, id est operarum mercede conductarum, quas incolæ vocant, quod pedes aqua ablutos habent. Hoc quoque flumen lucios omnium optimos alit, nec Florentini putent suos nostris similes esse, quia etsi illi publicè venduntur, nullius pene valoris sunt, imò viles & insipidi: itaque facilè decipiuntur inexperti alienigenę, qui talem piscem ignotum sibi ab iis emerint. Ac plures quidem

insulæ

insulæ à Rhodano factæ secundum *Arar.*
littora visuntur, pascendis bobus v-
tilissimę, in quas bubulci audaciores
armentaque transeunt insidentes
eis: quæ pascua in regione Lugdunensi Brolia vocantur, vulgo *Bro-*
teaux. Lugduni autem vbi perfun- *Le Rhosne.*
ctus est laboribus suis Arar in Rhodanum influit. Et vocem illam Petrarchæ omittere non debeo epistola ad Ioánem Columnam libro primo rerum familiarium. *Hodierno,* inquit, *die Lugdunum perueni, nobilis &*
ipsa Romanorum colonia est, paululum-
que vetustior Agrippina. Duo in hac noti
amnes Rhodanus Ararque coeunt: So-
nam incolæ appellant. Sed de his nihil
amplius, iuncti enim ad te properant al-
ter cogenti, alter coacto similis, videlicet
Arar quem vt segnem Rhodanus ire
cogit. Cæterum ad pontem eius sacra ædicula est Sancti Nicolai posita
exeuntibus ad lęuam, ad dexteram

ARAR. autem custodum seu præsidiariorum statio nocturna atque diurna. In qua huiusmodi inscriptio de plana visitur Innocentij quarti temporibus facta: sed vix legi potest ob vetustatem characterum, sculptorisque errorem qui eam versibus non distinxit.

AVE MARIA, GRATIA PLENA, DOMINVS TECVM.

Virtutum capax, vitiorum framea, Papa
Progenie magnus, ferus vt Leo, mitis vt agnus.
Innocuus verè dictus, de nolle nocere,
Posset vt hic fieri pons, sumptus fecit habere,
Pontem petrarum construxit Pons animarum,
Vt plebis nemo partem portaret vtramque.

Franciæ per Flumina.   401

Tanto Pontifici quisquis benedixerit isti   ARAR.
  Æsque sibi charum dabit, ut pons cres-
    cat aquarum.
Integer annus ei quadragenaque sit
    Iubilęi,
Summi Pontificis opus est pons nobi-
    lis iste.
Istius artificis tibi grata sit actio,
    Christe,
Quanto nomen ei priuatio dat nocu-
    menti,
Qui pro laude Dei, facit hæc manife-
    sta videri.

  Dñs Innocentius Papa.   S. Nicolaus.

Sidonius Volusiano suo scribit epistolam decimam septimam libri septimi, in qua hæc sunt verba. Tu quoque quibus emines institutis discipulos Fausti aggredere solari, fluctuantemque regulam fratrum destitutorum secundùm statuta Lyrinensium patrum vel *Grignicēsium*, festinus informa, cuius disciplinæ

Pap. Mass. descriptio

Arar.
si qui rebelles, ipse castiga; si qui sequaces, ipse collauda. Locus *Grigniacensium* duabus à Lugduno leucis distat, nomenque antiquum retinet:

Grigny.
sed quia remotissimus videtur à Lyrino Grigniaci locus, non impedio quominus aliter sentias. Mox

Le Garon, r.
occurrit *Calarona* amnis, de quo Ado Viennésis ait, in territorio Lugdunensi super fluuium Calarona, Desiderium Viennensem Episcopũ

Brignais.
peremptum fuisse. Beda apud *Prisciniacum* vicum id euenisse dicit, qui nunc *Brignais* appellatur, & fluuius *Garon* paulisper contracta voce. Sequitur amnis, cui nomen *Giers*, &

Giers, r.
Giuors.
Giuortium oppidulum in ripa Rhodani alluitur fluuiolo quem nominauimus. In diuersa autem ripa, quam

Feßin.
imperij adhuc vocant, *Villa Fasiana* est, duabus à Lugduno leucis, & tribus à Vienna, pertinetque ad Allobroges, qui nunc Delphinates à Del-

Franciæ per Flumina. 403

phino pisce appellantur, estque *In-* RHODA-
sula Fasiana nomine, cuius sit men- NVS.
tio in vita Desiderij martyris: ea in
Rhodano est longitudinis vnius leucæ, latitudinis totidem. Sequitur
VIENNA præclari Archiepisco- VIENNE.
patus sedes, de qua Fortunatus:

Priuatum Gabalus, Iulianum Aruer-
   nus abundans,
Ferreolum pariter pulchra Viena geret.
Sed ante eum, id attributum à Mar-
tiale poëta, qui Domitiano Cæsare
vixit, Viennæ datum erat.
Fertur habere meos si vera est fama li-
   bellos
   Inter delicias pulchra Vienna suos.
Theodulphus Aurelianensis in Pa-
rénesi ad iudices.
Saxosam petimus constructam in valle
   Viennam,
Quam scopuli inde arctant, hinc premit
   amnis hians,
Inde Valentinis terris ibique iacenti

Cc iiij

Pap. Mass. descriptio

RHODA-
NVS.

Rupi nos dedimus, hinc Morenata tibi.
Post Arausinas terras, & Auenica rura
Tangemus, & fines quos tenuere Getæ.

Eam vrbem antiqui Senatoriam vocabant, & Prætoriam, in qua Diui Mauritij memoria & Thebeorum legionis honorificè colitur, vt Ado tradit his verbis. *Tunc sanctus Episcopus Eoldus Viennensem Ecclesiam rebus auxit: erat enim affinis Francorum Regibus. Quique etiam intra ciuitatem in honore beatorum martyrum Thebeorum, Mauritij & sociorum eius domumculam criptatam construxit, ibique non mediocrem partem reliquiarum siue ex his martyribus, siue ex alijs posuit, atque ex eo tempore res Ecclesiæ nomine beati Mauritij attitulantur, quando ex antiquo & maior domus in honore septem martyrum Machabeorum, & facultates eiusdem Ecclesiæ sub nomine eorum à fidelibus afferrentur, & consecratæ manerent. Ea-*

Franciæ per Flumina.

dem vrbs alluitur à *Geria* fluuiolo, de quo & cæteris riuulis nunc dicemus. Inter Lugdunum & Viennam decurrit Gera, satis altus amnis qui *Simphoriani* oppidum interluit, & ligneum pontem habet. Is Rhodano tandem miscetur mille passibus ab eo oppido, cæterique Delphinatium fluuij eodem rapiuntur. Non procul à Vienna oritur Gera, compluribusque moletrinis super eum, quarum aliæ grano, aliæ papiro & tundendis laminis ensium apteque temperandis propriæ sunt. Viënæ appositi visuntur huic amni duo pótes, quorū vnum appellāt à prioratu S. Martini ordinis D. Rufi; alter Geræ amnis prope Dominicanos & Abbatiā S. Andreę ordinis Benedictini, ac statim in exitu vrbis Rhodanū influit. *Barrina* riuus tribus à Viëna milliarib^9 prata irrigat, ac sæpè multū dāni infert. *Salisa* amnis ab

RHODA-
NVS.
La Gere, r.

Bar, r.

Salize, r.

Cc iiij

Rhoda-nvs.

opulento Prioratu ordinis D. Benedicti in Rhodanum influit. Duo

Clomar, r.

pręterea riui, quorum vnus *Clomarcius* dicitur, alter ob viam proximā *Riuus sancti Renoberti*, eodem fluunt. *Galaber* amnis extra ripas sæpe diffluens lapideum pontem habet apud sanctū Valerium, fertilitate tamen piscium nihilominus excellit, monticulumque contingit, vbi ædes sacra Virginis fuit m:oletrinas tres a-

Furan, r.

git vnam grano vtilem, alterā papiro, tertiam fullonicam. *Furania* longitudinis cursus non excedit duas aut tres ad summum leucas, sita est super illum Abbatia celebris sancti Anthonij Viennensis, temporibus Vrbani secundi exædificata. Clemens quintus, & ante eum Formosus Romani Pontifices synodum Viennæ habuerunt. Ille apud sancti Andrææ Abbatiam in aula ad id parata, instructaque. Hic in

Franciæ per flumina.

Basilica sancti Saluatoris. Ponte autem firmissimo munita est propter impetum fluminis, vnaque fornicum latissima, prope suburbana sanctæ Columbæ ædificia collocata, terret inspicientes attonitosque reddit. Mons *Pila* cùm sit altissimus *Viriacum* pagum & *Bessam* in occasu habet, & longitudo syluæ qua vestitur decem perficit milliaria, & latitudo stadia dena complectitur. *Doibius* fluuius ex eadem profluit in Gierium amnem accessu riuorum iàm grandem, & influentem in Rhodanum. Via qua itur ad montis verticem preceps & contorta, vbique fontibus cincta. Locus sua natura paruus in ordinem distinctus collibus, qui quasi ex industria simul annexi sunt: eorū aliqui in dorsum elati, aliqui in orbem circumacti. Alius alio procerior, frequens ascensus, creber des-

Rhodanus.

Faulxbourgs saincte Colombe.

Le Doibe,

Rhodanvs. census in gremio rupis. Iacet vda illa & quiescens palus quam *Puteum* vulgus nuncupat, & ab ea palude tempestatem primum inchoare referunt. Sanè in vertice huius montis procreatur nebulosa exhalatio, quæ statim futura tonitrua aut imbres significet. Hæc palus ruderibus aut crispuliis repleta fuit, ne quid detrimenti pecora caperent; puteus autem qui dicitur Gieri fluuius modicę profectò originis est: hic auriferas arenas habet, quas qui manibus apprehendunt ad dimidias vsque nates aqua teguntur, & si fuerit in eis aurum statim refulget in magnitudinem millj. Fons prope solitudinem tantæ frigiditatis conspicitur vt bibentibus intumescant ora. Manus in eo contineri propter rigorem non licet, exhausta lympha numquam minuitur, neque infusa augetur. Reperitur in ea sylua her-

Franciæ per Flumina. 409

ba latissimo folio, parte altera candicante, montani herbam *Desertam* appellant. Aquilæ & accipitres in ea quoque silua multi sunt. *Dulcis* Velaunorum prȩceps, rapidusque torrens antequam Cardinalitio ponte iungatur, *Vzarim* riuum accipit, abluitque Burgum & Castrum *Matrum* nomine, sub parrochia & prioratu Benedictini ordinis: inde in locum progreditur, vbi *Tauredunum* olim fuit à Gregorio Turonensi memoratum. Cuius nomen ferre *Turnonus* vrbs vicina etiam videtur, etsi Turnonum pro Tureduno incolæ eam vocant. Pons autem illic est quem Franciscus è familia procerum Turnoniorum sumptibus suis fieri curauit, vtrinque in diuersa ripa exædificatus, isque nixus tanta soliditate vt euerti nequeat. Itaque Turnonum petentibus Viuariensi-

RHODANVS.

Le Doux, r.

Vz:

TOVRNŌ.

Rhodanus. bus Vellaunisque præsto est hyeme, & pluuiosis anni téporibus, quamuis hic difficilior transitus occurrit, fornice vnica admirādi operis quantum quiuis alius arcus seu fornix: altitudinis triginta sexpedū & amplius, latitudinis verò tantæ vt plaustrum onustum quauis materia & duo simul homines facilè transeant. Troctis, & barbatulis precipuè abundat, nec vnquam accrescit. Iuxtaque Turnonū Rhodano permiscetur. *Cantia* ab *Annonia* vicina *La Cance, r. Anonay.* vrbe Viuarensium profluens, & *Sarra* castrum abluens, quod ducentis fermè passibus ab eo distat, in eundem Rhodanum excurrit. *Annonia, Caniza* & *Doma* amnes insulam faciunt, antequam *Andancium*, & Turnonum Viuariensium oppidum perueniant, labanturque in Rhodanum. Sequitur in ri-

Canise r.
Dome, r.

Franciæ per Flumina. 411

pa imperij *Tinurtium* è regione Rʜᴏᴅᴀ̣-
Turnoni: de quo Sextus Aurelius ɴᴠѕ.
Victor. *Multis,* inquit, *interim va-* Tɪɴ.
riè gestis in Gallia apud Tinurtium con-
tra Albinum felicissimè pugnauit Se-
ptimius Seuerus. Et infra, addunt alij
quod idem cadauer in Rhodanum
abiici præcepit. Hæc Ælius Spartia-
nus. De illis autem oppidis notum
est vetus prouerbium:

Entre Tin & Tournon
Ne paist brebis ne mouton.

Id est inter Tinurtium & Turnonum nec ouis nec veruex pascitur.
Taureduni quod in monte vicino
positum erat Gregorius Turonensis mentionem facit. Solum enim
ei nomen restat. *Tauredunum,* ait,
Castrum super fluuium Rhodanum in
monte collocatum erat, lib. 4. cap. 34.
Postremo notandum est Turno-
num esse diœcesis Valentinæ, in re-

Rhoda-
nvs.
Valence

gione tamen Viuariensium, qui Heluij veteribus fuere. Valentia Segalaunorum seu Cauarum, vt Cuiacius probauit iurisprudentiæ domicilium, explicari debet. Odo vir miræ probitatis dominio totius viciniæ à Federico Imperatore donatus est anno 1175. Is dedit Anglico Cardinali insulam inter Rhodanum & Vadum *Sparueriæ* pro constructione Abbatiæ sancti Rufi. Patronus Valentiæ erat sanctus Apollinaris, ac Templum sancti Petri bellis ciuilibus solo æquatum est. Prope Valentiam est torrens periculosissimus, nec piscem alens, & quia cito arescit, dignus qui nomine careat. *Dia*, siue locus *Dianæ* prope quam vrbs illa sita est, vnitur cum Valentiæ Episcopatu. Hoc quoque sciendum Viennam ab rupe Glaianadecem leucis abesse, inde Valentiam vsque duas tantùm numerari.

Die.

Franciæ per Flumina. 413

Eo loco Isara Rhodanum ingredi- RHODA-
tur. De quibus fluuiis Armoricus NVS.
poëta libro quarto Philippidos ait: Isere, r.
Isaramque vado, Rhodanumque ca-
rentes.

Audiui à domino vallis Isaræ nobili viro id flumen è vico *Furnilio*
parrochiæ *Teignes* rupeque valida
oriri apud Tarētasios, quorum vrbs
plusquā Episcopali dignitate illustris
est: populos illos à *Centrone* vico hodie penè ignobili, & si nomen id suū
hodie non retineret, plane obscuro.
Inde fluit *Mellianum* Sabaudiæ oppidum in excelso monte positum, Montmeil-
cuius radices subluit, atque accipit lan.
ad se occurrentem *Airam*, cuius à Sidonio mentionem fieri certum est.
Eius epist. ad Heroniū l. 1. Fluens Ai- Ayre, r.
ra per Vallem *Mauriennam*, quàm
Mauri in habitarunt, in qua etiam e-
rant Brannonices, in vico cui *Brāna*
nomen est. Isque fluuius perpetuū

Pap. Mass. descriptio

RHODA- murmur edens. Noctu enim diuque
NVS. aqua illa spirat, vt æquor de quo
Virgilius ait,

Fretis spirantibus æquor.

Ita amnis ille modò in hanc, modò in diuersam ripá traiiciendus est;
vnde molestiam tantam generat
priusquam in Isaram labatur. Flu-
Guye, r. uius *Guya* è duobus riuulis compo-
La Char- situs est, vnus è parrochia Carthusiæ
treuse, ou profluit, alter à sancto Petro inter
Chartrousse montes, miscenturque apud *Scalas*
exiguum oppidum. Inter hos sita est
Carthusia in excelso colle, qui humilis tamen videtur si vicinos montes
cum eo contuleris. In Isaram autem
labitur prope *Sanctum Genesium.*
Troctas & vmbros plurimos alit,
lucios non ita multos. Allobroges
seu Delphinatum à Sabaudia diui-
Pont de dit apud pontem Beluicinum, est-
Beauuoisin. que in eo loco Guya altissimus. Hîc
mihi descriptio maioris Carthusiæ

ex

Franciæ per Flumina.

ex voto Brunonis, à quo Religiosi illi sunt instituti, apponenda videtur, quæ septem leucis distat à Gratianopoli, beato Hugone Episcopo Brunonem eiusque collegas alloquente. Chronicum ordinis sic habet. *Locus diuinitus vobis adsignatus est Eremus quędam altissimis in montibus, quàm Cartusiam vocant, ampla illa quidem, sed prorsus inculta, atque à nemine habitata, solis feris peruia, hominibus verò cæterisque animantibus propter loci asperitatem penè incognita & inaccessa. Altas & tanquam excisas hinc inde rupes & scopulos, arboresque siluestres & infructiferas habet; Estque supra modum frigida, magnaque anni parte niuibus operta. Tunc quoque adeò prærupta, sterilis, & infructuosa, vt nihil in ea neque seri, neque meti queat, &c.* Et alio loco. *Vis horridam Carthusiani loci faciem videre? si suspexeris arduos saxososque montes, gelidas*

RHODANVS.

RHODA-
NVS.

Pap. Maff. descriptio niues, infœcundasque arbores dorso montium adhærentes spectabis. Si despexeris, terrificum amnem in pede montium ingratè murmurantem videbis. Terribilem denique situm accipe; nulla siquidē ibi amœnitas, nullum solamen, nulla terrena iucunditas adest:

Uix ibi ridenti vestitur gramine tellus,
Vix ibi cantat ales, nec sunt ibi lustra
 ferarum.

Quid igitur? niues quidem ibi perpetuo candore candescunt, sed niuea frigora liuido pallore corpora inhabitantium adficiunt. Tanta denique est loci asperitas, vt nec Scythiæ deserta, nec Ægypti solitudines possint illi Cartusiano monti rectè comparari. Horrendum itaque carcerem, purgatoriumque locum potius quàm aptum humanæ vitæ habitaculum meritò dixeris. Et alibi de Guya legitur; *Fluuiolus est ex montibus Carthusianis collectus, qui ingenti murmure instar torrentium,*

Franciæ per Flumina.

aut aquarum inundantium decurrit. RHODA-NVS. Et alio loco. *Est quidam paruus fluuius qui Guerus mortuus, quasi quædam imago mortis dicitur ex circumstantibus vndique montibus collectus, & cum strepitu maximo torrentiũ aut inundantiũ aquarum more fluens.* A Valentia autē vsque ad ostium *Isaræ* est dimidiũ ISERE, r. iter inter Valētiam & Turnonũ. *Est antiqua domus nobili in loco, Confluentiũ dicto, à quo Rhodani ripas Viennam vsque sequendo, sunt leucæ circiter duodecim.* Gratianopo- GRENO-lim redeo, vbi eundē fluuiũ reliqui, BLE. de quo & de *Draco* dici solet. *Gratio-* DRAC, r. *nopolim perdēt Serpēs & Draco.* Isaram serpentē vocāt, quia sinuosus est, vrbemque interluit, Draco alluit, eique permiscetur. Quam autem Gratianopolim vocamus ea veteribus CV-LARO fuit. Plācus Ciceroni epistolarum libro nono, *Vale,* inquit, *octauo idus Junias ex finibus Allobrogum,*

Dd ij

Rhoda-
nvs.

Mox ibi narrat se Isaram traiecisse, vt ad Vocontios properaret. Eius vrbis porta vna Traina, id est Traiani dicitur, sculptaque est capitalibus literis, & sic inscripta vt de plano legantur hæc verba.

Muris Cularonensibus.

Tunc temporis cùm Philippus Adeodatus in Gallia regnaret apud Viennam prouinciam, quidam riuus, qui *Stagnum sancti Laurentij* vocabatur, cursu concito inter duos montes decurrens violenter erupit, feréque omnes mercatores qui apud Gratianopolim in nūdinis morabantur submersit, Isaræque fluuio adiunctus dum in Rhodanum præcipitare nititur, pontem diruit, arbores euulsit, castella & villas subuertit, homines & inmenta sibi obuiantia cursu rapidissimo secum tra-

Romans. xit. *Romanus* vrbs Allobrogum, situ Hierusalem valde similis, vt qui

Franciæ per Flumina. 419

vtramque viderunt affirmare so- RHODA-
lent, alioqui *Romana Castra* appel- NVS.
landa videtur. *Romans* enim Gallicè
dicitur, & hic lapideo ponte Isara
instructus est, vt propè *Marcellini* S. *Marcellin*
municipium, Salinæ alium quoque *Saline.*
vides. Sequitur oppidum *Liberonis* *Liuron.*
situm super edito tumulo, fertili
tamen & clementi, sicque Latinè
appellatur in chartario publico: &
Valentiam, radicesque eius subluit
Druma, vnde Ausonius: *Drume.*
Te Druma, te sparsis, incerta Druen-
   tia ripis
Alpinique colent fluuij.

Isque rapacissimus torrens quantum damni satis inferat æstimari nõ
potest. Territorium enim largum,
fertile, planumque est, sed à Liberone Rhodanum vsque dimidia est
leuca, aut more Romano duo passuum millia. Notandumque est à
Valentia *Aureolum* vsque maximã *Aur.*

Dd iij

RHODA-
NVS.

capi voluptatem solere, si illam aspicias agris pratisque viridissimis perfusam aquis à Liberone fluentibus. Ad Valentinensem Episcopū hæc duo oppida pertinent. Vibius Sequester de Isara hoc breue testimonium fert, *Isaram Galliæ decurrere in Rhodanum.* Aureolam verò

Die, 1.

Dia alluit rapidè veniens, ac sæpe extra ripas diffluens, nec vadus sine periculo est, lintribusque traiicitur quoties intumuit. Denique vna leuca supra Valentiam *Isara* ipse parum gratus mortalium oculis, imò potius eis displicens, quia valde rapidus, ac fuscitate horrendus, & sinuosus, difficilisque ac periculosæ nauigationis, Rhodanum quoque ingreditur tanta rapiditate, vt ei nisi vltra mille passus non permisceatur.

Lucanus poëta testimonium de

Franciæ per Flumina.

Isara ferens, sic ait,

      ------ *qui gurgite ductus*
Per tàm multa suo famæ maioris in amnem
Lapsus ad æquoreas nomen non pertulit undas.

Plinius libro tertio, *Rhodanus ait, ex Alpibus se rapiens per Lemanum lacum, segnemque deferens Ararim, nec minus se ipso torrentem Isaram & Druentiam in mare fertur.*

Videamus & quid Marcus Tullius de eodem flumine ante dixerit in epistolis familiaribus, epistola decima quinta libri x. *In Isara flumine maximo, quod in finibus est Allobrogum ponte vno die facto exercitum ad quatuor Idus Maias traduxit.* Et eodem libro decimo epistola octaua. *Ad xij. Kalendas Iunias ab Isara castra feci, pontem tamen quem in Isara feceram, castellis*

Dd iiij

RHODA-
NVS.

Tap. Mass. descriptio
duobus ad capita positis reliqui, presidiaque ibi firma posui. Et lib. 1. Epistolarum epistola 23. *Pridie nonas Iunias omnes copias Isaram traieci, pontesque quos feceram interrupi, vt spatium ad se colligendum homines haberent, & ego interea me cum cæteris coniungerem.*

Monteli-
mar.
Achasse, r.

Viuarium in ripa Regni abest à Montilio Ademari duabus leucis, infraque id situm est: & *Achassia* flumen prope id lintribus traiiciendum occurrit, quod in Rhodanum postea influit. Episcopatus autem Heluij apud Viuarium translatum est euersa Heluiorum vrbe, quam Valentiniani tertij temporibus floruisse ex Sidonij ad Patientem Episcopum Lugdunensem Epistola satis notum est: vt & illud, in vicinia Albensium siue Heluiorum vrbem olim fuisse. Viuarium autem in ripa Rhodani positum constat. Aquila prius quam Liliis Viuariensis Ecclesia vsa est, etiam Ioannis Regis temporibus, cùm ille Auenionem iret ad Pontificem Romanum inuisendum, & Viuarium ingressus Aquilam in vexillis sericis, & in cathedra marmorea retro altare sculptam in templo beatissimi Vincentij vidisset, & à canonicis benignè audiisset Viuarium cameram imperialem fuisse, ac literas Thomæ Albensi Episcopo datas decimo septimo calendas Iulias indictione octaua, anno secundo imperij Ludouici Pij Aquisgranij palatio perlegisse, vt Rex doctus, scientiæque amantissimus, pro Aquila, Liliis vti concessit. Apud Cæsarem verò libro septimo quinque sunt loci ex quibus vbi sint Heluij collocati intelligemus. Primus est, *Heluij fines Aruernorum contingunt.* Secundus, *mons Gebenna Aruernos ab Heluiis discludit.* Tertius, *oppressis Aruernis inopinantibus quod*

RHODANVS.

Pap. Maff. descriptio

RHODA-
NVS.

se Gebenna vt muro munitos existimarent. Quartus, Heluij à Rhodano inchoant, finitim Vellaunis. Quintus, Vercingentoris altera ex parte Gabalos proximosque pagos Aruernorum in Heluios, item Rutenos, Cadurcosque, ad fines Volcarū & Arecomicorum depopulandos mittit. De Gebennis extat testimonium graue apud Ausoniū, *Interea premunt Aquitanica rura Gebennæ.*

Montelimart.

Exin se offert explicandum Mótilij Ademari oppidum, mediocre quidem, at pulchrum & placidum, murisque & fossis egregiè cinctum, circumdatumque virentibus hortis. Ad quod oppidum labitur amnis ab oriente profluens sepè transitu difficilis, multoque sabulo impeditus.

Le Rosne.
Pont S. Esprit.

Hic quoque in Rhodanum decurrit. *Pons Spiritui Sancto* dicatus, magnificus quidē est, longus mille ducentos passus, viginti duabus forni-

Franciæ per Flumina. 425

cibus firmissimis, & pauiméto decé- RHODA-
ter strato, clausum quemœnibus op- NVS.
pidum ibi est. Inde Auenionem itur.
Pons Auenionensis mille trecentos
quadraginta tres longitudinis, latitudinis verò.......... passus habet, &
decem & octo fornices, sinuosus-
que est. Supremum eius Templum Virgini dicatum, & palatia duo in rupe sunt posita, quo
ascenditur centum duodecim gra-
dibus, nec sine causa Auenionem
sedere super rupe horrida Petrarcha refert epistola ad Ioan. Columnam libro septimo de rebus
familiaribus. Quis illum pontem fecerit ex Chronicis veteribus breuiter dicam. *Anno mille-*
simo centesimo septuagesimo septimo, ve-
nit apud Auenionem adolescens nomine
Benedictus, dicens se à Domino missum
vt pontem super Rhodanŭ construeret,
qui derisus est cŭ sumptus nõ haberet, &

Rhoda-nvs.

cum prę magnitudine nemo crederet hoc facturum, sed populi ab eo nutu diuino commoniti illud opus citius perfecerunt.

Sed vetus prouerbium de ea circumfertur.

Auenio ventosa,
Sine vento venenosa.

Idque epistola ad Vrbanum quintum ab ipso Petrarcha explicatur in hunc modum. *Inter feras Rhodani gentes non ego sic illas nec poeta Italus, sed Hispanus vocat. Illic enim ventosissimi amnis ad ripam, vbi scilicet, & cum vento malè viuitur, & sine vento pessimè viueretur.* Cui vt ait Seneca ædificia quassanti, tum incolæ gratias agunt, tanquam celebritatem cœli sui debeant ei. Nec quod sequitur supprimendum. Diuus certè Augustus, *Templum,* inquit, *illi cùm in Gallia moraretur, & vouit & fecit. Illis ergo in locis aut limosis aut saxosis, atque aridis fratrum tuorum vasta pa-*

Franciæ per Flumina.

latia, & ingentes domos, imò vero car- RHODA-
ceres & vincula cernuntur. Tui præde- NVS.
cessores Auenione sibi sedem elegêre, quo
consilio ipsi viderint. Ego enim qui ab
infantia ciuitatem illam, multo melius
quàm putarim meam noui singularem,
nihil præter lutum & ventum ibi esse
perpendi. Inter Auenionem & Ta-
rasconis oppidum Druentiam rapi- *La Duran-*
do cursu præcipitem fluuius Rhoda- *ce, t.*
nus accipit.

Petrarcha epistola ad Ioannem
Columnam libro septimo de rebus
familiaribus. *Ab Auenio*, inquit, ad-
*uerso flumine tribus passuum millibus
aut paulo amplius ascendens Argenteum
gurgitem obuius habebis.* Quo verbo
Argenteus fluuius intelligendus est, *Argent, ri*
qui per Arausiam in Rhodanum
fluit. Cuius vrbis ædificia antiqui- *Aurange.*
tatem suam probant. Castrum est
alto situm loco, vrbana ædificia ad
collis radices posita. A Castronouo

RHODA-
NVS.

Pontificis Romani ad pontem Sorgię vnica est leuca. Et locum olim veteres appellabant *Vndalum* vrbē, vt Florus & Strabo aiunt. Hodie sex quadratæ turres pulchritudinem loci seruant. Inde Auenionem .vna dūtaxat leuca est. *Vasionem* Vocontiorū esse Mela scribit, quod oppidum Vaisio Latinè dicitur, Episcopali dignitate ornatum, in ea Vasiones olim habiti sunt, de qua Poëta ait:

Iam facilè campos iàm rarum Vaisio carpis.

Petrarchæ vitam pridem scripsi, in eoque libello ventosum altissimū montem verbis ipsius depinxi. Itaque nó erit necesse illam descriptionem etsi vtilem hîc repetere. Idem scriptor epistola ad Guidonem Archiepiscopum Genuensem. A*d scholas*, ait, *missi fuimus. Carpētorax loco nomen, vrbs parua quidem, sed prouinciæ*

paruæ caput, in quam vrbem nocturnos *RHODA-*
fures veniffe à *Vendacenfi* vfque ad am- *NVS.*
nem qui lateri adiacet *Carpentoractis op-*
pidi. Et in vita quidem S. Sifredi didici, vrbem Vendacenfem effe de-
fiiffe, & locũ ipfum Carpentoractis
quondam fimplicis municipij vocabulo dici folitum fœlici commu-
tatione fortitum effe nomen vrbis.
Igitur fluuij in hac vita mentionem
fieri video, & fi nomen eius non eft
adiectum, vocatur enim *Ruffa*, ac *La Ruffe.*
prope vrbem fluit è Perna veniens,
& prope *Infulam* vrbem decurrens
antequam Rhodano mifceatur, magnis quidem caloribus parum aquæ
fecum trahit, etfi aliis anni partibus
abundat, & feptem aut octo leucarum curfum habet. Eadem epiftola
ait meta noftræ peregrinationis illa
fuit quæ ab antiquis *Auenio*, à mo-
dernis Auinio dicta eft.

SORGIA.

LA SOR-GVE.

PEtrarcha epistola ad Olimpum, *Clausa vallis est vnde Sorgiæ fons erumpit.* Et epistola tertia lib. 7. epistolarum de rebus familiaribus. *In agello,* ait, *meo, quem ad fontem Sorgiæ habeo.* In poëmate Italico.
Mirar & saſſo vnde Sorga nasce
In vna valle chiusa doigni intorno.
Rupes illa tàm est alta quàm campanile templi Virginis Parisiorum, ex eaque summa aqua cadit crassitudine humani corporis primum, deinde duplo accrescit & amplius. Anguillas magno numero sæpè fundit. Plinius autem effert laudibus nobilem eius fontem, quòd in eo nascantur herbæ tàm delicatę pecoribus.

Ex cap. 2. lib. 2. de vita solitaria ad Philippum Pathā Petrarcha ait, *Ad-est*

est tuus Sorgia Rex fontium, ad cuius LA SOR-
tibi murmur hæc scribo, adest liberrimum GVE.
gratissimumque perfugium Clausę vallis
(sic enim vocant incolæ) sic vocari voluit natura, quando illam circunductis
collibus obdidit extra omne iter, omnem-
que concursum, viderique nisi ab incolis
non permisit. Hic tu quoque, quod rarum, & liber & dominus & præsul &
solitarius esse potes. Sorgia est placidissimus fluuiorum, cuius aqua quindecim aut circiter passuum millia conscen-
dens nulli secundum fontem lucidissimi
amnis originem videbis, & incumbens
præaltam rupem vt iàm transire vlte-
rius nec possis, nec oporteat: vt enim
dextra & secunda sint omnia, illic tandem in terram depositus ad dextram
me videbis, vbi enim procul ab Italia
possim esse tranquilus? Nec vero locum
insignem Flori lib. 3. præterire non
debeo.

Prima, inquit, trans Alpes arma no-
Ee

SORGIA. stra sensere Salyi, quum de incursionibus eorum fidissima atque amicissima ciuitas Massilia quereretur : Allobroges deinde, & Aruerni, quum aduersus eos similes Heduorum querelæ opem & auxilium nostrum flagitarent. Varus victorię testis, Isaráque, & Vndalicus amnis, & impiger fluminum Rhodanus. Maximus barbaris terror elephanti fuere, immanitati gentium pares. Nil tam conspicuum in triumpho, quàm Rex ipse bis visus discoloribus in armis; argenteóque carpento qualis pugnauerat. Vrtiusque victoriæ quod quantumque gaudium fuerit, vel hinc existimari potest, quod & Domitius Ænobarbus, & Fabius Maximus ipsis quibus dimicauerant locis saxeas erexere turres, & desuper exornata armis hostibus. trophea fixere : quum hic mos inusitatus fuerit nostris. Numquam enim populus Romanus hostibus domitis suam victoriam expro-

brauit. Quem Flori locum de SORGIA. tribus fluminibus, Varo, Sulga, & Rhodano facile erit intelligere, Strabone interprete. is enim ait: *Ad urbem Vndalum Sulgas Rhodano commiscetur.* Item, *aduersus Domitium conflictum est, ubi Sulgas, Rhodanusque commiscentur.* Hique loci Strabonis sunt libro quarto.

Boccacius in libro de fontibus. *Sorgia,* inquit, *à surgendo dictus, in Narbonensi prouincia loco qui vulgò dicitur Vallis Clausa, fons nobilissimus est: nam è specu quadam abditissima saxei montis tanta aquarum erumpit abundantia, vt abyssi putes aperiri fontes, mitius tamen anni tempestate quadam exundans: & cùm clarissima aqua sit, & amœna gustui illico facta, fluuius optimorum piscium ferax est, producens in fundo sui herbam adeò bobus sapidam,*

LA SOR-GVE.

vt diuersis ad illam carpendam sub vndis capitibus assiduè pascentes ferè ad suffocationem vsque detineant: inde inter asperrimas cautes effluens paruo contentus cursu in Rhodanum mergitur. Celebris quidem & antiquorum præconio, & aquarum copia, & piscium atque herbarum fertilitate est.

Ac fons Sorgiæ postquam lauit, pinguioresque & fertiliores vicinos Auenioni campos reddidit, in fossas illius tandem labitur, Rhodanumque influit.

De Vgerno Gregorius Turonensis lib 8. historiæ suæ cap. 30. Vgernum Arelatése castrum esse dicit, & libro nono eiusdem, castri Vgerni nomine mentionem etiam facit, qui Gregorij vndecimi profectionem in Italiam describit in Orgone, terra abundans lapidibus, arcta est via, ex vno latere alueo Druentiæ clauditur, & altera ripa raxea materie in

Franciæ per Flumina. 435

expugnabili modo protegitur. Pe- LA Sorterarcha vero principi Romano lib. e- GVE. pistolarum sine numero magni facit Orgonis planiciem autumnali tempore transiuisse. Orgonis planiciem pro Vgerni vsurpans.

Antipolis Melæ cognita & veteri- Artere, bus fuit. De ea Paulus Iouius lib. 35. *Antipolis*, inquit, *posita est contra eas Insulas quas Leones antiqui nostri,* hodie Leres vocant. Cùm ait (nostri) nescio an de Italis loquatur, Galli quidem aliter appellant videlicet, *Areas*, qua voce Innocentius 3. in epistolis vsus est. Ob viciniam Nicæ quæ ad ducem Sabaudiæ pertinet, & propter prædonum iniurias hodie propugnaculis munitur. Inter Antipolim autem & *Forum-Iulij* Antenopolis posita est, & antiquæ in ea inscriptiones marmoreę, quarum vna fuit. PVER SEPTEM ANNORVM XII. QVI ANTIPOLI IN

Ee iij

Pap. Mass. descriptio

SORGIA. THEATRO BIDVO SALTAVIT ET PLACVIT.

Quæ verba docent ibi theatrum fuisse. Mensa quoque ænea sub terra reperta est sic inscripta,

VIATOR INTVS ADI,

TABVLA EST ÆNEA

QVÆ TE CVNCTA PERDOCET.

Duo sunt loca in Prouincia, quorum vnus aspectu valde gratus est, maximamque voluptatem parit: alter est adeo deformis, vt nescio cui *Oliueroles.* placere possit. Nam ab *Oliueolo* Prouinciæ vsque *Yeres* iter est vnius diei, regioque ipsa adeò recreans vt nihil pulchrius vsquam videri possit. Oliueta enim, mala aurea, citrones, & a-*Le Crau.* lia fructuum genera. At *Craudicampi* extenduntur in leucas septem in planicie quasi rotunda, incipiunt ab Arelate, & Salone finiunt: alij Craudios campos esse aiunt planiciem rotundam inter *Marticum*, &

Franciæ per flumina. 437

Robresim continentem quinque aut Sorgia. sex leucas diametrales. Quæ quidem planicies tecta est lapidibus adeò paruis, vt quælibet vna manu comprehendi possit, inter quos lapides tantùm herbæ crescit nutriendis animalibus vt id maximè mirum videatur. Ab illis campis vsque ad tres Marias vt vocant, Rhodanus in mare influit, ac ferè sunt leucæ quinque, vt à peritissimis locorum accepi.

Ee iiij

DRVENTIA.

La Durence. VRBS *Brigantium* vna leuca à Genebra distat altissimo monte Alpium Coctiarum à Coctio Rhe qui Nerone Cæsare viuebat sic appellato, in Archiepiscopatu Ebredunensi, de qua Gregorius loquitur lib. 4. cap. tricesimo. Super altissimo *Geneure.* autem monte *Genebra* est arbor lari, in cuius foliis manna è cœlo funditur, statimque congelatur magnitudine pisi, & septimo quoque anno maxima quantitas eius colligitur, ac vehitur ab institoribus Venetias, vt emant Therebintinam. Cæsar ipse *Echilles.* *Ocelli,* quod est citerioris prouinciæ extremum meminit.

Prudentius egregius poëta qui viuebat in Hispania temporibus Theodosij iunioris & Honorij, *Nos,* in-

Franciæ per Flumina. 439

LA DV-
RENCE.

quit, *Vasco Iberus diuidit,*
Binis remotos Alpibus:
Trans Coctianorum iuga,
Trans & Pyrenas niguidos.
Ausonius epistola 10.

Nunc tibi trans-Alpes, & marmoream Pyrenem, Geminas quoque Alpes in Panegyrico Iulij Valerij Maioriani Sidonius constituit. Sunt Italiæ de quibus Ammianus lib. 31. *Ad vsque radices Alpium Iuliarum, quas Venetas appellabat antiquitas.* Strabonis quoque lib. 4. hic locus superest, *Alpes ab ora incipientes Ligustica vsque ad Rheni fontes porriguntur.*

idemque Sidonius Carmine septimo de nobilitate loquens.

———— *quam Saxa niualia Coctij*
Despectant, varijs nec non quam partibus ambit.
Thirreni, Rhenique liquor, vel longa
Tyrene

DRVEN-
TIA.

Quam iuga ab Hispano seclusam iure coercent,
Aggreditur nimio curarum pondere tristem.

Hæc quidem Sidonius car. 7.
Et carm. 5.

Iam tempore brumæ,
Alpes marmoreas atque occurrentia iuncto
Saxa polo.

Et quę sequuntur: & Pomponius Mela de Alpibus maritimis loquens; *Nicea,* inquit, *tangit Alpes, tangit Antipolis, tangit oppidum Deceatium.* Druétiam autê fluere duobus à Cabellico passuũ millibus ex ore Verij Prouincialiũ Præsidis audiui, cùm super distátia à me inquireretur. Est verò tam rapidus ille fluuius, vt propterea traiici non possit, nec in ripis eius lintres aut nauigia vlla vsquam reperiantur.

Ac. Tito Liuio quis melius aptiusve

Franciæ per Flumina. 441

hunc fluuium descripsit? DRVEN-

Druentia, inquit, Alpinus amnis lon- TIA.
ge omnium Gallię fluminum dificillimus
transitu est. Nam cùm aquæ vim vehat
ingestam, non tamen nauium patiens est,
quia nullis coercitus ripis pluribus simul
neque ijsdem alueis fluens noua semper
vada, nouosque gurgites faciens, ad hæc
saxa glareosa voluens, nihil stabilis nec
tuti ingredienti præbet. De eodem Silius Punicorum lib. 38.

Turbidus istruncis, saxisque Druentia
    lætum
Ductoris vastauit iter. namque Alpibus
    ortus,
Auulsas ornos, & ad esi fragmina
    montis
Cum sonitu voluens fertur lustranti-
    bus vndis,
Ac vada translato mutat fallacia cur-
    su
Non pediti fidus patulis, non puppi-
    bus æquis

LA DV- Ammianus lib. 15. ait, *Druentiæ flu-*
RENCE. *men gurgitibus & vadis esse intortum.*

Prouerbium vulgo in Prouincia proferri solet.

Le Gouuerneur, le Parlement, & la Durance
Ces trois ont gasté la Prouence.

Id est Gubernator, Senatus, & Druentia, Prouinciam vastarunt.

Fran. Petrarcha Philippo Sabinensi Episcopo Cardinali S. epistola vltima lib. 13. Rerum Senilium.

Rogas, & rogando iubes (apud me enim inter preces, iussusque tuos nihil interest) nempe cum & inter iussus ac silentium nil intersit, modò mihi de tua voluntate constaret. Rogas, inquam, vt versiculos aliquot, quos olim in spelunca illa peccatrix Maria Magdalena, tri-
Saincte *ginta vel eò amplius annis pœnitentiam*
Magdelei- *suam egit, tibi per hunc nuntium tuum*
ne. *mittam. Mihi quidem ita contigit, vt cum illo fortunæ multo maioris, quàm*

prudentię, vt verò illuc pergerem, diu obluctans, ad extremum non tam suus, quàm pię memorię Ioannis de Columna Cardinalis, cui nil negaßem, precibus victus, atque conuulsus. In illo igitur sacro, sed horrendo specu tres dies & totidem noctes, sine intermissione habitans, & sepę per sylvas vagus, & comitatu cum quo eram non admodum delectatus, ad vsitatum solatium me conuerti, quod pellendis aptum tędiis ipse mihi conflaui, fingendi silicet animo pręsentiam absentium amicorum, & auerso à presentibus cogitatu, cum absentibus colloquēdi. Hęc paranti, tu mihi primus affueras, cum quo mihi eo tempore familiaritas recens erat, paruo tunc Episcopo, magno semper & pręclaro viro. Cum ergo specus in parte consedißemus, visus es hortari, vt breue aliquid dicerem illius sanctissimę mulieris ad gloriam. Parui tibi, eoque promptius, quo vt sunt mentes hominum piorum, ad om-

DRVEN-
TIA.

Pap. Maff. descriptio nem deuotionem pronæ, sed ad aliquam proniores, iam te illam inter sanctas, vt Martinum inter sanctos tibi prælegisse, perpenderam. Feci autem raptim, & ex tempore, vt qui nulla penitus tunc in remoras pati possem, feruidus audaxque iuuenta, vt Maro ait: nam si esses fortassis oblitus, (libenter enim obliuiscimur tædiorum, curarumque prementium) quartus & trigesimus annus est, ex quo acta sunt hæc, vide si interim possumus senuisse, toto ante decennio, quam in rure tuo positus solitariæ tibi vitę libro inscriberem. Cęterum tunc reuersus, hos tibi versiculos incorrectos legi, qui tuo & meo nomine scripti erant, vt quos te imaginario teste atque hortatore dictaueram, dehinc eos inter scripturarum mearum cumulos abieci, nec eorum amplius recordatus sum, tu nunc illos petis, quos difficile fuit inter alia scripta, difficilius in mea memoria reperire. Ibi nempè perierant, nec penitus

Franciæ per Flumina.

occurrebat tale aliquid me fecisse, tan- DRVEN-
dem per indicia temporum, quibus in TIA.
talibus vti soleo, cum labore & puluere reinuenti semilaceri, vt erant, &
squalentes ad te veniunt; neque enim
in eis aliquid muto, multa cùm possim,
quo scilicet non quid sum, sed quid eram
videas, & cum voluptate quadam ado-
lescentiæ nostræ rudimenta memineris.

Dulcis amica Dei lacrymis inflectere
  nostris,
Atque humiles attende preces, nostræ-
  que saluti:
Consule, namque potes, nec enim tibi
  tangere frustra
Permissum, gemituque pedes perfunde-
  re sacros.
Inque caput domini preciosos spargere
  odores.
Nec tibi congressus primos, à morte re-
  surgens,
Et voces audire suas, & membra videre,

LA DV-
RENCE.

Immortale decus, lumenque habitura per ęuum
Nequicquam dedit ætherei, Rex Christus olympi
Viderat ille cruci hærentem, nec dira pauentem
Iudaice tormenta manus, turbáque furentis
Iurgia, & in vultus & ęquantes verbera linguas :
Sed mœstam intrepidamque simul, digitisque cruentos
Tractantem clauos, implentem vulnera fletu,
Pectora tundentem violentis candida pugnis,
Vellentem flauos manibus sine more capillę
Viderat hęc, numquam dum pectora fida suorum
Diffugerent pellente metu, memor ergo reuisit,
Te prima ante alios, tibi se prius obtulit, vni

Te quoque digreſſus terris, & ad astra DVREN-
reuerſus TIA
Bis tria luſtra tibi, numquam mortalis
agentem
Rupe ſub hac aliud, tam longo in tempore, Solis
Diuinis contenta epulis, & rore ſalubri
Hæc domus antra tibi, Stillantibus
humida ſaxis
Horrifica, tenebroſa ſitu, tecta aurea
regnum
Delitiaſque omnes, & ditia vicerat
arua,
Hic incluſa libens, longis veſtita ca-
pillis,
Veſte carens alia, ter denos paſſa De-
cembres:
Diceris hic non fracta gelu, nec victa
pauore,
Namque famem & frigus, dura quoque ſaxa, cubile,
Dulcia fecit amor, ſpeſque alto pectore
fixa.

DRVEN-
TIA.

Hic hominum non visa oculis, stipata cateruis (horas, Angelicis, septemque die subuecta per Cælestes audire choros alterna canentes Carmina, corporeo de carcere digna fuisti.

Sacer, sed horrendus B. Magdalenæ specus, in quo trigīta vel amplius annis pœnitentiā egisse dicitur superiori epistola à Francisco Petrarcha descriptus est, & poëma quo cōtinetur delineatio ipsius ab eodē rogatu Philippi Pathę olim Cauallicensis Episcopi, postmodū Sabinēsis, litteris mādatus est, ad quē librū vitę solitariæ idem autor scripserat. Est autem eadem rupes tribus leucis Prouincialibus remota ab sancti Maximini municipio, cui nomē est Balma, 14. versibus sanctissimæ feminæ zelus egregiè depictus est. Rupes igitur siue specus Niceam vrbē ab Oriente respicit, Massiliam ab Occidēte, mare à meridie, & à Septētrionibus Auenionē. Eadē extēditur in tria

Franciæ per flumina.

passuū milia, si metiaris tria passuum milia in altitudinē: Deinde in lōgitudinē ab Occidēte in Oriētē solem, in decē milia passuum. Qui locus planè inaccessus est. Antrū siue criptain pede radicibusque ipsius est: in ea extrema fons oritur frigidissimus, cuius aquæ nunquā displicent, & nulli, qui nunquam arescit. Quod verò mirabile putes, aqua perpetuo stillante ex alto, tamen magnus lapis, quem guttatim attingit, non inficitur tali humore, imo siccus est. Cripta quidem ipsa alta est, & altitudinē eius lapis....manu iactus vix attingit: eademq; ab Occidente modicū lumen accipit. Sepulta autē apud Maximinū fuit, cuius municipij Ecclesiā beati pignoris custodem merito appelles. Ea est ordinis S. Dominici, & Priorem eius Rex Galliæ Prouinciæ Comes quem vult ex eo ordine tanto beneficio afficit, quod ad eū vt fundatorem loci id pertinet.

DRVENTIA.

DRVEN-
TIA.
S. Maximin

A ciuitate Aquensi, locum sancti Maximini, vbi constat dilectricem Dei temporaliter obiisse, & ibidem fuisse sepultam per Maximinum eundem, distare quindecim milliaribus, est omnibus manifestū, ex Philippo Patha Cauallicensi Episcopo.

In templo Maximini visitur marmoreus lapis sic inscriptus.

SVÆ COLLECTANEÆ L. THEMATILLANA ET L. VAL. CER. L. VALERIO LVCINO FILIO PIENTISSIMO FECERVNT.

In eodem etiam est vasculum vitreum collo stricto, sed inferius largum rotundumque, & pedibus carens, quod impletum sanguine Domini, terráque mixtum cùm in cruce pateretur die Veneris, sancto super Caluariæ monte fuisse dicitur: Id ostenditur quotannis concurrente populo ipso passionis die ma-

Franciæ per Flumina. 451

gnâ occurrentium admiratione; per- DRVEN-
actis enim sacris Prior Dominica- TIA.
norum post merdiem illud exhibet,
& tunc fusis ad Deum piis precibus
sanguis ipse sensim accrescere videtur quousque vasculum impleat.
Quod à pluribus qui à religione Ca-
tholica desciuerunt etiam inspe-
ctum est, attonitis tantę rei specta-
culo. Templum autem in quo vasculum asseruatur, est in municipio
sancti Maximini distanti sex leucarum spatio ab Aquis Sextiis, & noué
à Massilia Phocensium colonia. Riuus autem *Colere* inter sanctum Maximinum & *Toruas* dimidia Prouinciali leuca disparatus fluit, inque
Argenteum amnem labitur, & abest
à Maximini templo locus is, quem *Argent,r.*
Balmam vocant.......... Qui lignorum copiâ circumuestitus est. Balma La Baume.
autem dicitur altissima rupes, intra
quam spelunca visitur, fornicata

Ff iij

DRVEN-
TIA.

quidem, nullis ad onus sustinendū pilastris seu columnis apparentibus: longa passus quinquaginta, iuxta quam tres aut quatuor religiosi ordinis Dominicani habitant, seruituri zelo populi ad eam concurrentis. Inque illa spelunca beatissima Magdalena pœnitentiam egit, mortuaque est apud Maximini domicilium, sepultaque vbi Carolus Prouinciæ Comes primò ædiculam, mox ingens templum fieri curauit, institutis aliquot religiosis viris ex ordine beati Dominici. Corpus quidem ibi conditum quiescit, solumque caput ostenditur carne adhuc integra in vultu, & os brachij eius longitudine quoduis hominum nunc superans. Quæ omnia à Religioso ibi comorante & alijs testibus mihi fidelissimè relata puto. Priorem verò Dominicanorum ibi commorantem nominandi ius est

Franciæ per Flumina. 453

Regi, quoties mutari solet, idque tertio quoque anno: nam Rex vt Prouinciæ Comes ab ea gente salutatur. DRVENTIA.

Aquę Sextiæ Archiepiscopali dignitate & senatu totius Prouinciæ ornantur. Paterculus posteriori volumine, *Sextus*, ait, *Caluinus apud Aquas, quæ ab eo Sextiæ appellantur, Salios deuicit.* & Paulus Diaconus, *Alpes Coctię*, ait, *à Coctio Rege, qui Neronis temporibus fuit, sunt dictæ, ab Occidente Gallorum finibus copulantur in Aquis, vbi aquæ calidæ sunt.* Idem Paterculus, *Trans Alpes circa Aquas Sextias cum Theutonis Marius conflixit.* Florus lib. 3. cap. 3. *Prioresque Theutones sub ipsis radicibus Alpium assequutus, in locum quem Aquas Sextias vocant prælio oppressit, & Marius 4. Cōsulatu trans Alpes circa Aquas Sextias cum Theutonis conflixit, amplius centum quinquaginta hostium millibus*

Pap. Maff. descriptio

DRVEN-
TIA.

priore & posteriore die ab eo trucidatis. Vnde duobus ab ea vrbe milliaribus ob Cimbricam victoriam Romani arcum fecere, à quo fluuius

Arc, r.

Arcus nomen accepit. Descendentibus autem à Templo Seruatoris Aquarum Sextiarum occurrunt in subterranea cella domus priuatę tres fontes aquæ aliquantulum calidæ, plus tamen manè quàm reliqua parte diei, ac plus hyeme, quàm æstate, ac verisimile videtur sulphur successu temporis euaporari, caloremq; Balneorum non esse quantus olim erat. *Arcus* autem siue *Iris* fluuius

Iris, r.
Pertuis.
Apt.

MediterraneamDruentiam petit, ab Aquis tamẽ Sextiis, *Pertusum* vsque tres sunt leucæ, inque *Aptam* peruenitur.

In eadem Aquensi ciuitate hæ quoque inscriptiones leguntur, prima in æde D. Ioannis.

EX IVLIO. SATVRIVN.

Franciæ per Flumina.　　DRVENTIA.

C. CORN. VALENTINVS.
Q. CORV.
SERVATVS
AMICO.

In templo Cathedrali in lapide aliunde tranflato.

HIC IN PACE QVIESCIT ADIVTOR,
QVI POST ACCEPTAM POENITEN-
TIAM MIGRAVIT AD DOMINVM.
ANNO LXV. MENS. VII. DIES XV.
DEPOSITVS SD. VIII. KAL.
IANVAR. ANASTASIO V.
CONSVLE.

In turri Francifcanorum.

SEXT. ACVTIVS VOL. AQVILA
PRÆTOR ACVTO PATRI. SEVERÆ
SORORI.
RVFO FRATRI.
H. M. H. N. S.

In facræ virginis ædicula

D. M.
C. VERATII C. FILII. PAL. PATERN.
EQVITIS ROM. FLAM. ARG.

DRVEN-
TIA.

C. VERATIVS THREPTION.
FILIA PIISSIMA
 Sequentes autem inscriptiones in priuatorum domibus visuntur.
C. GEMINO. CENSORI.
L. GEMINO MESSIO
M. GEMINVS NASICA.
  FRATRIBVS.
CÆ.
C. N. F. TVLI.
CATONIS FLAMINI C.
AVGVSTÆ
MATRONÆ.

SEPVLTVRÆ.
POMPEIO LE.
VOL. SILVANO
TOLOSSENSI.
 Ab *Reiorum* ciuitate vsque ad Aquas Sextias, cui subest, sunt leucæ Prouinciales xi. id est sexdecim Franciæ. In ea vrbe seu oppido, vt Sidonius vocat, celebratur festus dies Fausti & Maximi Reien-

fium. In eo S. Albini templum est e- DRVEN-
uersum. In prato quod ab ea parum TIA.
abest visuntur adhuc columnæ fu-
siles aliquot. In alio quod aliquanto
plus abest à Reiis, octo columnæ
marmoreæ grisij id est cineritij coloris, videturque téplum ibi fuisse
Gentilium, vt mihi ab Episcopo
narratum est; qui dicebat Reios in
valle sitos. Maximus igitur cum Ly- S. Mesme.
rinensis monachus primo fuis-
set, inde ad Reiorum ciuitaté Episcopus vocat⁹ est. & Faustus, ité Monachus fuit, vir ingenuus & magnæ
doctrinæ, vt opera eius ostendunt.

Siluæ Prouinciales cópositæ sunt ê
roboribus virentibus pinis tā mas-
culis quàm feminis: masculi sunt
qui picé resiná æstate, feminæ quæ
poma & fructus esui gratas ferunt.
Ac certis locis vt in montibus *Este-*
reollis intra Forū Iuliū ac Antipoli vi- Frejus.
détur arbores proceræ ac plurimę, Antibe.
ex quarū cortice, quæ eis detrahitur,

Drventia.

quotannis magnũ sine dubio quęstum incolæ faciunt.

L'isle sainéte Margueriɩe.

Insula S. Margaretæ abest à Lerino quarta parte leucæ, propior continenti, longior quàm latior: quatuor enim passuum millia habet. Si circuitum illius nosse cupias, à Cannis vico in continenti tria tantùm millia numerantur. Maceriæ plures Romanorum temporum in ea visuntur, & inhabitatę ædificiorum ruinæ. Portus quoque in ea est, & statio nauibus fida: rupe enim tegitur aduersus ventos, nihilque in ea videas præter inhospita tesqua.

Salinę, *Berrenses*, Arearum, Estagu
.... & Valenchianæ. In mensibus, quibus sal coqui ardorę solis & congelari solet, Iunio, Iulio, & Augusto, centum hominum millia non sufficerent exportando Dei muneri vsque ad maris littus. Idque mirabile est. Adhuc visuntur ruinæ & vesti-

Franciæ per Flumina.

gia ædificiorum quę veteres Prouin- DRVEN-
ciales parabant seruando sali, præ- TIA.
sertim in Lerino insula, & eo loco
qui beatæ Margaritæ nomen nunc
quoque retinet, non procul ab Antipoli.

Gennadius de Vincentio & monasterio Lyrinensi sic ait. *Vincentius
natione Gallus apud monasterium in Li-* L'isle de
rinensi insula presbyter fuit. Lyrinus i- Lyrins.
gitur insulę nomen est, duabus tan-
tum prouincialibus leucis à terra dissita, frumenti optimi vinique copiam ferens, aureaque mala & pal-
mas.

In ea Vincentius habitauit, vt ip-
semet fatetur his verbis, *vrbium fre-
quentias, turbasque vitantes remotioris
villulę, secretum Monasterij incolimus
habitaculum.* Hæc quidem Vincentius in Commonitorio. Quem virum nescio an debeam æquare omnibus veteribus Theologis. Quis

DRVEN-
TIA.

enim vnquam aduersus hęreses præclarius scripsit? Sidonius carmine 16. ad Faustum Rciensem.

Seu te Lirinus priscum complexa parentem est,
Qua tu iam fractus permagna sępe quietè
Discipulis seruire venis, vixque ocia somni
Vix coctos capture cibos, abstemius euum
Ducis, & insertis pinguis ieiunia psalmis
Fratribus insinuans quantos illa insula plana
Miserit in cœlum montes.

Eadem insula, vt ex verbis Sidonij colligimus, *Planasia* etiã dici potest. In Itinerario autem reperio duas insulas Leronem & Lerinum, quæ insulę hodie S. Honorati dicuntur, & Honoratum magistrum insularum vocari ab Eucherio Lugdu-

nensi Episcopo in præfatione libel- DRVEN-
li de quæstionibus veteris testamen- TIA.
ti ad Salonium liquet. Ex Hildeber-
ti verò Epistolis, quæ extant, insulam beatissimi Honorati & monasterium euersam esse à pyratis memoriæ traditum est. Innocentius 3.
Arelatensi Archiepiscopo hæc de
Lerino scribit. *Veridica multorum re-
latione comperimus Monasterium Leri-
nense, quod olim religione florebat, & tē-
poralibus abundabat, ad eum statum sic
miserabiliter deuolutum, quòd nec regu-
laria in eo instituta seruentur, nec fratres ibidem de ipsius possint facultatibus
congruè sustentari. Ne igitur monasterio ipsi, quod specialiter Beati Petri iuris existit, nostra videatur solicitudo de-
esse, quę circa vniuersas Ecclesias dili-
gentius vigilare tenetur, fraternitati tuę
per Apostolica scripta precipiēdo mandamus quatenus accedēs ad locū, si per fratres eiusdē Ordinis religionē ibidem posse*

DRVEN-
TIA.

videris reformari, & reduci monasterium ipsum in statum, id summopere studeas adimplere, indulta tibi à nobis libera facultate excludendi de monasterio quoscumque videris excludendos.

Insula verò beatæ Margaretæ à Lirino abest leuca vna & quod excurrit. Sunt & aliæ insulæ, quas Arearum Innocentius tertius in Epistolis appellat, à quo nomen illud accepimus, sed Gallica voce *Hieres*. Sequuntur Stecades, de quibus Mela ait, *In Gallia Insulæ quas referre conueniet solæ sunt Stechades ab ora Ligurum ad Massiliam vsque dispersæ.* De his Lucanum lib. 3. ita loquutum video.

Et iàm turrigeram Bruti comitata carinam,
Uenerat in fluctus Rhodani cum gurgite classis
Stecados arua tenens, nec non & Graia iuuentus
Omne suum fatis voluit committere robur,

Grande-

Franciæ per Flumina.

Grandæuosque senes missis armauit ephe-
bis.

DRVEN-
TIA.

Quo loco arua Stœchadum pro insulis dicta puto. In præfatione Cassiani ad septem collationes, vbi Honorati & Eucherij & Castoris Episcoporum mentio facta est, hæc verba reperies. *Aliæ collationes quę ad
sanctos, qui in Stęchadibus consistunt
insulis emittendæ sunt, fratres, desiderium
vt arbitror vestri ordinis explebit.* Græca autem vox est Stechadum, ex eo
dicta quod Stechas illæ insulę profe-
runt.

*Præfatio Cassiani in septem vltimas
Collationes aliorum Patrum.*

Emissis iuuante gratia Christi decem collationibus Patrum quæ exi-
gentibus beatissimis Episcopis Hel-
ladio ac Leontio vtcumque digestæ
sunt: septem alias beato Episcopo
Honorato, sancto quoque famulo
Christi Eucherio dedicaui. Totidem

Gg

DRVEN-
TIA.

& nunc vobis SS. fratres Iouiniane, Minerui, Leonti, & Theodore credidi deputandas. Posterior siquidē vestrum illam coenobiorum sanctā atque egregiam disciplinam in prouinciis Gallicanis antiquarum virtutum discretione fundauit. Cæteri verò non solum coenobialem professionem apprimè monachos expetere prouocastis: ea namque collationes istæ summorum patrum disputatione contextæ sunt, & ita in omnibus temperatæ, & vtrique professioni, qua non solum occiduas regiones, verum etiam insulas maximis fratrū cateruis fecistis florere, conueniant: idque vt non solùm hi qui adhuc in congregationis laudabilis subiectione perdurant, sed etiam illi qui haud longè à vestris coenobiis secedentes Anachoretarum sectari gestiunt disciplinam, pro conditione locorum ac status sui mensura plenius in-

Franciæ per Flumina. 465

struantur: quibus hoc præcipuum contulit precedens vestri laboris industria vt parati iàm atque in iisdem exercitiis. &c. DAVEN-TR.

MASSILIA.

Massiliam multi preclari authores laudarunt: vt Græcarum literarum scholam Strabo celebrat, deque ea per triumphum lata Cicero, octaua Philippica, & libro secundo Officiorum magnopere queritur, vt inhumaniter tractatam, & Tacitus quoque in vita Agricolæ. *Arcebat eum*, inquit, *ab illecebris peccantium præter ipsius bonam integramque naturam, quod statim paruulus sedem ac magistram studiorum Massiliam habuerit locum Græca comitate & prouinciali parsimonia mistum ac bene compositum.* Hæc de illa Cor. Tacitus. Locum *Marseille.*

Gg ij

DRVENTIA.

nobilissimum de senatu & centumuiris Massiliensibus apud Lucianum in Toxarte siue de amicitia esse moneo. Et apud Valerium de institutis antiquis. Paulinus in Carmine ad Cytherium præclarè etiam de illa loquitur in hunc modum.

Sed propter inde posita Gallorum solo,
Massilia Graium filia,
Alumna sanctæ ciuitas Ecclesiæ,
Pandebat humanos sinus.

Illustrem Episcopum habuit Saluianum, illustrem Monachum Ioānem Cassianum, quorum opera extant. Saluianus egregium opus suum inscripsit de gubernatione Dei ad Salonium, sicque orditur. *Sancto Salonio Saluianus Episcopus salutem in omnibus.* Viennensem verò antistitem Salonium notius est quàm vt à me longiori oratione dici debeat. Eiusdem extat dialogus prior ita inscriptus, *Salonius ad Veranium fratrē*

De eisdemque fratribus est Episto- DVREN-
la supra à nobis relata. Et apud Leo- TIA
nem Romanum Pontificem, est a-
lia Ceretiæ, Salonij & Veranij
Episcoporum Galliæ in hunc modum.

Domino sancto, beatissimo Patri & A-
postolicæ sedis dignissimo Ta-
pæ Leoni, Ceretius,
Salonius, &
Veranus.

REcensita epistola beatitudinis
vestræ, quam de fidei instructione conscriptam, ad Constantinopo-
litanum Episcopum destinastis, dignum esse censuimus, vt tantę doctrinæ vbertate ditati, debitas gratias
saltem oblato literarum officio red-
deremus. Paternæ siquidem erga
nos pietatis vestrę solicitudinē com-
probantes, anticipationi curationis

DRVEN-
TIA.

vestræ. hoc nos magis obnoxios côfitemur, quod remediorum beneficia ante malorum experimenta cognouimus. Scientes namque pene sera esse remedia, quæ adauctis iam vulneribus apponuntur, vt Apostolicis illis munitionibus induamur, prouidæ pietatis vocibus præmonetis. Agnoscimus planè, beatissime Papa, quod ad nos interiora pectoris vestri peculiari affectione transmiseritis, quorum incolumitati aliorum curatione succurritis, & dum ex aliorum præcordiis infusa antiqui Serpentis venena producitis, quasi in quadam charitatis specula constituti, Apostolica illa cura ac solicitudine conclamatis, ne inopinantibus improuisus hostis adueniat, ne vulneri locum præbeat incauta securitas, Domine sancte beatissime pater, & Apostolica sede dignis-

Franciæ per Flumina.

sime Papa. *Deinde interpositis qui-* DRVEN-
busdam sequitur & alia manu. Me- TIA.
morem Coronam vestram humilitatis nostrę Christus Dominus
longæua ætate conseruet, domine
sancte beatissime pater, & Apostolica sede dignissime Papa. Ceretius susceptus vester, Apostolatum
vestrum in Domino saluto, com-
mendans me orationibus vestris.
Salonius venerator vester, Apostolatum vestrum in Domino saluto, orationum vestrarum subsi-
dia deposcens. Veranus cultor vestri
Apostolatus, beatitudinem vestram
saluto, & vt pro me oretis peto.

Domino dulcissimo suo Eucherio.
Saluianus.

Legi libros quo transmisisti mihi stylo breues, doctrina vberes, lectione expeditos, instructione

Gg iiij

DAVEN-
TIA.

perfectos, menti tuæ & pietati pares. Nec miror quòd tam vtile ac pulchrum opus ad institutionem potissimum sanctorum ac beatorū puerorum condidisti. Cùm enim eximium in eis templum Deo ædificaueris, doctrinæ nouæ eruditione quasi summum ædificij tui culmen ornasti, & vt indoles sanctæ aquæ doctrina ac vita illustrarentur, quos morali institutione formaueras, spiritali instructione decorasti. Superest, vt Dominus Deus noster Iesus Christus, cuius dono admirandissimi iuuenes tales sunt, pares eos faciat libris tuis, idest, vt quicquid illi continent in mysterio, hoc vterque illorum habeat in sensu. Et quia iàm dispensatione diuina atque iudicio etiam magistri Ecclesiarum esse cœperunt, donet hoc benignissima Dei pietas, vt doctrina illorum fructus sit Ecclesiarum & tuus, profectus-

que excellentissimus tam illum or- DRVEN-
net,à quo sint geniti,quàm eos quos TIA.
ipsi sua institutione generauerint:
mihíque hoc & si non inter omnia
misericors Deus tribuat, vt qui fue-
runt discipuli quondam mei, sint
nunc quotidie oratores mei. Vale mi
domine,& dulcis meus.

*Domino beatissimo merito suscipiendo,
& in Christo deuinctissimo Papæ Eucherio, Hilarius.*

CVm mé libellos tuos relectu-
rum præcedentibus literis iudi-
cassem, instante exactione pueri
quem miseras, lectitare nullatenus
potui. Emisi itaque florulenta beatitudinis tuæ opera non parùm an-
xius, ne necdum scripta tam iugiter,
tam grauiter ruentibus imbribus la-
befactarētur, percucurri ea semel tātum vniuersa miratus. Concedat do-

DRVEN-
TIA.

minus, vt speciosa hæc in Christo instructionum nostrarum gloriæ tuæ opera te in paginis tuis duce aliquádo persentiam. Hoc vnum precor, ne me diu his institutionibus fraudari feras, sed vnum me de iuuenibus tuis quos hac eruditione ornasti habens, eo instantius habere me velis, quo me magis iuuétutis retia premunt. Memorem te mei Dominus ad profectum Ecclesiæ suæ diu seruet beatissime Papa.

Epistola nonagesima prima Leonis ad Theodorum Foroiuliensem Episcopum, vt his, qui in exitu sunt, pœnitentia & communio non negentur. Dilectissimo fratri Theodoro Episcopo, Leo Episcopus.

SOlicitudinis quidem tuę is ordo esse debuerat, vt cum metropolitano tuo primitus de eo, quod querendum videbatur esse, confer-

Franciæ per Flumina.

res: ac si id, quod ignorabat dile- DRVEN-
ctio tua, etiam ipse nesciret, instrui TIA.
vos pariter posceretis: quia in causis,
quę ad generalem obseruantiam
pertinent omnium Domini sacer-
dotum sine Primatibus nihil oportet inquiri. Sed vt quoquo modo
instruatur ambiguitas consulentis,
quid de pœnitentium statu Eccle-
siastica habeat regula, non tacebo.
Deinde interpositis cumpluribus ad fi-
nem epistolæ sic ait. Hæc autem, fra-
ter charissime, quæ ad interroga-
tionem dilectionis tuæ ideo respon-
di, ne aliquid contrarium sub igno-
rantię excusatione gereretur, in me-
tropolitani tui notitiā facies perue-
nire, vt si qui forte sunt fratrum, qui
de his antea putauerint ambigendū,
per ipsum de omnibus, quæ ad te
scripta sunt, instruantur. Data 4. idus
Iunij Herculano viro clarissimo cō-
sule. (*Is fuit annus* 13. *Pōtific. S. Leonis*)

DRVEN-TIA.

Lucus est municipium Vocontiorum, vt Cornelius Tacitus ait, quod in prouincia est prope Massiliam, in quo visitur marmoris inscriptio huiusmodi.

IVSTITIÆ ET CLEMENTIÆ
C. CÆSARIS.

A Massilia Forum Iulij abest viginti leucis Prouincialibus.

Lucanus ait Massiliam causam senatus secutam his verbis:

──── *ad vrbem,*
Haud trepidam conuertit iter: tunc mœnia clausa
Conspicit, & densa iuuenum vallata corona.
Haud procul à muris tumulus surgentis in altum
Telluris, paruum diffuso vertice capum,
Explicat hæc patens longo munimine cingi
Visa duci rupes, pilaque aptissima castris.
Proxima pars vrbis celsam consurgit in

Franciæ per Flumina.

arcem   D***R***VEN-
TIA.
Pars tumulo, mediisque sedent conuallibus arua.

Eadem Massilia vndis Gallici maris tribus partibus abluitur. Quarta pars illa est, per quam ad eam acceditur per continentem. Quo in spatio quicquid ad arcem pertinet, expugnatu difficile est, natura difficilem expugnatum reddente: nam vallis altissima & longa, & ascensu ardua est.

Theodulphi versus, de Massilia, Aquensi, & Caballico ciuitatibus.

Massilia Argolica nos cœpit condita
    gente,
Arnum & Aquinæ vrbis, siue Ca-
    uelle tuum.
Ast alias lustrare vetat per singula ca-
    sus,
Quarum nos populus quò sumus om-
    nis adit.
Æquoris insani fera quas vicinia lędũt,

Pap. Mass. descriptio

Aëre corrupto & tabidus efflat odor.

DRVEN-
TIA.

Massiliam Phocenses condidere prope Arelatem; Rhodanumque fluuium, loco paludibus vliginoso, vbi boues furibundi magnoque numero pascuntur. Et superioris Theodulphi versus de Massilia primus loquitur, mox de Aquése ciuitate Sextiarũ, tertio de Cabellica notissimo quoque Episcopatu. Denique de locis inter Antipolin & Olbiam Lerinumque. Austro flante corrumpi solitis, Ouidius vii. Metamorphoseos.

Letiferis caldi spirarũt flatibus Austri.

Cassiani portus in Prouincia quoq; est, de quo dici solet. *Hic pater filium amisit, idcirco Portemius appellatur.*

Ex Panegyrico ad Constantinum incerti autoris, cuius initium est: *Faciam sacratissime imperator,* descriptionem Massiliensis portus huiusmodi inuenio. *Massilia, vt audio, in profundum mare prominens & munitissimo ac-*

Franciæ per Flumina. 477

ūncta portu, in quē angusto aditu Me- DRVEN-
ridianus refluit. Sinus mille quingentis TIA.
paſſibus terræ cohæret, qua firmiſſimis
turribus frequens murus opponitur.
Quippe olim Gręcos Italoſque illuc
cū artibus ingenioque pollerent ipſe
etiam docuit locus, omnia quę bello
vſui forent largius in eam parté quæ
adiri poſſet impendens, cum natura
in cæteris cœptum operis remiſiſſet.
Maſſiliæ autem templum dicatum
Caſſiano ſupereſt, eiuſque libri de
Incarnatione excellentes ſunt, & qui
illos negligit is ſciat ſe eſſe puerum,
futurumque impoſterum indoctio-
rem.

ARGENTEVS AMNIS.

E Montibus Prouinciæ *Argenteus*
amnis dilapſus decurrit inter S.
Martini & Varegias nota loca. In
eum poſtea *Chalilo* riuulus labi-

478 *Pap. Mass. descriptio*

DRVEN-TIA. tur, & sub Carse nobili, fundo a[l]duo, *Caraunia*, ad quem sita est Brignollia, in cuius agro delicata sunt pruna, vt etiam ab institoribus vendenda Lutetiam afferantur. Al-

Caudune, r. ter fluuiolus *Caudunia* appellatur, ad quem situm est nobilissimum ca-

Folcalquier strum *Fulcaqueriæ* ab Innocentio 3. in Decretalibus epistolis cognitum. Ab eo loco *Toronetũ* fluit, postea...... cui *Draconiana* vrbs apposita est Foroiuliensis diœceseos, vbi amphitheatrum, plurimaque antiquitatis vestigia se ostendunt. Denique *Rŏcham Brunam* peruenit, prope quam in mare labitur diuisus in brachia duo, insulamque faciens. Itaque Argenteus amnis quatuor aut quinque ad summum pontes habet. Cùm in epistolis Marci Tullij Ciceronis Argentei pontis vnius tantùm mentionem fieri videamus in hũc modum epist. 34. *Cùm audissem Antonium cum*

Franciæ per Flumina. 479
cum suis copiis præmisso Lucio Antonio, cum parte equitatus in Prouinciam meã venire cũ exercitu meo confluẽte Rhodano castra moui, ac contra eos venire institui. Itaque continuis itineribus ad forum Vocontij veni, & vltra castra ad flumẽ Argenteum contra Antonianos feci. Et eadem epistola 34. data 4. Calendas Aprilis à ponte Argenteo. & lib. 10. Epistola 35. sub finem eius, vale 12. Cal. Junias ex castris ex ponte Argenteo. Antonius idibus Majs ad forum Julij cum primis copiis venit. Ventidius bidui spatio abest ab eo. Lepidus ad forum Vocontij castra habet. Qui locus à foro Iulij quatuor & viginti millia passuum abest. Eius fluminis ostium Ptolomeus ponit inter Olbiam & Forum Iulium. *Prope & sub eo fluit Argenteus fluuius maioris famæ quàm inflatior.* Hæc sunt verba nobilis historici Guilielmi Bellaij viri militaris. Et à Foro Iulio *Modium* vsque sunt M.

tantum quatuor prouinciales leucæ, quarum quęlibet complectitur quatuor millia passuum.

AREARVM INSVLÆ.

Les isles d'Eres.

Innocentius tertius Arelatensi Archiepiscopo, vt in Arearum insula monachi de Episcopi consensu, & voluntate instituantur.

AD audientiam nostram noueris peruenisse, quòd cùm olim in insula Arearum fratres quidam Cistercien. fuerint commorati, eis à Sarracenis in captiuitatem deductis, quia locus est mari vicinus, ad eam se quidam regulares Canonici transtulere. Verùm cùm ipsi præ nimia paupertate locum ipsum nec ædificiis possint, nec possessionibus ampliare, in eo monasticum ordinem institui desiderant, secundum fra-

Franciæ per Flumina.

trum Cistercien. constituta, & id etiā Episcopus diœcesanus affectat. Ideoque fraternitati tuæ per Apostolica scripta mandamus, quatenus si ad hoc diœcesani Episcopi, & eorundem fratrum concurrit affectus, in memorata insula monachos Cistercien. instituas: facturus de Canonicis memoratis quod expedire videris secundum canonicam honestatem. Datum Romæ apud S. Petrum 17. Calend. Iulij.

Innocentius 3. Massiliensi & Agatensi Episcopis.   *Euesques de Marseille & Agde.*

Cùm dilectus filius Abbas de Floreia nuper ad nostram præsentiam accessisset, nobis exposuit diligenter, & hoc ipsum Abbatis insularū, & aliorū quorundā litteræ continebāt, quod in insulis Arearum fratres Cistercien. quondam fuerāt cōmorati: Sed eis in captiuitatē paganorū deductis: quoniam locus mari erat

Hh ij

vicinus, illuc se quidam Regulares Canonici transtulerunt: qui licèt iam per annos triginta Canonicorū Regularium habitum portauissent, opera tamen contraria regularibus faciebant. Sed ad se Domino inspirante reuersi monasticum ordinem ibidem plantari volebant, secundum Cistercien. instituta, quod etiam diœcesanus affectabat. Vnde nos ad Abbatis ipsius instantiam venerabili fratri nostro Arelatensi Archiepiscopo dedimus in mandatis, vt si diœcesani Episcopi, & eorundem fratrum in id ipsum desideria conuenirent, Cistercien. monachos institueret in insula memorata, facturus de Canonicis quod crederet expedire secundùm canonicam honestatem.

Archeuesque d'Arles.

ARELATE.

ARelate Sextanorum militum sextæ legionis colonia est, vt ait

Franciæ per Flumina.

Pomponius Mela, eleganterque ab Ausonio describitur his verbis:

Prodi duplex Arelas, quam Narbo
    Martius, & quam
Accolit Alpinus opulenta Viena colonis,
Præcipitis Rhodani sic intercisa fluentis
Ut mediam facias nauali ponte Pla-
    team,
Per quam Romani commercia suscipis orbis,
Nec cohibes populosque alios, & mœ-
    nia dictas,
Gallia queis fructus, gremioque A-
    quitania lato.

Prudentius Peristephanum:

Teque præpollens Arelas habebit
Sancte Genesi.

Cuius Homeliam Patiens Lugdunensis Episcopus elegantem perscripsit. Quo præpollenti verbo satis laudata ab illo excellenti poëta Arelas videtur. Ausonius quoque Mosellâ ait:

——————duplicemque per vrbem
Qui meat & dextrę Rhodanus dat no-
mina ripæ.

Et in Epistolis:

Vtque duplex Arelas Alpina tecta
Vienna.

Narboneque pari spatio sibi………

Amphitheatrum vrbis quas Arenas vocant continet quinquaginta sex arcus siue fornices: palustribus vadis, & lapidosa pluuia abundat, vt Petrarcha scribit veteres sequutus. Verba eius hęc sunt. *In Galliam transAlpinam eam quæ Prouincia Prouincię nunc dicitur, olim Arelatensis Prouincia dicebatur, vno prope tempore transuecti ambo, confestimque quibus ætas illa patitur amicitia iuncti vsque ad exitum vitæ duraturas preąrripuimus.* Hæc Sacromauro de Pomeriis equiti ac monacho scribit Petrarcha. *Turonus* amnis vrbem ipsam circuit, vt apparet ex constitutione

Flauij Tyrāni sub Honorio. ergo verissimum est illud Cassiodori lib. 8. Variarum, *Arelate ciuitas supra Rhodanum posita quę in Orientis prospectum tabulatum pontem per nuncupati fluminis dorsa transmittit.* Postremo ab Arelate Massiliam quindecim Prouinciales leucæ hodie numerantur. Ac moneo lectores duas leges reperiri Arelate latas l. supplices vt lite pendente Cod. à Constantino lata est Seuero & Ruffino Coss. Item l. habebat quis seruum mercipolearię, præpositum Arelate. Ad eandem rempubli. Arelaten. etiam pertinet l. Codicillis, de vsu & vsufructu legato. ff. Ex omnibus autē Episcopis Arelatensis ciuitatis magni facimus Trophimum, Honoratum, Hilarium Arelatensem, & Cęsarium scribēdi gloriâ insignem, quorū primus fuit Trophimus. In homilia Cęsarij de sancto Maximo fit mentio insulæ Lyrinensis, in quâ hic sanctorum eximius *patrem & fraternitatem suam fugiens, se solum ex omnibus portans in spiritu tanquam in baculo transmissum angustissimo fretodeserit, Lirinensis sedem, imò latebram petit & vbi à mundi periculis tutus multis laboribus desudatis tanquam aliam in matrimonium sumpturus, & quasi annorum hebdomada transacta. nam plene septem annis ibidem Christi gregē pauit. Rachel præfertur insulæ, præparatur Ecclesiæ.* In eadem homelia paulo post, *Beatus & ipse communis pater, quem & illic Honoratus accepit, & hic honor rapuit, dignus cui primus ille fundator gubernacula Lyrinensis nauis post se gubernanda committeret.* Hilarius Arelatensis Episcopus scripsit vitam Honorati, vtiturque his verbis, *vt primum Sanctæ huius Arelatensis Ecclesiæ regimen accepit, prima ei*

Franciæ per Flumina.

cura concordiæ fuit, (‡) præcipuus labor fraternitatē calentibus adhuc de assumendo Episcopatu studiis dissidentes mutuo amore conneclere, tanquam probatus Israëlis agitator. Ad Hilarium Eucherius postmodum futurus Lugdunensis Episcopus de laudibus Eremi Epistolam scripsit, in qua hæc verba reperio. *Equidem cunctis eremi locis, quę piorum illuminantur secessu, reuerentiam debeo: præcipuo tamen Lerinam meam honore complector, quę procellosi naufragiis mundi effusos piissimis vlnis receperat, venientes ab illo sæculi flagrantes ęstu blandè introducit sub vmbras suas, vt illic spiritum sub illa interiore Domini vmbra anheli resumant: aquis scatens, herbis virens, floribus renitens, visibus odoribusque iucunda, paradisum possidentibus se*

Tap. Mass. descriptio exhibet, quam possidebunt: digna qu[æ] Honorato autore fundata sit, quæ tantis institutis tantum nacta sit patrem Apostolici Spiritus vigore & vultus honore radiantem: digna quæ illum suscipiens ita emitteret, digna quæ præstantissimos alat monachos, & ambiendos præferat sacerdotes. Hæc nunc successorem eius tenet Maximum nomine clarum, quia post ipsum meruit adscri. Hæc habuit reuerendi nominis Lupum, qui nobis illum ex tribu Benjamin Lupum retulit. Hæc habuit germanum eius Vincentium interno gemmam splendore perspicuam. Hæc nunc possidet venerabilem grauitate Caprasium veteribus sanctis parem. Hæc nunc habet sanctos lenes illos, qui diuisis cellulis Ægipti patres Galliis nostris intulerũt. Quos ego illic Iesu bone sanctorum cœtus conuentusque vidi?

DE VOLCIS.

VOlcæ Cæsari Straboníque generale nomen significant, continentque Tectosages & Arecomices. De illis Ausonius:

Usque in Tectosages primæuo nomine Volcas.

Hannibal iam Rhodano propinquans, prope tamen quatridui itineri à mari cum exercitu distans transfretare quàm celerrime festinabat, vt Pollybius ait lib. 3.

Postea Liuius decadis tertiæ lib. 1.

Hannibal, ait, cæteris metu pacatis aut precio iàm in Volcarum peruenerat agrum gentis validę, colunt autem circa vtramque ripam Rhodani & diffisi.

Agri arceri Pœnum posse vt flumen pro munimento haberent omnibus ferme suis trans Rhodanum traiectis vlteriorem ripam amnis obtinebant.

CAMARIA INSVLA.

Isle de Comargue.

IN Rhodano insula est, Caij Marij nomen ferens, quæ Camaria corruptè ab incolis dicitur, melius loquuturis si Camariam pro Camerga dicere maluissent. Ea septem prouinciales leucas amplectitur, frumétoque, pabulo, fructiferis arboribus, aliisque ad victum necessariis rebus abundat. Postremo pars Rhodani mare appetens duas insulas facit, vnam salinarum quæ Pequensium dicitur, aliam Marticarum multo spatiosioré, & sponte illi cedentem, in qua salinæ penitus admirandæ visútur. In epistola Senatoris ad tribunos maritimorũ hæc verba inuenio, *Nemo est qui salem non desideret inuenire. Merito, quando isti debet omnis cibus, quod potest esse gratissimus.* Clau-

Isle de Pequais, & de Martigues où sont les salines.

Franciæ per Flumina. 491
dius Rutilius Numatianus, idemque Gallus in Itinerario, salis conficiendi rationem tradit,

*Subiectas villę vacat aspectare sali-
   nas,
   Namque hoc censetur nomine salsa
      palus.
Qua mare terrenis decliue canalibus
      intrat,
   Multifidosque lacus paruula fossa
      rigat.
At vbi flagrantes admouit Syrius
      ignes,
   Cum pallent hęrbę, cum sitit omnis
      ager,
Cum cataractarum claustris excludi-
      tur æquor,
   Vt fixos latices horrida dumet hu-
      mus.
Concipiunt acrem natiua coagula Phœ-
      bum,
   Et grauis æstiuo crusta calore
      coit.*

Manilius lib. 5. Astronomicum eandem salis conficiendi rationem scribit multo ante Rutilium; vixit enim Augusti temporibus.

―― *magnas poterunt celebrare Salinas*
Et pontum coquere, & ponti secernere
 vires,
Cum solidum certo distendunt margine
 campum,
Adpelluntque suo deductum ex æquore
 fluctum,
Claudendoque negant. tum demum sus-
 cipit vndas
Area, tum Pontus per solem humore
 nitescit.
Congeritur siccum pelagus, mersique
 profundè
Canities emota maris, spumaque vi-
 gintis
Ingentes faciunt cumulos, Pelagique
 venenum.
Quodque erat vsus aquę succo corru-
 ptus amaro,

Franciæ per Flumina. 493
Vitali sale permutant, redduntque salubrem.

Pequentium autem insula longior quàm latior. O quantas opes non Prouinciæ in qua sita est, sed Regi Galliæ Christianissimo affert propter salinas, salisque conficiendi rationem! Notandumque est multo minori quantitate salis Pequensis condiri ea quæ salsugine indigent, quàm Sanctonici. Et ratio est, quia magis ardet cœlum apud Massilienses quàm apud Sanctonas; & videlicet mensibus Iunio, Iulio, & Augusto. Addere & aliam rationem facile est, quia ora Massiliensium exposita est meridiano soli, proptereaque calidior. Postremo pars Rhodani Gallicum mare ingreditur; sic enim Ammiano Marcellino appellari placuit, idque propriè, cuius verba sunt lib. xv. *Rhodanus Gallico mari concorporatur per patulum sinum quem* vocant ad gradus, ab Arelate octauo decimo ferè lapide disparatum. Quem ad tres Marias incolæ vocant. Itaque Titus Liuius verissimè scripsit Rhodanum multis ostiis decurrere in mare. Restat generalis descriptio huius fluminis apud Pomponium Melam, quæ huiusmodi est: *Rhodanus non longè ab Istri Rhenique fontibus surgit: deinde Lemano lacu acceptus, tenet impetum, seque per medium integer agens, quantus venit egreditur: inde contra in Occidentem ablatus, aliquandiu Gallias dirimit: post cursu in meridiem abducto, hàc intrat, accessuque aliorum amnium iam grandis, & subinde grandior, inter Volecas & Cauaras emittitur.*

ATAX.

A Tax Pyrenęorum circa Narbonam decurrit in Thyrenū, vt Vibius Sequester ait post Pomponium

ponium Melam, cuius verba sunt, *Atax ex Pyreneo monte digressus qua suis fontis aquis venit, nisi vbi Narbonam attingit nusquam nauigabilis, sed cum Hybernis intumuit imbribus, vsque eo solitus insurgere, vt se ipse non capiat.* Aimonius libro quarto cap. quinquagesimo octauo. *Victor igitur atque bellator insignis Carolus (Magnus) intrepidus Rhodanum fluuium cum exercitu suo transiit, Gothothorum fines penetrauit, atque Narbonam vsque accessit, ipsamque vrbem celeberrimam atque metropolim eorum obsedit, super Adicem fluuium munitionem in girum in modum arietum instruxit.* Quo loco Adicem pro Atacem vsurpauit; Lucanus enim poëta dixit.

Mitis Atax latior gaudet non ferre carinas.

Armoricus quidem putauit Atacem influere in Rhodanum, sed in

ATAX.
Obre,r.

hoc deceptus est: & Strabo quoque, qui ait libro quarto ex Cemeno monte Attacem oriri & Obrin, & Ararim, fallitur; nisi erratum est ab exceptoribus qui scribere debuerant *Ceuennam*, non *Cemenam*. Postremo Atax alluit *Alectam*, interluit *Limolium*, atque superiorem & inferiorem *Carcassonam* intersecat, posteà *Narbonam*, duabusque ab ea leucis secundùm Agatham influit in mare. Grassa Monasterium Narbonæ vicinum, in monte quidé situm est, ac vallis quæ radices subluit, Carbona appellatur. Denique Pomponius Narbonam ait esse coloniam Atacinorum. De qua sicut & de Nemauso, Agatha, Biterri, & aliis Gothiæ siue Septimaniæ vrbibus hi in Parænesi Theodulphi versus leguntur.

Nemausiacas sensim properamus ad

Franciæ per Flumina.

arces,
 Quò spatiosa vrbs est, resque operosa
  satis.
Hinc Madolona habuit læuam, Sexta-
 tio dextram,
 Hic scabris podiis, cingitur illa
  mari.
Queis benè transitis, Agathem mox
 parte sinistra
 Linquimus, & nosmet tecta Beteris
  habent.
Mox sedes Narbona tuas, vrbemque
 decoram
 Tangimus, occurrit quò mihi læta
  cohors:
Reliquiæ Getici populi, simul Hespera
 turba
 Me consanguineo fit duce læta sibi.
Inde reuisentes te Carcassona, Redas-
 que,
 Mœnibus inferimus nos cito Nar-
  bo tuis.

Vndique conueniunt populi, clerique caternæ,
Et Synodus clerum colligit Alma suum.

Orgius seu Orgio amnis decurrit ad radices vrbis Episcopalis Biterensis quæ olim à monte & Orgo vocabatur, postea *Biterris* dicta quasi bis terra, ob abundātiam annonæ, vt in vita S. Aphrodisij habetur: qui amnis à prima sua origine vsque ad mare duodecim ferè leucas fluit.

GARVMNA.

SEPTEM flumina, Garumnam, Aurigeram, Tarnem, Oldam, Duranum, Atyrum, & Ægertium breuiter descripsit Gabriel Lurbeus Burdegalensis, nec eum laude sua carere volumus: magno enim labore & industria id opusculum confecit, & si cubi erratum ab eo est, mihi satis erit locum indicasse, sic autem orditur. Aquitania quam nonnulli veterum tertiam Galliarum partem constituere, ex prima Romanorum descriptione, à Garumna flumine, ad Pyreneos montes, & eam partem Oceani, quæ ad Hispaniam pertinet

GARVMNA.

GARVM-
NA.

inter occasum Solis & Septentriones protenditur. Suetonius in Octauio. *Domuit*, inquit, *partim ductu partim auspicijs suis Cantabriam, Aquitaniam, Pannoniam, Dalmatiam, cum Jllirico omni, Rhetiam & Vindelicos ac Salassos gentes Alpinas*. Postea finibus Aquitaniæ prolatis, Garumna, quæ Celtas ab Aquitanis antiquis dirimebat, per medios Aquitanos in Oceanum excurrit. Exinde Aquitania in cisgarumnam & transgarumnam diuiditur. Cisgarumna inter Pyreneum & Garumnam à Fuxensibus, Conuenis, Ausciis, Bigerronibus, Tarbellis, Benearnēsibus, Vasatensibus, Viuiscis siue Burdigalensibus possidetur, & nomine Vasconię vocatur. Transgarumnam ad Ligerim vsque, Rutheni, Cadurci, Aginnenses, Petracorij, Lemouicenses, Bituriges Cubi, Engolismenses, Santones, & Pictones incolunt. Ga-

Franciæ per Flumina. 501

rumna igitur omnium qui è Pyre- GARVM-
neo fluunt, fluuiorum maximus, NA.
curſu rapido Tholoſam, inde Burdigalam perlabitur, vix vadoſus niſi flagrantiſſimo cœli ſidere, ſed
ſemper lemborum & nauigiorum
capax. A Burdegala verò, vbi O-
ceani æſtuantis acceſſibus adauctus
eſt, iiſdem retro remeantibus ſuas
illiuſque aquas agit, aliquantulum
plenior: & quanto magis procedit,
eo latior, magnique freti ſimilis, nec
maiora tantùm nauigia tolerat, verum etiam more pelagi ſæuientis
exurgens nauigantes iactat: vento,
vbi paululum ſpirauerit, mirum in
modum commoueri ſolitus. Vnde
Claudianus:

Retro pernicior vnda Garumnę
Oceani pleno quoties impellitur æſtu.
Ita Buchananus princeps poëtarum
huius ſeculi in Sylua ad Carolum V.

I i iiij

GARVM-NA. Burdigalæ hospitio publicè susceptum.

— — —Oceanus, inquit, *refluis vt plenior vndis*
Maiores conuoluit aquas.

Hanc etiam æquoream, id est latam vocauit Ausonius illo versu ad Paulinum.

Æquoream liqui te propter amice Garumnam,
Te propter campos incola Sanctonicus.

Etsi autem Garumnæ æstiuosis recursibus Luna, vt reliquo Oceano dominetur, tamen certum est circa Æquinoctia altius attolli, verùm Autumnali potius, quàm verno. Inanes penè æstus in Bruma, in Solstitio debiliores: sicut ventis australibus insurgere, Borealibus comprimi experientia rerum magistra docuit. Varij generis numerosam piscium sobolem, & fluminearum alitú dites cupedias macello sub-

Franciæ per Flumina. 503

ministrat Garumna. Ab ipso certè amnis capite donec se in pelagus effundat, tructis, salmonibus, mustellis, murenis, carpionibus, tincis, alburnis, gobionibus, barbis, alausis, luciis, mullis, mugilibus, & aliis id genus piscibus abundans, nec deest accipenser, quem Galloromani sturionem, Burdigalenses *Creac* vocant. Et quod spectantium oculos grato virore detinet, & vtilitatem non exiguam suauissimæ amœnitati habet admixtam, perpetui vitiferi colles illum ambiunt, vnde Ausonius:

GARVM-
NA.

Sic mea flauentem pingunt vineta Garumnam,
Summis quippe iugis tendentis in vltima cliui
Conseritur viridi fluuialis margo Lyæo.

Vt autem Lurbeus debita laude non caruit, ita Helias Apamiensis iureconsultus qui de Atace & Aurige-

GARVM-
NA.

ra eleganter scripsit libro primo historiæ Fuxensium Comitum fama apud posteros perenni celebrabitur. *Ex his etiam Pyreneis montibus*, inquit, *nobilissima ingentiaque flumina prodeunt, inde in vtramque Galliam propero cursu se se latè infundentia. Quorum primus Atax suis cunabulis, ipsoq; ortu præceps, tum deinde cum plana attigit molliter fluens, atque stanti similis videtur. Cui vicinus est Aurigera, omnium fluuiorum quos Pyrene producit nobilissimus, ditissimusque ab auro gerendo cognominatus, quo neque Tagus aurifer, neque Pactolus, Hermus, Durius, Padusve aureis arenis insignes, celebriores, nobilioresque existunt. Ex hoc enim, vt nosipsi sepiùs vidimus, pellucidi ex auro frustuli, crustuli, arenæque aureæ persæpe ab incolis defodiuntur, ac dein secundùm ripam fluminis sordibus elotis, depurgatisque omnibus ex-*

Franciæ per Flumina.

GVRVM-NA.

crementis, ipsum aurum purum solumque remanet: quod si in minutas partes dispersum fuerit, argento viuo in vnum colligunt: qui mox Fuxensibus, Pamiensibusque assiduus est, adeo vt ex eo quęstu plures alantur, amplaque interdum patrimonia parent. Hic fluuius turtures ingentes alit, haud quidem salmonibus cedentes, ac etiam minutorum pisciculorum genus, alburnos, alausas, monopalmosque salmonulos. Hic postquam campos, oppidaque Fuxensis orę aluit, in Garumnam fluuium duobus à Tholosa milliaribus sese immittit, illum aucturus; hoc tantùm ex augmento pręmij referens, vt pulcherrimum nomen amittat, subeatque Garumnę appellationem. Continuato igitur cum Aurigera cursu, coniunctisque aquis Garumna procedit, omnium, qui è Pyreneo prodeunt fluuiorum, maximus, altissimusque, qui per Tholosates, Aquitanosque

GARVM-
NA.

Tap. Maff. descriptio transiens iunctis secum alijs fluminibus in Burdigalam, mareque Oceanum dilabitur.

Garumnam autem magnum Tibullus vocat versu illo:

Testis Arar, Rhodanusque celer, magnusque Garumna.

Buchananus in siluis pulchrum epithetum eidem fluuio tribuit.

Vasconidis regnator aquis generose Garumna.

In iisdem siluis desiderium Ptolomei Luxij paucis ita exprimit.

Vsque adeo patrij sordet tibi ripa Garumna,
Tictones vt scopulos, atque horrida tesca frutetis,
Durus ames?

Quod Fortunatus ante eum ei tribuerat in Ægercij descriptione.

Petrus Ronsardus nostri generis Poëtarum optimus de Pibracio Tholosate loquens:

Pibrac de la belle Garonne le docte & éloquent nourrisson.

GARVM-
NA.

Sed idem dixisse videtur Ausonius illo versu.

Perque latus pulchro perlabitur amne Garumna.

Et Sidonius, *remis veliuolum quatit Garumnā.* Cuius autoris sunt hi quoque elegantes versus.

Est locus irrigua qua rupe Garumna rotatus,
Et tu qui simili festinus in æquora lapsu
Exis curuata Durani muscose saburra,
Iam pigrescentes sensim confunditis amnes
Currit in aduersum hic pontus, multoque recursu
Flumina quas voluunt & spernit & expedit vndas:
At cum summotus Lunaribus incrementis

Pap. Mass. descriptio

GARVM-
NA.

*Ipse Garumna suos in dorsa recolligit
  æstus,
Præcipiti fluctu raptim redit, atque videtur
In fontem iam nõ refluus, sed defluus ire.*

Ausonius quoque poëta, & sub Gratiano Cæsare Consul designatus, de eodem recursu sic ait:

*Te quoque ne pigeat consponsi fœderis,
  & iam
  Citus veni remo, aut rota.
Æquoris vndosi qua multiplicata re-
  cursu
  Garumna pontum prouocat.*

Sidonius Carmine 7. de eodem Garumna ita loquitur:

*--qua pulsus ab æstu
Oceanus refluum spargit per culta Garumnam
In flumen currente mari transcendit a-
  marus.
Blanda fluenta latex, fluuijque impacta
  per alueum*

Franciæ per Flumina.

Salsa peregrinum sibi nauigat vnda pro- GARVM
   fundum.   NA.

Quem autorē Buchananus in Syluis imitatus videtur in hunc modum:

Ipse suas vites, sua pinguia culta Ga-
   rumna

Oderit, & nulla redimitus arundine
   frontem

In mare per steriles lētè proreptet arenas.

Et Portunatus de Leontio loquens:

Inferiora velut sunt flumina cuncta
   Garumna

Non aliter vobis subiacet omnis apex.

Ac fortè id de Aquitanicis amnibus
intelligitur; nam aliò referri non
posse videtur. Ausonius ad Paulinum epistola:

   lataquę fluenta Garumnæ

& in descriptione Mosellæ:

   æquoreæ te commendabo Garumnę.

GARVM-NA.

Strabo quidem Amasię natus, ciuitate Pontica, qui Augusti & Tiberij temporbus floruit, narrat tria flumina influere in Garumnam. Sanè multo plura influunt, sed nominis maioris ista sunt, Duranus, Oltus siue Oldus, Tarnis. Cętera antiquus ille scriptor breuitatis causa nominare noluit. Duobus autem stadiorum millibus vtriusque fluminis nauigationem, Garumnę scilicet & Ligeris fluuiorum, tradit lib. 4. & Gallos quidem, qui sunt Celtæ, ab Aquitanis Garumna flumen disterminat, à Pyreneis oriens collibus post oppida multa transcursa in Oceanum delitescens. Hęc Ammiani Marcellini verba sunt lib. xv. Sed plenissimè Garumna describitur à Pomponio Mela, nec necesse est eius descriptionem paulo longiorem hîc adscribere, cùm Mela ipse de situ orbis facilè passumque reperiatur

Franciæ per Flumina.

de situ orbis facilè passimque reperiatur. Pars autem Aquitaniæ, cui Vasconiæ nomen est, continetur montibus Pyreneis versus meridiē, Garumna flumine ad orientem Solem & Septentriones, & mari Oceano versus Occasum. Garumna enim oritur in Auræ mótibus, diœcesi & territorio Conuenarum, qui sunt Pyreneorum supra oppidulum S. Beati, ortusque ipsius ad eam partem montium qui ad Hispanos pertinent referēdus est. At vbi Garumna in planiciem descendit, in oppidulum, cui Regio monti nomē est, versus orientem fluit per *Valentinā*, mox in Septentrionem per *Riuerias*, *Muretum* & *Tholosam*, vnde perpetuo cursu in mare Oceanum influit, multas claras vrbes Granatam, Aginum, *Portum Mariæ Virginis*, Marmandam, Regulam, D. *Macharium*, Burdegalam alluens, aut intersecans

GARVM-NA.

Grenade.
Agen.
Port Sainēte Marie.
La Reolle.
S. Machari.

Kk

P.ap. Maff. descriptio

Garvm-
na.

antequam Oceano misceatur. Nec vero omnes regiones quas adit, ad Vasconiam pertinet, neq; eius sunt. Regio enim illa excipitur quæ con-

Bearnois.
Biscains.
Soule.
Labour.

tinet *Benearnum* & *Biscainos*, & duas regiones *Sulam* & *Lapurdiam*, *Nauarramque* inferiorem, quæ Henrico Qvarto regi nostro subest. A Garumna autem versus Pyrenæos & Hispanię fines properantibus intra Vasconiam multi sunt exigui riuuli, multi mediocres diuersis locis reperiuntur. Quo in numero *Balisa*

Baise, r.
Iflette.
Aux.
Nerat.
Albret.

est per*Insulam* exiguam vrbem flues tribus milliaribus ab Auscis, & à *Neratio* præcipua vrbe ducatus Albretiorum, duobus autem ab eodem Neratio in Garumnam influit. *Ciron*

Ciron. r.

vno tantùm milliari ab *Arenosa Vasatum* vrbe sub arcu & fornice pulcherrima *Bauliaci* pontis. Huius amnis fit mentio in Itinerario Antonini. Ab hoc fluuiolo pergétibus ver-

Franciæ per Flumina. 513

sus Pyreneos occurrit alius amnis GARVM-
sæpe periculosus, satisque inflatus NA.
aquis. Huic nomen *Larodio*, qui è
Conuenarum montibus fluens, in *Larod r.*
Aturrum labitur infra paruam vr- *Atur.*
bem cui Malburgeto nomen est.
Vltra hunc fluuium Pyreneos pro-
ficiscentibus occurrit Atir pleno al- *l'Adour.*
ueo, qui oritur in montibus *Bigerrio-*
num, posteà fluit *Campanum*, quod *Bigorre.*
est egregium mapale longum dimi- *Campan.*
diam leucam, optimo butyro & melle abundans, ex quo ardentibus bellis sclopetarios ter mille in hostem
ducere facile est: deinde per oppidũ
calentium aquarum, qui *Vicani Aquẽ-*
ses appellantur: mox *Tarbeam* Epis- *Tarbe.*
copalem vrbem gentis Bigerriōnũ,
posteà vicum Bigerrionũ *Malbur-* *Malbour-*
getum & *Aduram* vrbem Episcopio *guet.*
illustrem, *Sancti Seueri* municipium *Aire.*
quod Vasconiæ caput dicitur, Aquas *S. Seuer.*
quæ *Augustæ* vocantur. Inde Atir

Kk ij

Pap. Mass. descriptio

GARVMNA.
Le Gaue de Bear. riu.

iunctus *Gauo* quem Bearnensem incolæ appellant, loco *Honargaue*, longitudinem murorum *Baionæ* vrbis Episcopalis, qua Franciam aspicit, excurrens in Oceanum influit. Trasito *Gauo* siue *Gabero* (nam Bearnenses patria lingua sic appellant.) *Benearnum* regionem itur, in qua duo fluuioli visuntur *Luisa* & *Ga-*

Le Luis. ri.
Le Gauaser.

uasus, qui ibi fontes habent. alij etiã amnes certo anni tempore satis periculosi ex eo tractu manant. Cæterum primarij fluuij Bearnensiũ sunt *Gauí*, quorũ vnus appellatur Bearnensis, estque primarius, & inflatior cæteris, & qui ante alios occurrit: isque oritur iu montibus *Lauedanis*

Lauedan.

regionis Bigerrionum supra balnea *Canteresia*: isque incredibili & formidabili impetu ex montibus illis labitur, & præcipitem se dat. Hic est fons præcipuus *Gaui*, cui iungitur

Gauaret.

alter, isque minor, quem *Gauaretum*

Franciæ per Flumina.

incolæ vocant, quasi diminutiuum Gaui, qui manat è *Baredienſibus* balneis, qui in eiſdem ſunt montibus vallibuſque Lauedanis, ac parum cedit ſuperiori Gauo: fitque coniunctio ſeu permixtio in loco quem vulgus appellat *Peyreſatte*, in ijſdem montibus Comitatus Bigerrionum, atq; ita permixtus aquis fluunt verſus *Lapurdam*, vbi munitio egregiè valida viſitur, poſtea in vrbem *Bigerrionum*, inde mapale *S. Petri Gueyrenſis*, quod regionis Bigerrionum quoque eſt. poſtmodum ingreditur *Bearnum* regionem, ac per exiguam vrbem ſatiſque pulchram, cui *Naio* nomen, exin *Palum* præcipuam vrbem Bearnenſium & iuriſdictione cæteris imperantem, vbi Regia eſt, indeque *Orthas* lapideo ponte ornatus, indéque Bellotium fluit, quo loco relicto Bearnenſi principatu, ingreditur regionem

GARVMNA.
Baredi.

Lourde.

Naü.
Pau.

GARVM-
NA.
Ourth. riu.
Sord.
Oloron. riu.

Vrthensem, quæ pertinet ad Regem Francorum, decurritque *Sordam* municipium satis populosum, vbi iungitur alteri Gauo, quem *Oloronensem* vocant, de quo infra loquemur, Baionensesque muros alluit cum Atiro. Hic autem fluuius etsi satis aquarum habet, tamen propter rapiditatem & rupes, quæ sunt in eius alueo, nauigabilis non est, vt cæteri fluuij propter eandem rationem: imò,

Lædit sata leta, boumque labores.

vt ait poeta, frequentibusque exundationibus extra ripas diffluit, & hic paucis tantùm locis cum nauiculis traijcitur. Post hunc Gauum Bearnensem accedendo ad Oleronensem prope montes Hispanici iuris traijciuntur multo periculo quandoque riui, quos hic breuitatis causa obmittimus. eorum tamen vnus est referendus ob copiam aquarum,

Franciæ per Flumina. 517

hicque vocatur *Nesus*, qui iungitur
Bearnensi vltra Palum, oriturque è
fonte, in loco cui *Reuenacio* nomen,
ac statim moletrinam agit, è quatuor molis compositam, nec vmquam arescit quantuscumque calor
terras vrat: nullum tamen lembum
aut nauigium patitur. Iuxta muros
Oloroni vrbis duo amnes fluunt;
vnus *Osauus*, alter *Aspeus*, qui iunguntur non longiori spatio à muris vrbis quàm iactu lapidis. Et quidem
vrbs illa populo abundat & mercibus, sitaque est in radicibus Pyreneorum. Nam etsi Bearnenses & Biscaini generaliter sunt admodum
montosi, tamen respectu altissimorum montium, qui in Pyreneis visuntur, ac propè cœlum altitudine
contingere iudicantur, & veluti quidam limites inter nos & Hispaniam,
nihil aliud sunt quàm colles & valles. Hi autem duo fluuij Osauus &

GARVMNA.
Le Neis riu.
Reuenac.

Osseau. riu.
Aspe. riu.

K k iiij

GARVM-NA.

Aspeus vocantur à vallibus vnde profluunt ac descendunt: vallesque dictæ sunt ab incolis certæ regiunculæ montium quæ incolas habent, plurimaque oppidula & vicos cultura prorsus mirabili. Gauus verò Aspeus separat Olorionum ab vrbe sanctæ Mariæ, quæ sedes est Episcopatus illius, tàm stricto traiectu, vt pons qui est inter has duas vrbes, ex vna tantum, sed longissima, trabe sit compositus, quæ attingit vtramque ripam. Igitur hi amnes extra vrbem Olorionum permixti nomen amittunt, ac vocantur deinceps vno nomine Gaui Olorionensis, qui *Nauarrinum* intersecat, munitionem egregiam sitamque inter fines

Sauueterre. Bearnensium : Mox *Saluamterram*, indeque permiscetur Gauo Bearnensi apud *Hordam*, vnáque fluunt iuxta Baionam, denique in Oceanum labuntur. Memorabile autem

est quod hi fluuij neque diuisi neq; GARVMiuncti vmquam extra ripas diffluūt, NA.
immò continentur alueis suis, altisque marginibus veluti muris ac præaltis rupibus, quarum ductus plenus
instar pauimenti est: idcirco etiamsi
rapidi, nauigabiles tamen non sunt.
Quo fit vt vicinis agris nihil noceant, vt iàm diximus, ac traijciuntur nauigio certis tantùm locis: Propius autem accedendo ab Olorionio ad montes Hispanici iuris occurrit fluuiolus quatuor millibus spatium ab eo cui nomen *Vertio* descen- Le Vert. ri.
dens à Valle, id est regione Baritusia, proximeque accedit latitudine
ad Gauos diuisos, atque abundat
troctis, quem penèvnicum excellentem piscem habent. Is excellit cæteris, & purpuream carnem habens.
Nec verò vllam vrbem fluendo attingit, atque sub Olorono quatuor
millibus spatium in Gauum influit.

GARVM-NA.

Le Houle.

Haum. riu.

Nulli autem amplius in Bearnensi principatu sunt memorabiles fluuij, sed statim transito Vertio aditus patet in Regionem *Viscainam* & Vicecomitatum *Hulensem*, quorum vulgaris lingua Biscaina est. Verùm quia populus eius gentis frequens est in Bearnensi tractu, eius major pars Bearnensem sermonem intelligit. In eadem verò Hullensi regione est alius fluuius, quem etiam Gauuum vocant nomine generali fluuiorū illius, sed speciali nota *Haum* nuncupatur, manatque è montibus Biscainorum, qui sunt in vicinia superioris Nauarrę, quæ est vltra montes quos Hispani occupant, atque in radicibus Mauleonis oppiduli præcipui Hulensium, inter vicum communi voce gentis Licharram & Mauleonem. Permiscetur Gauo Olorianensi quatuor passuum millibus à Saluaterra Bearnensiū, nec na-

Franciæ per Flumina.

uigia patitur, ſicut nec alij fluuij de quibus diximus. In inferiori verò Nauarra exiguus amnis eſt, quem *Vidoſum* ſeu *Bidoſum* patria lingua incolę vocant, qui ex iiſdḗ montibus fluit atque oritur verſus ſancti *Joannis à pede Portarum*, quod eſt initium atque iter montium, quibus ab inferiori Nauarra in ſuperiorem tranſitur, vbi vrbs *Sancti Pelagij* eſt, ſedeſque eſt Cancellarij Nauarrorum, inde rurſus *Vidacum* vicum præcipuum Grandimontanæ familiæ, quod eſt caput Comitatus illius pertinentis ad eandem familiam, labiturque in Gauos eo loco, qui à nomine *D. Joannis Lichareni* nuncupatur, quatuor maioribus leucis à Baiona. Hic autem fluuius licèt exiguus, nihilominus ob fluxum & refluxum maris nauigabilis eſt: mox in loco, cui *Çamæ* nomen vſque ad Oceanum ac Baionam verſus ma-

GARVMNA.

Vidoux ri.

Pied de port.

Pap. Mass. descriptio

GARVM-NA. — gna nauigia, quas Chalupas lingua patria vocant, quotidie defert.

Vidosa seu Bidosa riu. — Transito autem Vidosa seu Bidosa versus Oceanum & Baionam, est

Labourth. — Regio *Labursia*, seu terra laboris, quorum lingua & sermo Biscainus est; tractusque regionis extenditur à Baiona vsque ad S. Ioannem Lugiensem, septem leucas spatij continens: illaque regio nec fertilis, nec abundans, *Lapurdiensis* à Scaligero

Le Niue. ri. — Iulij filio appellatur. *Niuus*, oritur ex iisdem montibus Nauarrorum, & terram Leboriam perfluit, vt Gauos apud Baionam ingrediatur. Et quamuis reuera intra vrbem illam non fluat, muros tamen penè lambit inter vrbem & suburbanum ea parte quæ *Panacana* appellatur, atque incipit nauigia ferre ab eo loco qui *Vstaricius* vocatur, tribus supra Baionam leucis ab ea dissitus, idque fit ob refluxum maris. Commentarium autem horum fluuiorum Gallico sermone manuscriptum rogatus ab amicis Ioannes Petrus Badia Lascuriæ Episcopus, & diligens rerum memorabilium patriæ suæ obseruator, ad me Lutetiam mittendum curauit, cui ob id beneficiū quámaximas possum gratias ago, non periturus quandiu huic libro vita supererit.

GARVMNA.

Antequam autem ad descriptionem à Lurbeo factam perueniatur, locum vnum ex capite primo lib. v. Aimoni de Pyreneo subijciam. *Pyreneus mons*, inquit, *cùm altitudine penè cœlum contingat, asperitate cautium horreat, opacitate siluarum tenebrescat, angustia viæ vel potius semitæ commeatum non modo tanto exercitui, sed paucis admodum pene intercludat, Christo tamen auxiliante prospero itinere Carolus Magnus emensus est*. Alter est Venantij Honorij Clementiani Fortunati Presbyteri Italici, qui Picta-

**Gar vm-
na.**

Pap. Maff. defcriptio uienfis in Gallia deinde fuit Epifcopus, ex præfatione libri primi Carminum ad Gregorium pontificem maximum. *Ego, inquit, imperitus de Rauenna progrediens Padum, Athefim, Brintam, Plauem, Liquetiam, Tiliamentumque tranans, per Alpem Iuliam pendulus, montanis anfractibus Drauum, Norico Birrũ, Oeno, Breones, Lycum, Boiaria, Danubium, Alemania, Rhenum Germania tranfiens; ac poft Mofellam, Mofam, Axonam, & Sequanam, Ligerim, & Garumnam Aquitaniæ maxima fluenta tranfmittens, Pyrenei occurrens Iulio menfe niuofis, pone aut equitando, aut dormitando confcripferim. ubi inter barbaros longo tractu gradiens, aut via feffus, aut crapula brumali fub frigore Mufa hortante, nefcio gelida magis an ebria nouus Orpheus Lyricus fyluæ voces dabam, filuæ reddebant.*

Garumna igitur, vt Lurbei narra-

Franciæ per Flumina.

tionem seu ordinem sequar, è Pyre- GARVM-
neis per duas valles Degarim & Der- NA.
uam in Consueranos & Conuenas *Conserans.*
descendit: oppidum illorum falsò *Cominges.*
Leodegarij dicens, cum Templum
Episcopale Licerij vulgo, S. *Licar* S. *Licar.*
appellari soleat: oppidumque ip-
sum, extra quod nec pomerium, nec
vllum suburbanum ædificium est,
Austria vocetur ab austro, quod nomen venti est ibi perflantis. Infra
quod municipiũ, edito loco situm,
planicies cernitur, quam *Salatus* *Le Salat. r.*
amnis modicus, lapsus è Pyreneo
irrigat, qui tandem in Garumnam
labitur, qua de re in Notitia Episcopatuum Gallicæ qua Francia est iàm
diximus. In oppido S. Hieronymi
Consueranorum super Salato am- *S. Hiron.*
ne talis inscriptio est.

GARVM-NA.

D. M.
IVLIÆ SERGI
FILIÆ PAVLINÆ
M. SERGIVS PAVLINVS
MATRI PIENTISSIMÆ.

De Conuenis nullus scriptor, vt mihi quidem videtur, preclariùs scripsit Hieronymo Stridoniesi in libro aduersus Vigilantium. *Nimirum respondet generi suo (Vigilantius) vt qui de latronum & Conuenarum natus est semine, quos Cn. Pompeius edomita Hispania & ad triumphum redire festinans de Pyreneis iugis deposuit, & in vnum oppidum congregauit: vnde & Conuenarum vrbs nomen accepit. huc vsque latrocinetur contra Ecclesiam Dei & de Vectonibus, Arbacis, Celtiberisque descendens incurset Galliarum Ecclesias.* Eiusdem vrbis descriptio ab Aimoino Historico cap. 69. lib. 3. memoriæ tradita est. *Ea tempestate Gumdoaldus à Desiderio derelictus, vnà cum*

Franciæ per Flumina.

cum Mummolo, Bladaste ac Vuadone siue Sagittario, Conuenas vrbem ingreditur. Ea vrbs in cacumine præcelsi montis trans Garumnam sita est, procul cæteris remotis montibus. Ad radices rupis fons oritur, cui imminet desuper turris altissima, quæ ciues per cuniculum descendentes aquarum à læsione defendat hostium. Circumuentus igitur memoratus vir, eiusdem vrbis incolis, vt bona sua intra muros propter aduentantem reconderent exercitum, dum illi eius monitis paruissent, hac eos fraude decepit. Confingens enim hostes iàm in proximo esse, ita eos affatur: En inimici, egredimini ad resistendum eis. Quibus digressis expulso etiam Antistite post eos clausit portas, seque ad repugnandum cum satellitibus parat. Idē auctor capite sequēti. Mōmolus omnes thesauros diripiens vniuersos in diuersis occubuit locis : dataque sequentis luce diei, hostibus portas vrbis aperuit: qui in tantam cædis exarsere in-

GARVMNA.

L l

GARVM-
NA.

saniam, vt etiam sacerdotes Domini ad ipsa iugularent altaria, reliquosque ciuium cum ipsa concremarent vrbe. Idem scriptor de Vrgello ciuitate loquitur cap. 83. lib. 4. in hunc modum. *Orgelli ciuitas est in Pyrenei montis iugo sita: cuius Episcopus nomine Felix, natione Hispanus erat.* Aduersus eum Agobardus Lugdunensis Archiepiscopus libellum scripsit, vt publicatum ab eo errorem prorsus euelleret. Incensa autem & euersa Episcopali Conuenarum sede, cui Lugdunum nomen erat, successoribus de translatione cogitandum fuit, visumque vt ex ruinis Conuenarum in valle Capraria noua sedes constitue-

S. Bertrād. retur, cui *Diui Bertrandi* nomen imposuere, qui primus ei Episcopatui præfuit, vbi marmora alba & cuiuscumque coloris plurima reperiuntur. Flumen vero iàm auctum aquis

S. Beat. *Sancti Beati* vrbem prælambit, de-

Franciæ per Flumina.

inde circa pontem lapideum fluuiolum *Criſtam* excipit, tū apud *Montem Regium & Valentinam* oppidum fluens ſancti Gaudentij vrbem alluit Vicecomitatus *Neboſani* & Regij prætorij ſedem. Deinde in vrbem *Caſerarum*, mox *Terraſſiam*, & circumiectos acolas alluit. Ab eo loco tribus ad ſummum milliaribus diſtant *Riuenæ* Ioannis xxij. Romani Pontificis Epiſcopatum conſequutæ. Succedit vltima Conuenarum vrbs *Muretum* tertio à Tholoſa milliario Albienſium improbatæ factionis Regiſque Arragonum exilio nobilis. Inde patentes & fertiles campos rigans duobus milliaribus à Tholoſa in viculo S. Crucis *Aurigeram* fluuium excipiens arenulis aureis intermicantem iàm ſuis aquis & exterius valentior *Tholoſam* Tectoſagum metropolim alluit. Ea ab Auſonio deſcribitur, innumeriſque cul-

GARVMNA.
La Creſte.r.
Valentin.
S. Gaudens
Neboſam.
Cazeres.
Rieux.
Muret.
La Riege.r.
Tholoſe.

Ll ij

ta populis esse demonstratur. Eam vero vrbem siue præsidio, siue munimento instruit, & circumuallat, vt non solùm quadraginta aut plures ante eius mœnia frumentarias molas circumagat, sed etiam iumentis & hominibus salutarem potum præstet, & ab ea ingentibus pene par fluuiis, omnis generis merces & diuitias Burdigalam vsque deuehat. In vita S. Saturnini hæc leguntur. *Abiit præterea ipse de Tholosa in alias prouincias ad prædicandum verbum Domini, &c. Cumque pergeret de Tholosa ad Clisonam ciuitatem, venit ad vicum qui dicitur Villa clara, vbi postea ædificata fuit ciuitas quæ Mons-auris dicitur. Et ibi audita beati Petri Apostoli passione, ædificauit Ecclesiam in honorem ipsius Apostoli super fluuium Gertanum.* Tholosâ per Aruernos eorumq; fines Lugdunium vsque numerantur sexaginta & quatuor leucæ, diffici-

GARVM-
NA.

Adures.

Le Gers. r.

Franciæ per Flumina.

les sanè propter obuios montes, quos traiicere oportet. ab eadem in Ausciorum metropolim sunt decem, vsque ad sanctum Papulum Martyrem vbi sedes est Episcopatus Lauracensis territorij, septem, aut vt alijs videtur nouem. Ausci quatuor tantum Vasconicis à Lomberia leucis disiuncti sunt, eratque *Lomberia* monasterium ante Ioannem Romanum Pontificem vicesimum secundum. Tunc enim primum Episcopatus & sui iuris, tametsi sub Auscensi Archiepiscopo constitutus fuit. A Tholosa vero vsque *Castrum Arrij* vrbem satis vastam, multoque populo affluentem, & caput Lauracensium, leucæ quatuor Vasconicæ numerantur. nam à Tholosa ad id castrum octo leucæ Volcarum Tectosagum numerandæ videntur, vti eas metimur. Indeq; ad S. Papulum vna tantum restat. *Hictius* quoque

GARVM-
NA.

Castelnau d'Arri.

Hicic. riu.

GARVMNA. dicitur amnis Arrij, qui per castrum non fluit, & minor *Lertio* quodammodo videtur. Quem Hictium adiecta distinctione mortuum ex veteribus tabulis loci illius dicendum Arrienses aiunt. Ab Auscis Elusam septem metimur, sed Vasconicis. Tantum enim spacij est, quod Gallicas duodecim aut tredecim efficiat. Id oppidum in extremis finibus Ausciorum collocatum est. In qua dioecesi etiam est Prioratus dictus de Elusore veteri verbo, ordinis Cluniacensis. Archiepiscopus quoque Auscensis Elusæ domum habet, quę instar arcis est. Elusa denique tribus leucis à *Nogarolio* Armeniacorum abest, quod nigrum dicitur. Nam Armeniaci superiores sunt propiores Auscis. Et Maseriæ ad hos pertinent, cum Nogarolium aliud ad dioecesim Ausciorum referendum sit. Sontiates etiam Ausciorum præsuli

Franciæ per Flumina.

obediunt, & apud Auscios est prio- GARVM-
ratus ordinis Cluniacésis, cui Orielij NA.
nomen, opulentissimus. Lectoræ
quoque Episcopatus sub Auscensi
splendet, in qua vrbe Tribunal Se-
neschalliæ Armeniaci locatum est.
In *Confuerana* paulo infra S. Lici-
num pons est, sub quo fluit *Salatus* Salat. riu
amnis minimè patiens nauigiorum,
propter rupes & saxa. Isque Garumnam tandem præceps decurrit. *Ca-* Castres.
strum olim erat sub Episcopatu Al-
biensi, & *Godonia* villa, in qua sunt
subterranea, ab *Aculo* amne etiam Aigu. riu
includuntur. *Vaurum* quoque eo- La Vaur.
dem flumine alluitur, quod retro
templum est, & impetum eius ne
noceat, retundit obiecta magna
mole aduersus vim eius. A S. Pontio
Tomeriarum, qui beati Cypriani
agonem scripsit, vsque Pedenasum
quinq; sunt leucæ in regione mon-
tana, vnde quicquid marmoris in

Ll iiij

Garvmna.

Narbonensi colonia reperitur, olim effossum est, effoditurque hodie. Interque castra Vabrincum & S. Pontij in medijs pratis visitur è praetereuntibus altissima rupes, ex qua decidunt duo amnes, alter in *Obrin* flumen maréque Mediterraneum, alter in Garumnam, tenditque in Oceanum. A Tholosa vsque *Montalbanum* septem leucae. Rursum ab eadem Tolosa, Aginnum Nitiobrigum quindecim. Ab Aginno Neracium abest quatuor. Et ab eodem Aginno Iosephus Scaliger ibidem natus scribit nouem leucas Lausum numerari solere, praeter septem quibus Montalbanum à Tolosa distat. Ab Auscis Condomium vsque sex, Burdegalam triginta, *Muretum* tres, aut vt didici à nuncijs publicis Tolosatum, quatuor, portum amoenum, amplumque vicum; aduerso Garumna flumine duas. Tolosam

Franciæ per Flumina. 535

veró Palladiam poeta Martialis ap- GARVM-
pellat hoc versu: NA.

— *Palladiæ non inficiẽda Toloſæ Gloria.*
Baldus Iurisconsultus in l. omnia
priuilegia, Cod. de Episcopis & Cle-
ricis. honorificentissimè loquitur
de Vniuersitate Tolosana. Vaurum etiam abest à Tolosa leucis
quinque. Hinc à ieua Vascones, à
dextera Gothicam Prouinciam, quæ
imperitè Occitania dicitur, aspiciens.
Garumna *Granatum* Gaurensis præ- Grenade.
fecturæ vrbem attingit, in cuius vi- G.aure.
cinia *Sauæ* fluiuoli aquas, cuius fer- La Saue. r.
tiles sunt ripæ, suis admiscet, dein in
Riuarenses progrediens *Verdunum* Mas de
oppidum, neque longo interuallo Verdun.
Benedictinorum cœnobium suis
vndis fouet, & eodem aquarum cur-
su pergès relicto ad orientẽ *Sarrace-* Castel Sar-
no oppido, *Tarnem* fluuiũ prope *Mouſ-* razin.
ſiacum monasterium pleno alueo ad- Le Tarn. r.
mittit. per medios postea Aquita- Moiſſac.

GARVM- nos *Fossanam* arcem egregiam &
NA. *Leyracium*, infra quod *Ægircius* flu-
La Fos. uius ei permiscetur, cuius descriptio
Le Gers. ri. sequitur.

DE ÆGIRCIO FLVMINE.

Le Gers. AIGIRCIVS oritur in Pyreneis
& in Valle d'Esten nuncupata,
vbi decurrit, magna planicies conspicitur, inde petit Panascū vicum,
Manceaube &oppidum Sancti *Christophori Ma-*
Aastarac. *gnæ Syluæ* in Comitatu *Astaracensi*
postea Ausciorum vrbem metropo-
lim alluit, ponteque iungitur: quæ
loca in vera Vasconia esse noscun-
tur, vbi vulgo dicitur,

Lo no es bon Guasconet
Se no sabe dezi
Higue, hogue, bagasset.

Lectore. Deinde ab Auscis *Florentium* oppidum & *Lactoratum* antiquitate, Episcopatu, pluribusque monimentis

Franciæ per Flumina. 537

nobilissimam vrbem etiam alluit, GARVM-
mox infra *Layracium* in Garumnam NA.
influit. Hic fluuius nauigiorum minimè patiens, carpiones tamen alit,
qui cæteris eius piscibus excellunt.
Nec auctorem alium à quo descri-
beretur vmquam inueni, præter
Fortunatum nondum Pictauensem
Episcopum, cùm Galliam lustrans
mense Iulio, id est summis caloribus,
Pyreneorum montes ascendit. Verba eius sunt.

Laus tibi fortè minor fuerat generose
  Garumna,
 Si non exiguas alter haberet aquas.
Lubricat hic quoniam tenuato Ægircius
  haustu,
 Præfert diuitias paupere fonte tuas.
Denique dissimilem si comparet ullus
  vtrumque,
 Hic ubi sit riuus tu, puto, Nilus eris.
Te famulans intrat, sed hunc tua regna
  refrenant,

GARVM-
NA.

Gallicus Euphrates tu fluis, iste latet.
Nam quantum Oceanum tumidis tu
    cursibus auges,
Ille tuas tantū crescere præstat aquas.
Torrida presertim cum terris incubat
    æstas,
Ac sitiente solo tristis anhelat ager.
Cùm Titan radijs feruentibus exarat
    arua,
Et calor ignifero vomere findit humū,
Languidus arentes fugiens vix explicat
    vnda,
Et cum pisce simul palpitat ipse simul.
Flumine subducto vacuatus lambit
    arenas,
Sedibus in proprijs exul oberrat aquis.
In limo migrāte lacu consumitur amnis,
Terraque fit sterilis, quo fuit vnda
    rapax.
Deficiunt vasto solatia cuncta rigore,
    Nomine cum proprio tristis & æger
    eget.
Forte viator iter gradiens non inuenit

Franciæ per Flumina.

haustus.
 Vnde alios recreet, qui sitit ipse sibi.
Se cupit infundi fluuiº, si porrigit vndas.
 Si tamen est fluuius qui madefactat
  humum,
Gurgitis impressas lambens rota signat
 arenas,
 Atque resudantes orbita sistit aquas.
Si venias equitando viam sub tempore
  Cancri,
 Vix tamen insidians vngula mergit
  equi.
Vidimus exiguum de limo surgere piscē,
 Qui retinente luto naufragus erat
  humo.
Nec fluuius, nec campus adest, nec terra,
  nec vnda,
 Piscibus in medijs nullus arare potest.
Sola palude natans querulos dat rana
  susurros,
 Piscibus exclusis aduena regnat aquis.
At si forte fluat tenuis de nubibus imber,
 Vix pluit in terris, iam tumet iste

Pap. Mass. descriptio

GARVM-
NA.

minax.

Ingentes animos parua de nube resumit;
    Fit subito pelagus, qui fuit ante lacus.
Turbidus incedens vndis egit ipse lauari,
    Semper inæqualis, qui nihil, aut satis
    est.
Non ripis contētus, agit cōpendia cursus,
    Quod de monte bibit per sata plena
    vomit.
Vertice torrentis rapitur quasi morte
    tyranni,
    Indignatus iter munera vastat agri.
Discurrit seges in fluuio, stat piscis in
    agro,
    Ordine peruerso messe natante iacet.
Quæ fuerant ouibus, donantur pascua
    ramis,
    Prata tenent pisces, & trahit vnda
    pecus.
Obtinet expulsos stabulum campestre
    siluros,
    Plus capitur terris, quàm modo piscis
    aquis.

Sarcula quos foderent agros mala retia GARVM-
    miscent, NA.
    Figitur hic hamus, quo stetit ante
        palus.
Sors vna est, piscis siccent, aut flumina
        crescant,
    Nunc residet limo, nũc iacet exul agro.
Sed cur triste diu loquimur de gurgite
        paruo?
    Vritur & verbis, nec recreatur aquis.
Sufficiat flagrare sibi, cur addo vapores,
    Atq; bis æstium crescere tempus ago?
Vnica sed tãdem damus hęc solatia lacu,
    Quod tribuit pisces euacuatus aquis.

Postmodum Garumna *Agianum* La Garone.
Nitiobrigum vrbem Episcopalem Agen.
fœlicibus glebis præstantem fœ-
cundo lapsu stringens fatiscentibus
pene horreis locupletat. Et quidem
commendatur Aginnensis prouinciæ præfectura & prætorio Regio,
nec non memoria Phœbadij veteris
Episcopi, cuius meminit D. Hiero-

GARVM-
NA.

Pap. Mass. descriptio nymus. Extant adhuc medio in flumine prope vrbem insignes pilæ lapideæ, quæ antiquitus ibi pontem erectum, & magnifici operis vetustatem testantur. Hæc ciuitas sita est in regione pulchra, amœna, pingui, ac fertili, iudicataque vna ex ditioribus & vberioribus Aquitaniæ totius quod eam irrigent tres amnes Oltus, Duranus, & Garūna: estque posita in patētibus & latissimis campis. Videamus quid de ea Iulius Cæs. Scaliger scribit, qui Aginni domicilium sedemque studiorum fixit, Episcopi Aginnensis de gente Roueroru̅ liberalitate adductus. *Agennum oppidum est Aquitaniæ, vt incolæ iactant, princeps. Ceterùm neque Historiarum, neque vllius memoriæ fide, ea fama illustris est. Nominis vmbra modo Ptolomeo, & Plinio, si tamen Agesinates ijdem sunt, nota. Ager vbertate soli incertum est prosit-ne magis incolis, an officiat:*

Franciæ per Flumina. GARVM-NA.

officiat: ita annonæ spe suspensi omnia munia, non ciuilia solùm, sed rustica quoque negligũt. Propterea animi cultui minus student. Si quis tamen ad literarum studia se se applicat, lucro illectus agitur eam in partem, cuius ope fortunarum suarum promoueat gradum. Id vnum hic intuemur, vt acceptum patrimonium ampliore censu faciamus. Et ne vnus quidem liber venalis habetur, præter IVSTINIANI *prouentum, & Grammatices rudimenta. Per octoginta amplius miliaria ab extremo vsque orbe mihi petenda fuit interdum bibliotheca, Basilea, Florentia, Venetijs, atque Roma.* Hæc de Aginno Iul. Scal. tradit in oratione pro Marco Tullio Cicer. contra Ciceronianum Erasmi.

Habet autem in Vasconia ad meridiem Auscios, Lectorenses, Elusates, & Sontiates Romanorum monumentis satis cognitos, quorum hi exiguam vrbem incolunt à Tholosa

GARVMNA.

distantem decem & octo milliaribus, ab Auscis nouem, tribus à Condomo, quam mansionem Helię Vineto autori doctissimo viro tribui notum est. Postea sub Nouempopulorum nomine comprehensos, nunc verò Armeniaci Comitatus accolas. Ab Aginno Garumna ad oppidum *Mariæ Virginis*, indeque

Aiguillon.

ad Acilionem vrbem irrita Ioannis postea regis Francorum, & tūc Ducis Normaniæ quatuordecim mensium obsidione memorabilem, progreditur. Est è regione huius oppidi

La Baise. r.

Balisa fluuius postquam & *Condomienses* & *Neratium* Albretiorum regnum subijt, tranquillus suas vndas Garumnæ insinuat, & ex aduersa ripa prope mœnia Aguillioni primū accessione Oldi fluuij intumescit, isque est secundus amnis quo Garumnam grandiorem fieri scribit Strabo, etsi eum non nominat.

Franciæ per Flumina.

Ab hoc oppido ad *Tonensium* vrbem vno milliari distantē, & è regione sitam deuoluitur, inde *Calmuntium* insignem & præclaram arcem gentis Calmuntiorum in Condomiensi præfectura; denique *Marmandam* vltimam Aginnensis prouinciæ vrbem, hinc per medios Vasates fluens *Sanctæ Basiliæ* oppidum attingit, & *Regulam* vrbem atque monasterium opulento Benedictinorum Cœnobio notū, suis fructibus alit & iuuat: Dimidia autem leuca à Regula fluit paruus amnis Drot vulgo dictus, non longè à vico Girunda. Aimoinus de *Codrotio*, capite decimo-nono vitæ Abbonis Philosophi, abbatisque Floriacensis. Ad Dordanæ fluenta ventum est, quo enauigato amne Vascones sunt antequam ad Regulæ veniatur monasterium. Codro torrens occurrit. Idem Aimoinus de miraculis sancti

GARVM-NA.
Tonon.
Caumont.

Marmāde.

S. Basile.

La Reolle.

La Drot. ri.

Codrot. riu.

Dordogne.

Mm ij

Pap. Mass. descriptio

GARVM-
NA.

Benedicti eiusdem fluuij etiam meminit cap. 19. eodemque loco cap. 20. *Monasterium regulę,* inquit, *in honore principis Apostolorum Deo dicatum in monte est positum. Qui videlicet mons à tribus lateribus Orientali, Aquilonali, & Occidētali alijs cingitur montibus, à meridie Garumna vallatur flumine, periculosoq; vallis voragine: ab Oriente inter ipsum & alterum montem, vallis existit perangusta, per quam fons meat, quam incolę Mosellam nuncupant. Simili modo ab occidente alterius fontis rapido alluitur cursu, cui Mosa nomen est. Hęc nomina à Francis illis imposita æstimantur, qui à magno Carolo, ad tuitionem prouincię ibi relicti sunt. Non longe quippe ibi abest palatium ipsius magni Principis Cassignogilum, sed quasi tribus milliariis. In quo idem Imperator vxorem suam Ludouici Pij matrem, grauidam reliquit: dum contra Sarra-*

Cassenoles.

Franciæ per Flumina. 547

cenos expeditionem in *Hispanijs* ageret, quod & *Eynardus* vitæ illius relator scribit, & nos in libro miraculorum sancti patris Benedicti breuiter expressimus. A Regula igitur Gerundam vicum & arcem eius nominis, è cuius latere Fluuiolus nomine *Drot*, qui per *Duratium* & *Seguri-montis* vrbes insedit, multasque molas frumentarias agens permiscetur. De quibus Droto & Gerunda, alijsque fluminibus Galliæ, hos versus scripsit Poeta nescio quis.

GARVM-NA.

Drot. riu.

Monsegur.

Tu n'as rien veu que le Drot & Girõde
Bien-tost verras la Charante profonde,
Loyre au cours long, Seyne au port fructueux,
Saoune qui dort, le Rosne impetueux,
Aussi la Somme & force autres riuieres,
Qui ont les bords de maintes villes fieres.

In primo autem versu, quo ait, nihil vidisti præter Drotium & Girundam, postremum verbum acce-

Mm iij

GARVM-NA.

pit non pro vico, sed pro flumine, qua in re communi errore deceptus est. sunt enim qui insano vulgi errore, & aliquot chirographorum autoritate ducti putent ab hoc vocabulo Garumnam omnium fluminum Aquitaniæ principé proprium nomen mutuasse, & à Burdigala ad Oceanum, in quem labitur, Gerundam nominari putent, cuius tabulæ nulla est ratio. Atque ea quæ sunt à veteribus instituta immutare ridiculum videtur: præsertim cùm notissimum sit, in præcipuis Ecclesiarum membranis, atque in tabulario regio Garumnæ nomen illæsum permansisse, idque Lurbeus Burdigalensis affirmat. Redeamus ad ignotum Poetam. Citò, inquit, videbis Carantonum profundum atq; altum, secundo Ligerim longissimi cursus, tertio Sequanam mercimonia & fructus quamplurimos ferentem, quarto

Franciæ per Flumina. 549

Ararim ob resides aquas dormienti similem, & cū eodem Rhodanū impetu cursuque rapidum. Quinto & sexto Somanam aliosque amnes qui plurimas vrbes alluunt. A Gerunda viculo fertur Garumna ad *Calderolium* oppidum, indeque ad antiqui operis Castellum nuper bellis ciuilibus dirutum & propemodum solo æquatū: ab hoc tribus aut quatuor milliaribus ad summum distat Costio Vasatum vrbs antiqua. Ausonius cùm de patre suo loquitur ait

G A R V MNA.

La Somme.

Cauderot.

Costio Vasatum municipale genus.
Sidonius lib. 8. epist. 12. *Tantum ne te Vasatium ciuitas non cespiti imposita, sed pulueri tantum Syrticus ager ac vagum solum, & volatiles ventis altercantibus arenæ sibi possident, vt te magnis flagitatum precibus paruis separatim spatijs, multis expectatum diebus, attrahere Burdigalam non potestates, non amicitię, nō opima illa viuarijs ostrea queant.*

Mm iiij

GARVM-NA.

Ausonius Edyllio 3.
Vicinas vrbes colui patriáque domóque,
Vasates patria, sed lare Burdigalam.
Paulinus Ausonio epistola 15.
Quiq; superba tuę contēnis mœnia Romę
Cōsul arenosas non dedigneris Vasatas.
Marcellinus lib. 15. *Nouem-populos Ausci commendant & Vasatæ.* In Vasatensi vero præfectura iudex regius præturam habet. Costioque ipsa municipium dignitate Episcopali ornata est. Inde Garumna oppidum Diui Macharij in Viuiscis, & paulo

Langon.

post à læua *Alingonis* portum vltimam Vasatensium vrbem prætermittit. Sidonius lib. 8. epistola 13. *Post hęc portum Alingonis tam piger calcas, ac si tibi nunc esset ad limitem Danubinum contra incursores Massagetas proficiscendum.* Paulinus ipse epistola ad Delphinum, *Fatemur venerãdę pietati tuæ legentibus nobis illam epistolæ partem qua Alingonensis Ecclesię nouam fi-*

Franciæ per Flumina. 551

GARVM-
NA.

liam te autore progenitam iàm in nomine Domini vsque ad dedicationis diem creuisse, singulas ita excitasse spiritū nostrum in Deo salutari nostro, vt tamquam in præsentibus cætibus dedicantiū interessemus. Et epistola ad Amandum, Rogo vt epistolam meam ad filium nostrum Daducium etiamsi in Gallijs agit sine vlla dilatione facias ab Episcopo transmitti per conseruum fidelem & impigrum, si clericum fortè noluerit occupare vnum de Alingonensibus dignamini mittere cum epistolis vestris quibus literę nostrę inuentur. Et paulò infra: Ecce iàm Leontius meus facile primus Aquitanorū, ecce parum inferior parente Paulinus ad locū, quem supradixi per Garūnæ fluentare fluētia, non modò tibi cum classe, verum etiam cum flumine occurrent. Hęc omnia conueniunt, nunc è Vasatibus Tigretium vult attrahere Burdigalam flumine, vt euitet puluerem Vasatium. Macharij verò oppido

Garvmna. Garumna Oceani æstuantis fluxus & refluxus suscipit, bisque intra viginti quatuor horas vndas euomit suas, & resorbet: sic progrediens duobus ab illo municipiolo milliaribus collem testaceum subter Basilicam parrochiæ Sanctæ Crucis præteruehitur, in quo innumera ostrea vacua quidem, sed vera & genuina reperiuntur. nec procul, sed ripa aduersa *Ciron. riu.* visitur *Ciro* fluuiolus nobilis, qui è Vasatis erumpens, & grandibus lucijs & percis, quas delicias mensarum vocat Ausonius, atque pluribus moletrinis populares suos iuuás, in Garumnam effunditur. In Vasatibus quoque sitæ sunt bellissimæ *Duras.* domus *Durassensis*, & Templa duo Clementis V. quæ Garumnam respiciunt,

In secundò vero flumine Garumna Cadillacum gentis Candalliæ *Cadillac.* domicilium, Pondensacum & Riun-

Franciæ per Flumina.

tium vrbes præterit, atque inde se in plures alueos scindens, factisq; non paucis insulis Burdigalam tandem celeberrimum Aquitaniæ emporium totis veluti vlnis amplectitur. Michael Hospitalis doctus & grauis Poëta:

GARVM-
NA.
Podenz&c.
Rions.

----Terraque marique potentem
Burdegalem, portus vbi fluminis vnda
 capaces
Mille carinarum facit æstu inflata
 marino.

In itinerario à Burdigala Hierusalem vsque, & ab Heraclea per Aulonam, &per vrbem Romam Mediolanum vsque ante annos mille ducentos simpliciter scriptum editumque ex antiquissimo exemplari anno 1588. à Petro Pitheo Iureconsulto Tricassino & amico meo hæc pauca de Burdigala traduntur. *Ciuitas Burdigala vbi est fluuius Garumna, per quem facit mare Oceanum accessa, & recessa per leu-*

GARVM-
NA.

cas plus minus centum, ita tamen ad Burdigalę litus suas vndas exporrigit vt lunato sinu bicornum portum effingat, idcirco ab exteris Portº lunę dicitur. Hoc vnum silere non possum, quod cùm ab ipsis Garumnæ fontibus ad litus Santonum ripa quæ occidétem spectat collibus amœnissimis assurgat, non solùm vitibus, sed & variorum arborũ genere consitis, tùm maximè Burdigala inter cæteras hoc ornamento decora splendeat; ex aduerso enim inter vitiferos colles eminet cliuus in orbem & occidentem hoc vsu perantiquo præcæteris visendus, quod ab vltima antiquitate hic mos ibi seruatur, vt qui Burdigalam vinum aut aliud quid mercis exportaturi veniunt, illis soluere non ante liceat quàm cupressinũ ramum à Quæstore Regio acceperint. Quo facto pendit quęlibet nauis quinque asses siue solidos Turonenses, quod

Franciæ per Flumina.

vectigal ramum vocant. A Burdigala vrbe, Garumna iàm latior factus, & magni in speciem freti receptis fluuiolis Burda & Gala, lucio pisce & moletrinis valde commodato, ad Promontorium quod accolę vocant *Becdambez* porrigitur. Ibi Duranius siue *Dordonia* fluuius Garumnam conueniés, nec aluo nec æstuoso aquarum impetu diffusus magis, totum eu terrarum tractum humectat. Exin à dextera perpetuo semper colle & vitiú cultu fertili ad *Blauiam* oppidum arcemque munitissimam pertingit, quatuordecim à Burdigala, & ab ostio Garumnæ triginta milliaribus. Ausonius in epistolis.

GARVMNA.

Burda.
Gala.

Bec dãbezi
La Dordogne. riuiere.

Blaye.

Aut iteratarũ quâ gloria trita viarum
  Fert militarem ad Blauiam.

In vita Gregorij Turonensis, *Causa,* inquit, *fuerat qua Germanam flumen iuxta castrum Blauiæ transmeare de-*

GARVM-NA.

buerat, sed idem fluuius ita tunc intumuerat vt intuenti nō paruum terrorem incuteret. In qua vita *Germanam* Librarij pro *Garumnam* mendose scripserunt. Erat autem Blauia olim sub dispositione viri spectabilis Ducis tractus Armoricani, vt videre licet in Notitia Imperij Romani, & hodierno die custodes vigilesque habet perpetuos, qui ex eodem loco tamquam ex specula quid tota Garumna rerum afferatur diligenter obseruent, inoleuitque mos ab expulsis Aquitaniâ Anglis, in hunc diem, vt minime his liceat nauibus Burdigalam tendere, nisi prius ante Blauiam supparum & reliqua vela submiserint, & positis anchoris tormenta ænea consignarint, arcisque præfecto singularum nauium ergò aureum persoluerint. Hinc à dextra littus Santonicum continuo veluti iugo vsque ad Garumnæ ostia pro-

Franciæ per Flumina.

minet. Non desunt autem in eo lit- GARVM-
tore oppida & portus, ad quos apel- NA.
lunt qui Santones eunt Burdigala,
necnon arces munitissimæ. Huiusmodi sunt *Caunacum* & *Mauritaniæ* Caunac.
principatus. Exin *Talemundum* oppi- Talmont.
dum & portus non infrequens inter
sancti Seuerini & *Meches* vicum, non
tàm agricolis etiamsi in infertili solo, quàm nautis celebres. Superest
extremum littoris Santonici in Garumna oppidum *Roianum*, paruum Royan.
quidem, sed munitissimum, & contra suditos pyratarum impetus pa-
ratissimum. Iuxta hoc oppidum frequens piscatio Trichiarum, quæ re-
centes à Burdegalensibus & à tota
vicinia in deliciis habentur. Restant
Aluertini littoris accolæ, cuius maxima pars arenaceis montibus assurgit, quibus plurima ædificia, quę antiquitùs apparebant, tamquam maris haustu obteguntur. è regione ve-

GARVM-
NA.
Medoc.

Pap. Maff. descriptio ro, altera pars ad *Medullos* pertinet.

Ausonius Theoni.

Puppe citus propera, sinuosaque lintea
    veli
Pando, Medullini te feret aura noti.
Expositum subter paradas, lectoque ia-
    centem,
Corporis vt tanti non moueatur onus?
Vnus à Domnotoni te littore perferet
    æstus,
Condatem ad portum si modò depro-
    peres.
Inque vicem venti quotiens tua flamina
    cessant,
Remipedem iubeas protinus ire ratem.
Inuenies presto subiuncta petorita mulis,
    Villa Lucani mox potieris aco.
Rescisso disce componere nomine versum:
    Lucilij vatis sic imitator eris.

Primum à Burdigala ad ripam Garumnæ vicum ab incolis dictum *Macaum* ex aduerso Duranij ostij habet. Inde Ausonij *Pauliacus*, portu non

Franciæ per Flumina.

non infido, ad extremum Arx *Ca-* GARVM-
ſtillionea & *Solacum*, quod antiqui di- NA.
xere *Noviomagum*: à quo non longè
diſſitus ſinus, quem Garumna prope
ipſum oſtium efficit, Verdunum ab
incolis dictum. Eo loci ſtatio bene
fida carinis, ingruente præſertim
Africo, qui Oceano Aquitanico
atrox, ſæuus, & infeſtus. Etſi autem
Garumna in ipſo oſtio propter ſco-
pulorum & ſabulorum ſyrtes periculoſus videatur, tamen Oceanum
vel Garumnam intrantibus tripli-
cem veluti faucem aperit, qua ingreſſum vel exitū minimè metuendum preſtat, ſcilicet à latere Medulorum paſſum, quem glareoſum vocant, & in ipſo oſtij meditullio Aſi-
norum qui à nauigantibus frequen-
tius teritur, & à littore Santonico
Foramen *Maubuſſonij* & *Coueræ*, quæ *Le pertuis*
à Rupella & ab inſulis Santonicis *de Mau-*
aditum & reditum permittit. Deſi- *buſſon.*

GARVM-
NA.

Pap.Mass. descriptio
deratur autem hodie in ipso Garumnæ ostio *Antros* insula à Pomponio Mela commemorata, siue maris fluctibus, siue arenæ motibus absorpta fuerit. Putarim ego tamen reliquias eius insulæ eo loci superesse, vbi pharos ingens à multis seculis cõstructa est, nauigantium cursum regens, quæ *Corduana Turris* vocatur. Ea cum imbrium & ventorum tempestate, nec non insanis Oceani fluctibus ruinam minaretur, tamen Principis beneficio, & impensis publicis instaurari hoc tempore, vt Lurbeus ait, erepta est, sed adeò egregia & diuite opera, vt ipsam Alexandriæ Pharon tot scriptorum & seculorum fama præstantem superet. Ex qua lucerna accendenda duobus Eremitis mandatur, quibus alimenta signo dato, ex vicino oppido, vel pago deferuntur ex vectigali quod à singulis nauibus eiusce rei gratia

La Tour de Cordoan.

Franciæ per Flumina.

Burdigalæ penditur. Hinc ad montes *Arenarum* regio latè patet, quæ tàm sunt exiles, minutæque, vt à vento concitatæ hâc & illâc impellantur, exiliantque vsque adeò vt patrum nostrorum memoria furente ventorum flatu, vna aut altera parrochia obruta, opertaque fuerit, sola templi parte excepta. Ex eo euentu Templum Diui Ioannis ab Arenis nominatum est. Illîc in cacumine arborum lepores, apros, damas, ceruos, atque alia exteris incredibilia conspicias: cuius rei fides esto penes Alanū Santonicum. nó paulum autem à fertili Santonum gleba distat Medulorum solum arenis & puluere squallidum, quibus vt ait Ausonius,

GARVM-
NA.

----*littus arandum*
Oceani finem iuxta, solemque cadentem
Vilis arundineis cohibet quem pergula
    tectis.

GARVM-NIA.

Scatent enim æstuaria paludesque Medulorum arundine, ex qua plebi inopi parantur ædificia, abundant tamen Meduli pecore, secale, & milio. Bernardus cognomento Allianus Historiæ Gallicanæ scriptor apud Medulos natus mihi retulit Medulos non esse insulam, vt ferè opinio est, sed continentem regionem planè infertilé, abundare tamen subere, pice, resina, tædis & eiusmodi rebus. Nec ea pars quæ littori proxima est caret vitibus, sicut & prope Solacū non desunt salinæ, nec non quàm proximè in ipso Garumnæ ostio, frequens est ostreorum piscatus singularis & suauissimi succi, quæ Burdigalenses glareosa & Solacensia appellant, quorum Ausonius his verbis meminit,

Medoquius

Sed mihi præ cunctis ditissima, quæ Medulorum
Educat Oceanus, & quæ Burdega-

lenſia nomen
Vſq; ad Cæſareas tulit admiratio mēſas.

Notandum eſt aũtem ex Sidonio epiſtola 12. lib. 8. fuiſſe olim Burdigalæ oſtreorum viuaria, quemadmodum & in Italia pluribus in locis. Opimata enim viuariis oſtrea vocat dum Tigretium ad ſubiugandos Medulicę ſupellectilis epulones inuitat his verbis: *Veni cum Mediterraneo inſtructu ad debellandos ſubiugandoſque iſtos Medulicæ ſupellectilꝰ epulones. Hic ad copias Lapurdenſium locuſtarum cedat viliũ turba cancrorum.*

Auſonius Theoni cùm triginta oſtrea grandia quidem, ſed tàm pauca miſiſſet,

Oſtrea balanis certantia quę Medulorũ
  Dulcibus in ſtagnis reflui maris æſtus
    opimat.
Accipe dilecte Theon numerabile munꝰ.
Idem Paulo ſuo.
Oſtrea nobilium ſenis ſumptꝰq; nepotum

GARVM-
NA.

Cognita diuersaque maris defossa pro-
fundo.
Aut refugis nudata undis, aut scrupea
subter
Antra, & muriceis scopulorum mersa
lacunis.
Quæ viridis muscus, quæ dedecor alga
recondit,
Quæ testis concreta suis, ceu saxa co-
hærent:
Quæ mutata loco, pingui mox condita
limo,
Nutrit secret⁹ conclusa vigilinis humor,
Enumerare iubes, vetus ô mi Paule so-
dalis.
  Deinde paucis interpositis.
Enumerabo tamen famam testesque se-
quutus
Pro studijs hominum semper diuersa pro-
bantum.
Sed mihi præ cunctis ditissima quæ Me-
dulorum
Educat Oceanus, quę Burdigalensia,

Franciæ per Flumina. 565
nomen GARVM-
Vſq; ad Cęſareas tulit admiratio mēſas, NA.
Non laudata minus noſtri, quàm glo-
   ria vini,
Hęc inter cūctas palmā meruere priorē.
Omnibus ex longo cedentibus iſta, &
   opimi
Viſceris, & niuei, dulcique tenerrima
   ſucco,
Miſcent ęquoreum tenui ſale tincta
   ſaporem,
Proxima ſint quęuis, ſed longè proxima
   multo
Ex interuallo, quæ Maſſilienſia portu
Quę Narbo ad Veneris nutrit, cultuque
   carentis
Heleſpontiaci quę protegit ęquor Abidi
Vel quæ Balanis pendēt fluitantia palis,
Sanctonico quæ tecta ſalo, quæ nota
   Genonis,
Aut Eborum mixtus pelago quę prote-
   git amnis:
Vt multo iaceant algarū obducta receſſu

Nn iiij

GARVM-NA.

Aspera quę testis & dulcia farris opime.
Sunt & Armorici qui laudent Ostrea
ponti,
Et quæ Pictonici legit accola littoris, &
quæ
Mira Caledonius nonnunquam detegit
æstus.

Medulis contigui Boij, quos Paulinus piceos nominat, infœlicissimo solo habitant: in quo nihil præter arenam, sabuleta ac pineas siluas inuenias: quibus tamen ex pinetis, quæ resinam & picem ferunt, vberem quęstum faciunt. Horum enim maximam copiam Burdigalam singulis Veneris diebus rusticani carris aduehunt. Atque inter Burdigalam & Baionam regio abundat, pinestris siluestribus. Pertingunt autem Boij ad Oceanum iuxta promontorium

Cap. de busch.
Leyre. riu.

Curianum ita à Ptolomeo dictum. Eoque loci *Leria* fluuius è Vasatis in Oceanum defertur. Idem scriptor

Ausonius Ædilio nono,
In speciẽ cùm me patrię cultũq́; nitentẽ,
  Burdigalæ blãdo pepulerũt omnia visu.
Cui Paulinus ita respondet epist. 15.
An tibi me Domine illustris si scribere
    sit mens,
  Qua regione habites placeat reticere
    nitentem
Burdigalam, & piceos malim describere
    Boios.
Antoninus in itinerario, ab aquis Tarbellicis Boios Burdigalam vsque numerat mille passus sexdecim, enumerantur leucæ decem, & Boiorum caput certum est septem tãtum leucis à Burdigala abesse, si iter terra conficias.

Ora autem Aquitaniæ maritima à Burdegala Baionam pergentibus protendit in leucas tringinta, & alioquin infructuosa & sterilis: abundat tamen melle, lacte, subere. Quod spacium & longitudinem itineris in-

GARVM-
NA.

colæ atque exteri appellant Hispanica voce *llanas*, id est planiciem seu Aquitanicas *Landas*, steriles & infructuosas. Itaque Garumna circiter centum & sexaginta milliaribus siue octoginta leucis Vasconicis à Pyreneo ad Oceanum flués, tot ingentes belli pacisque artibus populos suis fluctibus alluit, magnarum vrbium fastigio superbit, & genino præcellens Senatu, patentes campos faginat, nauigijs suorum & omnium exterarũ gentium commercia iuuat, facilemq; aditũ & reditũ præbet, vt non immerito fluuiorum eximius dicit possit. Salue itaque Rex fluuiorum. Hoc te iterum versu cum Viuisco Poeta compellare libet,

Dicamus lęto per rura virentia tractu
   Fœlicem fluuium Oceanique sacremus
      in vndis.

Ptolomei hæc sunt verba, *Post Occasum Pyrenes promontorium Atturij flu-*

Franciæ per Flumina. 566

minis oſtiũ, Curianũ promõtoriũ, Sigma- GARVM-
ni Garũnę fluminis oſtium. De Atturio NA.
flumine Curianoq; promũtorio iàm
diximus. Reſtat igitur de Sigmano
dicere. Mihi percunctati à quodam
erudito viro in illa ora maritima edu-
cato, natoq;, vbi putaret Sigmanum
eſſe, reſpondit, Templum virginis
Achaſſoniæ eſſe ſuper exiguum riuulum, qui iuxta id Templũ Achaſ-
ſonis, nec procul influit in ſinum
maris, iſque locus eſt inter Burdigalam, & quas lãdas viatores vocant

---

LERTIVS. *Lers. riu*ę

QVI Liria Plinio fuit, nunc Ler-
tius vocatur, fluitq; è montibus *Beleſtat.*
Fuxenſium ex alta rupe, ac fons eius *Mazeres.*
Belleſtatij natus abluit *Mazeriarum* *Mirepois.*
planiciem, poſtea inter *Mirapincũ* vrbem Epiſcopatu inſignem, & Caſtellum, labitur, ſingulis diebus crates lignorum quatuor aut quinque
menſium ſpatio in Aurigeram, atq;

GARVMNA.

inde Tholosam defert, magno eius vrbis commodo. vicies quater nascitur, totidem moritur, siccam enim originem ipsius transire licet spatio semihoræ, mox recurrente alia semihora rapiditate eius ferri non potest. Fluctus enim eius spumosus renascitur, ac famosiores fluuios cursu vincere aut æquare contendit. Fluctus inquam arte numerandi præstantes qui natura obseruant tempus tanta securitate, vt id absque horologio quotidie metiantur, ita enim describitur ab eximio Poeta Bartassio, cuius hi sunt versus,

Mais tout ce que i'ay dit en merueilles n'approche
Aux merueilles du Lers quand il sort de sa roche
---contemplant la fontaine
Qui laue de ses flots de Mazeres la plaine,
Et née à Bellestat, non loing des monts

de Foix GARVM-NA.

Le peuple Tholoſan certe pourueoit de bois,
Chaque iour que Phœbus parfaiſant ſa carriere
Sur les deux horizōs recōduit la lumiere:
Son eau porte radeaux durant quatre ou cinq mois,
Vingt & quatre fois naiſt, meurt vingt & quatre fois.
A ſec on peut paſſer demie heure ſa ſource,
Et demy heure apres on ne peut de la courſe
Souſtenir la roideur. Car ſon flot eſcumeux
Naiſſant, taſche eſgaller les fleuues plus fameux:
Flot docte à bien compter, qui garde par nature
Le temps ſi ſeuremēt ſans horloge, meſure.

Nec ſcio quicquam ſimilius quàm locum illum Senecæ in Tragedijs.

GARVM-
NA.

Pap. Mass. descriptio
----Euripus vndas.
Vertit instabiles, Vagus,
Septemq; cursus flectit, & totidem refert
Dum lassū Tytā mergat Oceano iubar.

Vidi ego apud *Altamcumbā* in Sabaudia monasteriū ingēs ordinis Cister. fontem quē vocāt mirabilium, qualibet hora bis fluere, & bis siccari solitū. Et cùm fluere incipit, ingenti murmure sonoq; erūpere, ac statim moletrinā agere antequā in subiectū *Lacū Burgitē* influat: in cuius fontis margine quatuordecim mēses assedi quotidie vna hora vt oblectādi animi causa rē tàm mirabilē tamq; stupēdam contēplarer. Lertius verò in Aurigerā labitur prope Tēplum *S. Gauuillę*, & permixtis aquis suis à Garumna accipitur. Largior est, nec admodū altus & propter rapiditatem formidabilis. Satis piscium habet, maximeque tructarum. Et alius amnis non dissimilis nomine supra Ca-

Franciæ per Flumina. 573
strum nouum Arrij.   GARVM-
                              NA.

OLDVS, *siue* OLTVS, *siue* OLITIS. *Le Lot. riu-*
OLDVS à montibus Ceuennicis, non vt Lurbeus putauit, iuxta oppidũ S. Flori, quod quidã vt ipse ait, Gergouiã Cæsaris imperiti fuisse perhibent, scaturiens, continuo cursu Ruthenos à Cadurcis diuidit, inde relictis à tergo Petrocorijs Aginnates Nitiobrigum intersecans, à Garumna tandem excipitur, ortus in Gabalis tribus à Mimate milliaribus in vico Olleto, aut paulo supra, sed ab eodem Olleto riuulus fluens in eam decurrit. Mimate autem sita est in profunda valle, & flumen distat ab ea quantum sclopeti ictus ferre potest, & à Losera altissimo monte Gabalorum non longiùs abest dimidia leuca. Planicies vallis in milliare extenditur, abestque Mimate ab A-uicio duodecim milliaribus, à Ruthenis totidem, à S. Floro tantũdem.

GARVM-NA.

Theodulphus Aurelianensis Episcopus, virque doctus, de Carolo magno loquens sic ait:

Cui parent Vualis, Rhodanus, Mosa, Rhenus, & Oenus,
Sequana, Vuisurgis, Guarda, Garumna, Padus,
Mosella, Liger, Vuulturnus, Matrona, Ledus,
Ister, Atax, Gabalus, Olitis, Albis, Arar.

Hęc in Parenesi ad Iudices data memoriæ mandauit.

Primùm igitur à *Boilaco* oppido, cuius mœnia lambit nobile & antiquum natura loci egregiè munitum oppidum, *Vxellodunum* in eodem Cadurcorum agro positum veluti ex inferiori loco salutat. A primaria Cadurcorum vrbe, quæ *Ducona* à Ptolomeo dicitur, situm est *Vxellodunum*, à qua septem tantùm leucis distat, quod nunc *Podium Xolduni*, quæ

Vxeldum dit le pen.

Franciæ per Flumina. 575

quæ vox in æditum collem signifi- GARVM
cat, & vitibus consitum, quo Fran- NA.
ciscus Roaldes Cadurcensis Academiæ præclarum decus deduxit Petrum Pithoeum Tricassinum tunc
studiosum iuris, & mihi postea ami-
cum. Nunc autem Castellum Vxel-
lodunū appellatur *Cadenatū*. Fons,
cuius Cæsar memini: tibi adhuc visitur: visuntur & ruinæ veteres in loco Vxelduno ab accolis qui Cade-
nato penè contiguus est. In libro
octauo Auli Hircij derelictorum à
Caio Iulio Cæsare de bello Gallico
hæc reperio. *Cùm*, inquit, *contra ex-*
pectationem omnium, Cæsar Vxello-
dunum venisset, oppidumque operibus
clausum animaduerteret, neque ab oppu-
gnatione recedi videret vlla conditione
posse, magna autem copia frumenti abun-
dare oppidanos ex perfugis cognosceret,
aqua prohibere hostem tentare cœpit.
Flumen infimam vallem diuidebat, quod

Oo

GARVM-
NA.

pene totum montem cingebat in quo positum erat præruptum undique oppidun Vxellodunum. Hoc auertere loci natura prohibebat, in infimis enim sic radicibus montis ferebatur, vt nullam in partem depressis fossis deriuari posset. Erat autem oppidanis difficilis & præruptus et descensus, vt prohibentibus nostris, sine vulneribus ac periculo vitę neque adire flumen, neque arduo se recipere possent ascensu. Pluribusque de reliqua obsidione interpositis cùm Cęsar omnes & militaris scientia labore atque operibus locorũ vidisset difficultates, tandem necessitate coacti ei se dederant, armatisque Cæsar vt testatus esset poena improborum manus præcidit, vitam reliquis. De fonte autem ait: *Ad postremum cuniculis venæ fontis intercisæ sunt, atque auersæ, quo facto repente perennis exaruit fons.*

Cahors.

Ab Vxelloduno Oldus post aliquot arces & viculos *Cadurcum* Cadurco-

Franciæ per Flumina.

rum in Aquitania prima Metropo- GARVM-
lim perlabitur. In iisdem Cadurcis NA.
leuca vna *Martelli* oppidum distat à
Podio Vxelduni. De quo referendum etiam existimo hunc Eutropij
locum. *Vxellodunũ oppidum in editissima montis arce pendebat, duabus partibus per abrupta latera cum paruo flumine augebatur, medio deinde descensu largissimo fonte.* In vrbe ipsa Cadurcorum locus est qui appellatur vulgò
las Cadurcas, vbi visuntur vestigia
aquæductuum, & rupes perforatæ,
ruderaque excellentis amphiteatri.
Epistolã Desiderij Cadurcẽsis Episcopi ad Cæsarium etiam Episcopum extare scio in hunc modum:
Credo quod nec vos lateat qualem egestatem de aqua quam fons præbeat in hac Cadurcina ciuitate habemus. Sed voluntas nobis inest vt per tubos ligneos subterraneo officio ad ipsam ciuitatem aquam ducere debeamus. Proinde quia

GARVM-
NA.

Pap. Mass. descriptio nouimus quod peritos ex hoc artifices haberes, precamur, vt compendium de ipsis faciatis. Agat Apostolica dignatio vestra taliter tàm de pręclara monitione, quàm & de vltima suggestione, sicut nos in omnibus efficaciter de parte vestra confidimus. incolumen pontificatum vestrum diuina pietas custodiat. In ea Martialem Apostolum Aquitanum primæ religionis Christianæ fundamenta iecisse literarum monimentis proditum est, sedisque Cadurcinæ meminit Ausonius in professoribus Burdigalensibus. Ante autem vrbis mœnia Oldus ipse traijcitur tribus lapideis pontibus, nec nauigiorum patiens est, quia obstant rupes & saxa ingentia nauigationis cursum impedientia. Et hoc quidem flumē Cadurcum alluit, piscium non admodum ferax, nutrit barbatulos, lucium nec vllum quidē habet, nec aliam causam accolæ proferre so-

lent, quàm interdicto Ambrosij GARVM-
Cadurcensis Episcopi sancti viri id NA,
factum, cùm luciorum piscatio-
nem vetuisset quasi sibi minimè pla-
centem: quod fabulosum putarim.
Cùm verò Oldus Gabalis fluat, anno 1566. alta rupes prope Pomero-
lium in eius alueum decidit, ac viginti quatuor horas cursum fluminis impediuit extinctis piscibus, erupit tandem miraculo omnium gentium, à partibus illis, de quibus diximus, arces & Castella *Bassum* & *An-* Bas.
glarum percurrens duo oppida non *Anglar.*
longè dissita. Hinc transmissis Cadurcis per Aginnatum agros intra
suas depressus ripas, & cum asperis
cautibus colluctans primo *Fumellum*
oppidum & arcem suis fluctibus *Fumel.*
trasmeat: dein *Munsemprunum* Prioratu opulento insigne, & continuo
cursu *Lustracium*, & *Ferrassonium*
antiquas familiæ Lustracenses arces

GARVMNA.

nunc regulorum Calmuntiorum patrimonium stringit. Exin *Pennæ* vrbis Regiæ radices loco editissimo situ perlustrat. In ea, arx est opere & situ pene inexpugnabilis, quę tamen sæuientibus primis in Gallia bellis ciuilibus, à Buria & Monlucio Aquitaniæ proregibus expugnata, & ferè solo æquata est. Porro Oldus post aliquot milliaria Villamnouam alteram ab Aginno Prouinciæ Aginnensis vrbem alluit, eamque medius interscindit: cuius vrbis fertiles campi tanta frugum vbertate redundant, vt verè horreum totius prouinciæ appellari possit. Supra hoc oppidum lintrium, & lemborum tantùm capax, infra etiam nauigiorum, quibus merces Burdigalam cum maximo incolarum commodo impor-

Casseneil. tantur. Hinc *Cassinogilum* soli non infœlicioris succedit, & proximè

Saincte Liurade. *S. Liberata* frugum & commercio-

Franciæ per Flumina. 581

rum præpotens. Ambiunt, vtráque ripam vitiferi colles quamdiu suis aquis fertur. In maius tandem exiens spatium *Fongrauam* populosum vicum & Cœnobio virginum Fontis Ebraldi clarum, & ab hoc *Maurum Castellum*, mox quasi in ipso Garumnæ conspectu *Cleyracum* oppidum munitissimum &, peropulenta Benedictinorum Cœnobiarchia, tum pluribus moletrinis insigne subit. Denique & intra vnum milliare à læua *Eguillionum* oppidum pertingens, Garumnæ fluentis immergi properat, positoque nominis fastigio sub appellatione Garumnæ excurrit.

GARVMNA.
S. Liorad.
Fongraue.
Castelmauron.
Cleyrac:
Aguillon.

DVRANIVS.

AVsonius in descriptione Moselle hyperbolicos fingit longe maiora Galliæ flumina ipsi cedere, vt Ligerim, Axoná, Matroná, Tar-

La Dordogne.

O o iiij

GARVM-
NAE.
nem, & Duranium, de quo ait:
Concedet gelido Duranide monte volutus Amnis.

At Sidonij versus in descriptione Burgi Pontij Leontij carmine 22, multo & apertius de eodem flumine loquuntur, quod quidem in Garumna etiam annotauimus.

Est locus, irrigua qua rupe Garumna rotatus,
Et tu qui simili festinus in aequora lapsu
Exis, curuata Durani muscose saburra,
Iàm pigrescētes sensim cōfunditis amnes.
Currit in aduersum hic pontus, multoque recursu
Flumina quas voluunt, & spernit & expedit vndas.
At cùm summotus lunarib⁹ incremētis
Ipse Garūna suos in dorsa recolligit aestus,
Praecipiti fluctu raptim redit, atque videtur
In fontem iàm nō refluus, sed refluus ire.

Tum recipit laticem, quāuis ille minore, GARVM-
Stagnanti de fratre suū, turgescit & ipse NA.
Oceano, propriasque facit sibi littore
ripas.

At neq; Ausonius propriū ei fluuio nomen, neq; Sidonius vllū peculiare ei tribuit, quod nec Strabo sub Tiberio facit, eius tātum aquis Garumnā augeri scribens. Sed aureū montē in finibus Aruernorū quinque grandiores leucas occupare notissimum nescientibus esse cupio. *Duranonam* etiam dici à Gregorio nostræ gentis historico lib. 7. ca. 28. lectorē moneo. Aimoinus Historicus li. 1. de Aquitania loqués: *Fluuij quoq;, inquit, haud parui nominis in eadem sunt prouincia, Elauer qui nō multo minor Ligeri eius excipitur alueo. Dordonia etiam* Dordogne *qui ex monte qui Dor dicitur, & est in* riuiere. *finibus Aruernorum, duobus scaturiens fontibus, quorum vni nomen est Dor, alteri Donia, qui non procul à monte ip-*

so coniūguntur, in Garumnā influit. Prę-
cipuū quidē est *Durannio*, vt quinque populos Lemouicensiū, Cadurcensiū, Aginnensiū, Petrocoriensiū, & Burdigalensium non minima ex parte pertingat: Lemouicéses ab Aruernis, Cadurcos & Aginnates à Petrocorijs diuidens. Durannius itaq; proximè ab ipso fóte *Bortū* oppidū, atque alia in Lemouicensi solo sita stagnanti pene alueo peruadit. Hinc *Carennacū* oppidū diœcesos Cadurcensis eodē fluxu lambens, à Cadurcis mutato impetu in Petracorios vergit. Inde *Solliacū* vrbē, Sarlatenses agros, & oppidum quod incolæ *Dumā* vocant, ingenio loci aduersus vim omnem egregiè instructum. *Limolium* dehinc vrbem soli prędiuitis vbertate pascit, ibique...... fluuiolū à Lemouicibus exili aquarū lapsu oberrantē excipit. Exinde Duranius aquis suis & alienis auctus, liberā na-

GARVMNA.

Bors.

Carennac.

Souillac.

Dome.

Limeul.

uigātibus & facilē præfert rerū vena- GARVM-
liū facultatem. Nec in exiguo pro- NA.
uentu ponūt Petrocorij copiā ferri,
quo abundāt, & ferreas officinas. Nec
fallitur, qui ad illius soli præstantiam
adgregat ingentes siluas, quorū sub-
sidio tot officinas foueat, vnde non
solū ferrū graue, sed & æramētum &
aliud uis ferri opificiū per Duranniū
in alias prouincias auro & argento æ-
ra mutantes transferendum curant.
Accedit quod hæc ora sicut Lemouicensis castaneis adeò siluescit, vt
non solū incolas hoc edulio nutriat,
sed & gentes longinquas, & propin-
quas hoc vulgari obsonio reficiat &
recreet. Quinimo in Britanniam insulam copiosa hæc messis transfertur. A Limolio Durannius in *Lin-
dum* oppidū fonte miræ scaturignis
turri inclusæ famosum vertit. Ab ea
Bergeracum nouis extrutionibus va- *Bergerac.*
lidissimum, & frumēti generosique

GARVM-NA.

vini, & aliarum frugum copia latissimum immittitur. Hoc autem non tàm Senescalli, id est iudicis Petracoricensis Prætorio, quàm bellis inter Francos & Anglos, & maximè victoria Glesquini Magistri equitum aduersus Monferrantium Anglorum Ducem anno 1377. inclaruisse videri potest. Hinc Durannius intra Aginnenses & Petrocorios opima cultu interscindens, *S. Fidis* Aginnensis prouinciæ oppidum præteruehitur, à qua peractis circiter octo milliaribus in finibus Petracoriorum ad *Castellionem* primam Burdigalensis prouinciæ vrbem Anglorum excidio & Talboti egregij ducis cæde memorandam vertitur, ibiq; alternantis Oceani fluctu perfunditur. Postea relicto à dextra antiquo & non ignobili S. Æmiliani oppido, *Liburnium* vrbem frequentem populo & rerum omnium ac

S. Milion.

Libourne.

Franciæ per Flumina.

mercium peregrinarum copia ex GARVM-
toto Oceano aduectarum peruenit.   NA.
Ibi *Ella* amne adiuncto, qui ex Pe- *L'Isle. riui*
tracorijs originem trahens prope
Cotrasium Drunæ fluuioli ex agro *Coutras.*
Lemouicensi labentis, deinde ad *La Drone*
Albamterram, ita appellatam quòd *riuiere.*
territorium eius verè & naturaliter
sit colore album, ferax tamen ac fertile, Petracorios & Engolismenses
interiecto amne discernentis, vndas
sibi asciuerat, radices *Fronciacæ* arcis
alluit à Carolo magno extructę om- *Fronsat.*
nium nostrorum scriptorum testi-
monio. Aimoinus Petrocorius, in
vita Albonis Floriacensis cap. 18. de
Ella, deque Albaterra (Petracoricæ
diœcesos) loquitur in hūc modum:
Ad Castrum cui Albaterra nomen est *Aubeterre*
cùm deueniſſemus, Dominus ipsius Gi-
roldus apparuit. Porro nos eadēm die
qua de Albaterra promouimus, trāsmea-
to Ella flumine vnà cum beato Elbone in

Garvm-
na.

villa quæ ad Francos dicitur hospitati sumus. Suscepit nos inibi genitrix mea memorati militis Geroldi consanguinea vocabulo Amnetrudis, cum quanta potuit humanitatis exhibitione.

Castrum igitur Albæterræ altæ rupi impositum, quæ à maioribus instar lapidicinæ excauata detracto lapide, & relictis duobus ordinibus pilarum, quæ veluti fundamenta essent quibus ædificium niteretur; lumen tantùm accipit à meridie, id est versus Dromam amnem, via quâ in oppidum itur intermedia, estque parrochiale Téplum D.........præter quod est in eodem oppido monasterium ordinis Benedictini Saluatoris nomen habens, Temploque Canonicorum ornatur. Supra fornices autem naturales versus angulum qui in se-

Franciæ per Flumina. 589

ptentriones spectat fons est in Templum fluens. In summa autem rupe Castrum Vicecomitis pulchro locatum situ visitur. Ad Liburnium redeo, ita dictam quasi limitem Ellæ siue Islæ fluminis, quod nomen etiam illi tribuitur, & reperitur in antiquis membranis Petracoriorum. Opus autem est Eduardi Anglorum Principis circa annum 1286. ad confluentes Duranij & Ellæ exædificatum. A Fronciaco in Vairensem arcem inclinatur iàm aliquot seculis dirutam & iacentem, sed nostra memoria Gorguei ciuis Burdegalensis Quæstorisque Regij............ instauratam. Hinc latioribus ripis auctus Ella, & vadaso persimilis æquori, per paludes & æstuaria longo tractu penetrans, factisque aliquot insulis Cusacum portum ingreditur: ad quam

GARVM-
NA.

GARVM-NA. stant geminæ excelso loco turres, tandem ad occidentem se dirigens
Bourg sur Mer. Burgum Pontij Leontij attingit, & intra quingentos passus in ipso oppidi aspectu ad promontoriũ quod
Becdamber vocant Beccum ambarum aquarum in Garumnam deficit. Est Burgus antiquum & validum bello oppidum, à Paulinis eius auctoribus ad confluentes horum duorum fluuiorum positum: de cuius laudibus Sidonius multos versus edidit Carmine XXII. & inter cætera sic ait:

*Hos inter fluuios vni mage proximus
  vndæ est
Æthera mons rumpens, alta spectabilis
  arce,
Plus celsos habiturus heros, vernamque
  Senatum:
Quem generis princeps Paulinus Pontius olim,
Cùm Latius patriæ dominabitur, ambiet altis
                              Mœnibus*

Franciæ per Flumina.

Mœnibus, & celsæ transmittent ærea turres.

GARVM-NA.

Tantus quidem ab hoc Duranij ostio Liburniam vsq; Oceani æstus intumescit, tantoque impetu præcipitantes se vndas repercutit, æquinoctio præsertim autumnali, vt in ipso æstus primordio scaphas in littore positas euertat, maiora nauigia momento in altum euehat, & vasto cum strepitu terrorem & pauidos metus exteriùs hominibus huiusce rei ignaris incutiat, ita vt attoniti res humanas iterum diluuio commisceri putent. Hunc æstum incolæ *Mascaret* vocant: tantaque est vis consuetudinis, vt Liburnię pueri in ipso littore intrepidi hunc æstum libenter & expectent & excipiant. Durannius sui natura mucosus est, & parum nitidus, quæ res efficit vt Garumna, qui aquis perspicuis & puris gaudet; nisi cum imbribus & solutis

Mascaret.

GARVMNA. Pyrenei niuibus prætumidus vix intra margines suos cohibetur, piscium omnium copia à Durannio superetur. Alit enim multos barbos, lucios, carpiones, alausas, anguillas, lampetras, salmones, gobiones, sturiones, & aliorum piscium vim infinitam. Honos autem maximus mensarum carpio habetur, quem in Durannio &- Ella piscari vulgus solet, ac reperiuntur in eo troctæ singulares. Et id quidem flumen Arari penè parem, aut nihilo maiorem viatores putant.

TARNIS.

Le Tar. ri. TArnis fluuius, is est de quo Cæsar ait, *Tarnoque amne discreti à Tholosatibus Petrocorij*, & quem Ausonius auriferum vocat, à Ceuennicis montibus perfluens, tanto strepitu & fragore inter confragosa

Franciæ per Flumina.

rupium & saxorum loca, per Ga- GARVM-
balos cursum dirigit, vt torrentis NA.
instar vicinis & terrorem & offen-
sionem pariat. Tandem latior & le-
nior per Ruthenos in *Milialdum* vl- *Millan.*
timam eius regionis vrbem se di-
mittit, accepto priùs apud *Mon-* *Montaubā.*
tem album exiguo amne Tescuno. *Tescun.*
Inde post aliquot milliaria, *Albiam*
antiquissimam ciuitatem alluit. Nec
tamen est quam Plinius Albam Heluiorum appellat. Hæc enim Rhodanum attingit, & Viuariensem
Episcopatum, cùm Albia decem
milliaribus à Tholosa tantùm distans, & totidem à Ruthenis sita sit.
Est autem hæc ciuitas opulento inter cæteros Episcopatu, & mirabili Sanctæ Ceciliæ Virginis Basilica insignis, positaque in solo
non tantùm frumenti, vini, &
aliorum frugum fertili, sed &

GARVM-MA.

crocum Galliæ etiam communicat, vt vicini Lauracenses & remoti Engolismenses, qui ad Oceanum accedunt, quotannis faciunt. Fama autem & auditione compertum est, quas olim turbas sub Ludouico nono, & alijs principibus Albienses hęretici infecti excitarint, adeò vt totam Septimaniam, & Aquitaniæ maximam partem suis vitiis infecerint. Qui tandé & Domini Hispanici cócionibus & Simonis Comitis Montfortiorum, qui à Lutetia non procul habitant, armis omnes aut deleti, aut in ordinem redacti sunt. Ab hac vr-

Gaillac. Rabestens.

be Tarnis *Galliacum* mercimonijs opulentum alluit. Permissum autem est iure singulari Galliacensibus & Rupistagni vrbis incolis, vt his solis liceat vina in eorum solo & præfecturis collecta post diem Andreæ Apostolo sacrum Burdigalam aduehere: quod cæteris extra prouin-

Franciæ per Flumina.

ciam Burdigalensem ante Natalem Domini prohibitum est. Lauracensis ager dictus est à Lauraco domicilio Comitum in eo tractu, & Lauracus magnus vocatur qui à *Sancto Papulo* martyre dictus est: plures alij sunt Lauraci, verùm is à quo Regio dicta est, hoc nomine censetur. A Tholosa nouem leucæ sunt numerandæ quousque S. Papulum attingas, indeque ad *Castrum Arri*, quod est diœcesis S. Papuli, vna. A Galliaco quidem Tarnis iàm maiorum nauigiorum capax merces quaslibet Burdigalam vsque vehit, vt in Angliam, Hispaniam, Scotiam postea traijciantur à mercatoribus lucri auidis. Postmodum *Insulam* oppidum & *Rupistagnum*, quo loco *Acutum* fluuium sib assumit, mox *Busetium* permeat, ibique ponte traijcitur. Hinc *Villamurum* Gothiæ oppidum, denique *Montalbanum* vrbem

GARVMNA.

S. Papoul.

Castelnau d'Arry.

Agoust. ri.

Mont-auban.

GARVM-NA. diuitem, populosam & egregiè munitam, & salubrem tabidis, vt medici aiunt. Habet insuper Episcopum decreto Ioannis XXII. Romani Pontificis, & fontem mirandæ scaturiginis, tantaque est huius soli vbertas, vt cum feracissimis possit contendere. In eo tractu *Auerio* fluuiolus à Ruthenis oriundus in Tarnem deijcitur. Hoc ei nomen datum est in vita S. Amadi, vt mihi retulit Canonicus Castrensis vir fide dignus. S. Anthonij vrbem in Ruthenis idem Auerio irrigat. Qua in regione & fontem habet supra ipsam Ruthenorum præcipuam sedem. Denique Tarnem ingreditur prope *Rabastinum*, in loco cui Gallicè nomen est *Puncta*, siue acumen, id est ostium. De hoc fluuio dicitur vulgo:

Aueyron.

La pointe d'Aueyrõ.

Qui passa lo lot, lo Tar & l'Aueyron.
Nes pas Segur de torna en sa meyson.

Franciæ per Flumina.

Poſtrema vrbium quas Tarnis irrigat, eſt *Moiſsiacum* oppidum, quod non ſolùm Albienſium factio afflixit, ſed Anglorum flammis & rapinis prope euerſum iaceret, niſi poſt fugatos tota Aquitania hoſtes illos, & ab incolis qui ſupererant, & à vicinis populis inſtauratum fuiſſet. Nunc enim non inter ignobiles Cadurcorum vrbes habetur, opulentoque Benedictini Ordinis cœnobio illuſtre eſt. Non longè ab eo & intra primum lapidem Garumna Tarnis aquas inuito ſimilis intercipit, ſemper turbidas & veluti flauas propter ripæ & ſoli argilloſi naturam, à quo huiuſmodi colore ſuffunditur, adeò vt Garumna limpidiores aquas vehens Tarnim refugere & faſtidire videatur, & per milliare & amplius ab eo diuerſo tramite,

GARVMNA.

GARVM-NA.

& ex obliquo fluere cernatur, ne vitreus & lucidus impari admixtione sordescat. Sic Tarnis à Gabalis perpetuum cursum usque ad Aginnates agit, & Ruthenos & Cadurcos à Tholosanis dirimens: certumque est & clara luce perspicuum Petrocorios plurimùm à Tholosanis distare, proximosque & intermedios esse Cadurcos & Nitiobriges, quorum municipium est Aginnum. Abundat Tarnis luciis, barbis, alausis, vaudosis, alijsque suauissimi succi & saporis piscibus. Sidonius in protreptico de Tarne & piscibus eius loquens, sic ait:

Hinc te Lesora caucasum Scytarum
Vincēs aspiciet citroq; Tarnis limosū &
Solido sapore pressum piscem perspicua
  gerens in unda.

Lesora autem altissimum iugum est gentis Gabalorum, qui vulgo *Gauax* in patria dicuntur. In vita Charissi-

Franciæ per Flumina. 599

mæ virginis corruptè Tarnis appel- GARVM-
latur. NA.

Et Auriferum, inquit, *postpone* s.Chresme.
Gallia Tarnem. prope Templum
Virginis, quod à Quosalio Gabalorum, erumpit Tarnis ex alta & nigra
rupe cui nomen est Tarni. ¶ Idem
Ausonius Paulino Epistola 8. loquens de Philone prouocatore suo.
*Adit inquilinos, rura, vicos, oppida
solo & sales commercio acutis, phasellis,
lintribus statis rate Tarnem & Garumnam permeat.*

AVRIGERA.

AVRIGERA fluuius Pyreneo- La Riege.s.
rum nobilissimus dici potest,
quia ab auro gerendo aureum nomen habet. Ex hoc enim pellucidæ
ex auro crustulæ arenæque aureæ
eruuntur, ex quibus incolæ secundum ripam fluminis sordibus elotis,

GARVMNA.

& detersa face, aurum purissimum conflant: quòd si in munitiores partes distractum fuerit, argento viuo in vnum colligunt. Hinc non minimus quæstus vicinis agricolis, qui tamquam in voluendis Tagi Hispanici amnis aureis arenis operam elocant, quod in Tarnis, Oldi, & Garumnæ fluentis videre licet. Abundat hic fluuius insignibus truttis, quæ sapore & purpureis maculis salmonibus bonitate & gustu non cedunt: nec desunt alausæ, alburni, & alij minutioli pisces, quibus incolæ vescuntur. Aurigera igitur Pyreneo per vallem *Merigniam* enatans in campos Fuxenses descendit. *Fuxum* à Petrarcha sic appellari notissimum est, & ab Annali Albiensium quem Petrus Sernensis historicus scripsit. Peruagatus autem aliquot viculos *Aquas* oppidum alluit. Dein emenso ali-

Merignes.

Acqs.

Franciæ per Flumina.

quot milliarium spatio non igno- GARVM-
bile Fuxensis oræ oppidum præter- NA.
fluit, cui proximè succedit Fuxum *Foix.*
oppidum totius prouinciæ & præfecturæ iudicialis sedes. Nec pro-
cul visitur sacra *Montis Gaudij* Ba- *Montgauci.*
silica à Carolo magno, vt aiunt, instituta, multisque donarijs & red-
ditibus ornata, quæ posteà Volu-
lusiani corpore in eam vrbem translato studio & diligentia Rogerij
secundi Fuxensium Comitis multum inclaruit. Bartasius in nouem
Musis Pyreneis.

François, arreste-toy, ne passe la cam-
   pagne
Que nature mura de rochers d'vn costé,
Que l'Auriege entrefend d'vn corps
   precipité,
Campagne qui n'a point en beauté de
   compagne
Fleuue d'or, & de flot, & de nom, &
   de sable,

GARUM-　Riche en grains, en pastel, en fruicts,
NA.　　　en vins, en bois,
　　　Auriege au viste cours, clair ornement
　　　　de Foix,
　　　Qui rends par ton tribut Garonne na-
　　　　uigable.
　　　A Fuxo Aurigera modicè se laxat,
& per lætissima agrorum sata fluens
Pamiers.　Apamiam tandem illabitur Episcopali dignitate nobilissimam, & à
Bonifacio octauo, vt Nangius historicus annotauit, amplificatam.
Inde liquidus & suas dumtaxat vn-
Sauardum　das trahens, tria oppida Sauardu-
S.Gauelle.　num, S.Gauellam, Altamque ripam re-
Haulterine　ficit, à quorum vltimo nauigio fit
patiens, quibus omnis generis fru-
ges & merces Tholosam exportant:
vnde sedato cursu circumiectans regionem peragrans in finibus viculi
Sanctæ Crucis duobus à Tholosa
milliaribus Garumnæ miscetur, po-
sitisque fascibus & nomine impe-

rium Garumnæ tamquam principis GARVM-NA. libenter agnoscit: etsi nullum apud veteres chronographos, vt Melam, Solinum, atque alios nomen habet.

ATYRVS.

ATVRRVS siue ATYRVS, à *La Dour. P.* Lucano & Ausonio vocatur, & à Vibio Sequestro in libello ad Virgilianum filium, Atyr, cùm ait, *Atyr Tarbellæ ciuitatis Aquitaniæ in Oceanum fluit.* Lucanus quidem his versibus libro primo de bello Pharsalico.

-----tunc rura Nemetis
Qui tenet & ripas Atyri qua littore
  curuo
Molliter admissum claudit Tarbellicus
  æquor.

Et Ausonius.
Insanumque ruens per saxa rotantia
  latè

GARVMNA.

In mare purpureum Tarbellicus ibit Aturrus.

Nomen aliud Ptolomeus habet, quamquam non admodum ab his alienum. At posteritas Adurum & Adurim appellauit, vt ex Codice Theodosiano perspicimus. E saltu quidem Pyreneo qui ab incolis dicitur *Pigmintolius*, inter rupes & saxa rotantia oritur, & per Bigerrionum campos torrentis instar sæpe extra ripas diffluit. Sunt autem *Bigerri* seu Bigerrones, populi ad Pyreneorum radices inter Conuenas & Bearnenses positi. Tellus enim frigida & vitibus caret, quos idcirco Ausonius pellitos vocat, propter nimiam cœli intemperiem & frigoris sæuitiam. Fouentur tamen aquis calidis & mirè salubribus aquis, sicut & Bearnenses, atque ex tota Gallia & Hispania valetudinis ergo in ipso

veris exitu & autumni initio con- GARVM-
curritur. Non procul à fontibus NA.
Aturri Baigneriarum aquæ à cor- *Baignieres.*
poribus abluendis nomen sortitæ
sunt. Dissitæ ab vrbe Tarbiensi
duabus aut tribus leucis, & aquæ
Bigerrionum non Tarbellæ, sed
Tarbienses dicuntur. Aturrus igitur post aliquot inter valles emen-
sa spatia Arcem *Astensem*, vnde
illustris apud Aquitanos Grandi- *Granemont.*
montanorum familia originem tra-
xit: inde *Tarbam* Bigerrionum me- *Tarbe.*
tropolim ciuitatem antiquam, &
Episcopali dignitate iàm à multis seculis ornatam alluit. Nec verò existi-
mandum quod Tarbellorum caput
vel metropolis Tarbia dicta sit, cùm
in chartis ecclesiasticis Bigerrionum
Episcopatus dicatur, sed quod Tarbelli qui ad ostia Aturri habitât, non
sint admodum disiuncti à Tarbia.
Idem Aturrus per Placentiã oppidũ *Plaisance.*

& Barcelonem Arminiacensis Comitatus exiguas vrbes labitur. Hinc non longo interuallo in *Landarum* prouinciam defluens *Tasches* oppidum, vbi *Larrosus* fluuiolus Aturro miscetur, & postmodum *Ayrensem* siue Atyrensem ciuitatem, quæ in actis Ecclesiasticis Adurensis dicitur, perfluit. Hæc in fertili & irriguo solo posita opuléto Episcopatu sub Nouempopulania cóprehenso floret. Ab hac ciuitate vsque ad *Mugronum* oppidum prope Tartasseos Aturrus ab vtraque ferè ripa vitiferis collibus frondescit, ex quibus vinum album suauissimi saporis, quod *Chalosseum* vocāt, ab Aquitanis laudatum exprimitur. Adiacent inde Aturro à læua, & ab occidente Benearnenses populi liberi, & ad radices Pyrenei *Cantabri* oppositi. Subest Benearnensis prouincia duobus Episcopis Eloroni & Lascurræ. Gloriatus

marginalia: GARVMNA. *Barcelonem* — *Larros. riu.* — *Ayra.* — *Mūgron.* — *Oloron.* — *L'Escur.*

Franciæ per Flumina. 607

riatus etiam hodie Palo Benearni GARVM-
principum Regia ad ripas Gaui, siue NA.
vt vocant Gaberi fluminis sita, se- Le Pau.
ptem leucis à Pyreneis tantùm dissitæ, sed in solo plano, pulchroq; posita. Insuper Academia *Hortesiorum* Hortes.
vbi literæ docentur, Hortensijque
subsunt Episcopatu Lascurrensi.
Quod autem Gaberum vocant, &
Vascones, B. pronuntiant vbi V.
scriptum est. Poeta nescio quis irri-
det, cum ait:

Nostrum viuere bibere est.
Ab Airensi ciuitate, Aturrus Cœnobium *Castellanum* irrigat, inde *Ca-*
zenas & *Grantam* vrbes, mox intra
quatuor milliaria oppidũ S. Seueri ab S. Seuer.
Auscis distans sex milliaribus, quod
Vasconiæ caput vocant, perlabitur.
Est autem hoc oppidum, & Senes-
callo Landarum prætorio, & munitissima arce, nec non opulento Benedictinorum cœnobio clarum. Ab

Q q

GARVM-
NA.
Mont de
Marsan.
La Douze
riuiere.
Midou. riu.

hoc circiter quatuor milliaribus distat *Monmarsanum* Gregorio Turonensi cognitum, ad confluentes *Dusæ* & *Midoui* puri perspicui vitreique amnis, qui deinceps sub Dusæ nomine ad Promontorium, quod est proximũ Tartassio oppido, in Aturrum influunt. Denique Aturrus vsque ad Baunæ ostia fit nauigiorum tolerans, quibus omne genus frugũ & mercium passim effertur. Hinc Aturrus *Tartasum* internecione & excidio Anglorũ perfluit, à quo per cãpos vix cultus humani patientes & statibus arenis plerũq; obduct⁹ ripa depressa & subducta tamquã furtim incedẽs, *Aquas* oppidũ, quas antiqui Tarbellicas & Augustas, & Aquensium ciuitatẽ vocarunt, cœlo & solo iàm benigniore, & suis vndis iã ditior & augustior factus salutat. Hęc ciuitas longo terrarum tractu à *Vicanis Aquensibus* in ora Fuxensi distat, nec

non à *Vicanis* qui sunt supra Tarbe- GARVM-
dam positi. Est autem Aquésis ciui- NA.
tas parua quidem, sed ad omnes Hi-
spanorũ impetus munitissima: cumque sit in Imperij Francici finibus,
perpetuos milites & præsidiarios fouet, neque videri potest non com-
memorandum quod singulari fontis ingenio intra mœnia scaturientis,
& igneo feruore semper æstuantis,
tum marmoreis solijs admodum ex-
politi eximiam sibi laudẽ vindicat.
Ex eo fonte multa vis aquæ in Atur-
rũ dilabitur. Extant ægrotantiũ cor-
poribus multa aprimè salubria aquarum calidarũ balnea, non solũ in ea
vrbe, sed & in tota gentiũ illarũ ora,
quę Pyrenei mõtis radices incolunt;
vulgus *Preissasia* & *Terzisia* appellat. A copia autem & multitudine a-
quarum huic ciuitati olim nomẽ in-
ditũ verisimile est. Ab hoc Aquensiũ
oppido Aturrus impellente Oceani

GARVM-NA. æstu aliquantulum vrgeri incipit. Hinc seipso tranquillior Gaberum siue Gauem fluuium à Benearnensibus emissum innauigabilem, & tergimino se explicantem alueo, at concitatis aquis rapidum & se tandem colligentem ad *Petræforatæ* oppidum excipit. Hoc flumine concepto plenior factus propter Baionam siue Boionam vltimum Tarbellorum & Imperij Francici ciuitatem vndas suas lato spatio trahit, intraque vnum milliare ab ipsa vrbe videndus exit in Oceanum. Ante annos autem aliquot eius fluminis ostium magno prouinciæ commodo latius factum est, perducta fossa multo breuiori quàm vetus & naturalis esset, opera & industria Ludouici Fuxei architecti & mechanici Regij.

Bec. Quod quidem Baionenses non Bec-
Bocal. cum, sed Buccalem vocant. *Baiona* verò murorum & aggerum firmata

munimentis tutiſſimum, eſt Gallia- GARVM-
rum propugnaculum & ſede Epiſ- NA.
copali & Seneſcalli prætorio & portu celebri (ad quem naues ex tota
Europa conueniunt) non leuem eſt
conſecuta inter reliquas Aquitaniæ
dignitatem. Et cùm in finibus Can-
tabrorum iaceat, qui Biſcaini appellantur diuerſo idiomate incolæ loquuntur; alij enim Gallico, alij Vaſ-
conio, alij Cantabrico vtuntur. Sunt
qui à Boijs antiquis Boionam ſiue *Delabour.*
Baionam dictam putent, cùm olim
Lapurdam diceretur, vbi locatum
erat præſidium Romanorum, idque
conijciunt ex eo quod noſtro ſecu-
culo non multùm ab eo diſtet Præfectura Lapurdenſis, quæque in iure dicendo Tribunal Baionéſe tamquam fori maioris imperium vene-
retur. Sanſon Canonicus Baionen-
ſis mihi olim cognitus reſcripſit fluuium qui Baionam alluit, appellari

Qq iij

GARVM-
NA.

Le Nibe. r.

Adurum. In vita autem S. Leonis *Niuum* nomen suum perdere in exitu vrbis vbi in Adurum influit. Denique Niuum descédere à radicibus montis *Roncęvallis*, hoc est à Septentrionibus fluere. Piscatio autem in Aturro flumine copiosa & fructuosa est, in altoque alueo tructas habet, vt alij piscosum amnem, immò alij piscosissimum, & flumen multo pisce refertum prædicent. Multiplici enim partu procreat lucios, salmones, alausas, barbos, carpiones, sturioné, sed præcipuè truttas, quæ per Gauum Benearnensem in Aturrum deferuntur, vt Garūnæ & Durannio variorū piscium prouentu nihil concedat, vnde Sidonius Apollinaris li. 8. epist. 12. Aturricos pisces Garumnicis mugilibus insultare scripsit. Postremo *Lugiam* in vltimis Aquitaniæ finibus Regino historicus sitā ait, quæ hodie S. *Ioannis Lugiensis* nomine censeri solet.

DE GAVO, VIDOSO, ET ALIIS TAM FLVMINIBVS QVAM REBVS præclaris Nouempopulaniæ & Bearnensium.

PRODERIT & Arnaldi Ferronij Senatoris Burdegalēsis, qui Henrico secundo Galliæ Rege scripsit, verba transcribere. *Transmisso*, inquit, *pontibus Gauo fluuio alioquin rapidissimo, qui tunc placidissimus fluebat Sordam oppidulum peruenit. Prope Sardam quasi rostro scinditur Gauus, & diuisus æqualiter in duas partes latera vndique alluit, rapideq; dilapsus mox in vnum confluit. Est Sorda sita in præfectura Daciorum vicina montibus Pyreneis, ibi domus Benedictinorum lautius nuper à Carolo Grandimontano Pontifice Burdegalensium, atque eius loci Cœnobiarcha ædificata. Gauus qui Sarrunsam idem eum locum præteruehitur. Locum nacti incenderunt Hispani. Eodem terrore vicinū aliud oppidū Petrā foratā*

GARVM-
NA.
S. Iean de
Lus.
Labour.

Pap. Mass. descriptio-
num Ioannis Lucensis & vicum via-
rium & agros Laburcium vicinos Baio-
nēsibus. Mox alio loco Poyetus, inquit,
dum Salinarium vectigal insulis Santo-
nū Oloronensibus Arueto, Broagio, A-
quitaniæque imponere dum Regio nomi-
ne, Senatus omnes Gallicos traducere, in
ordinemque cogere vult, flagrare inuidia
apud omnes cœpit. Baionenses simili me-
tu Hispanorum consternati sunt, & sus-
pectos habuere multos quasi de vrbe Cæ-
sarianis prodenda. Cùm enim illi repentè
aduenissent, vbique ad arma conclama-
tum est, iàm direpto fano Ioannis Lu-
censis.

Eo anno............ Nayn oppidum in
Biarnensium finibus igni cælesti immisso
maiore ex parte flagrauit.

Nibe.r.

Niuus fluuius è Pyreneis per Vasco-
num agros progreditur, Baionamque in-
terluit, in eaque extrema labitur in A-
durum non aliter quàm Lugduni Arar
in Rhodanum.

Gauus in Pyreneis oritur, aqua eius GARVM-
perspicua & cristallina est, per Bearnen- NA.
sium agros labitur, & nauigiorum non
est patiens. nutrit truttas, lampetras, sulmones. In arenis eius aurum reperitur,
Palum municipium & Regiam stationem abluit, postea per Lascurram vrbem
Episcopalem in Adurum decurrit.

Est & alius Gauus qui oritur in Pyreneis prope Salinas, vnde nomen accepit Gaui Salinarij. Et apud Saluamterram, & Nauarricum in Gauum Bearnensem tandem excurrit, atq; hic Gauus
è montibus Oleronij defluit. Oloronum
vero est in ædito monte

GARVM-
NA.

CARANTONVS.

La Charan-
te. riuiere.

Cheronac.

IN vico & parrochia, cui *Cheronnacio* nomen, diœcesis Lemouicum, in confinio tamen Inculismensium regionis, *Carantonus* flumen amœnissimum pulcherrimumque oritur, & modico fonte aquarum ex riuulis fluentium copia auctus. Et versus Septentriones cursum dirigit quousque *Cyuraium* Pictonicum oppidum attingat, ab eo meridiem petit, postea occidentem vsque ad Oceanum, in quem influit profundo altoque alueo, & mediocriter largo. Pisce abundat, scilicet carpionibus, troctis, lucijs mustellis, hactonibus, quod genus albo colore est, anguillis, & similibus. Ornatur

planicie virentium pratorum, & col- GARVM-
libus natura fertilibus, maximeque NA.
aspectu gratis. Plures insulas efficit
vel ligno, vel pratis celebres. Colles
autem de quibus diximus vitiferi, &
pampinis & racemis quotannis af-
fluunt. Lapideos pontes habet, pri- *Pont Sigolā*
Rochemeau
mus est *Sicolanus*, secundus *Roche-* *Ciuray.*
marus, tertius *Cyurienfis*, quartus *Thefé.*
Condac.
Theseus, quintus *Condacensis*.

Est & alius fluuiolus nomine *Pe-* *La Perufe.*
rufa qui oritur in loco *Foramen Gili-* *riuiere.*
berti dicto, decurritque per *Montis* *Mon-Ian.*
Ioannis parrochiam, quæ ad Canoni-
cos S. Martialis Lemouicensis perti-
net, inde sub *Londinium*, postea iux- *Londigny.*
ta *Genolium* nobiles domos. Vnius *Genouille.*
autem leucæ & dimidiæ cursum ha- *S. Martin*
bet, & in vico seu parrochia *Sancti* *du clocher.*
Martini à Campanilli se absorbet: sed
singulis ferè annis fluere consueuit
mense Aprili, aut Mayo, & quod ra-
rò accidit Iunio, sed quarto decimo

die cessat. Cùm autem fluere vult, agnoscitur cum vehementissimo impetu os rusticani putei in prato constituti sub decliui. Versus meridiem nobilis domus de *Brolio Vigerij* se effundit nouum quodammodo faciens fluuiolum per prata, postea per *Ruffecianæ* siluæ latus in *Lyenem* quoque amniculum fertur prope oppidum *Ruffetij*, & arcem Procerum loci circumfluès, moletrinas agitat, egressusq; septũ spatiosum, tandem infra pontem *Condatensem* influit in Carátonum, pisceq; abundat, præsertim anguillis, cancris, & quod caput est, troctis sulmoneis. E loco qui *Campaniacus de Mutone* appellatur procedunt fluuioli duo, quorum vnus *Argenteus* vocatur, alter *Aureus*, qui simul postea iuncti fluunt inter rupem, quæ antiquitus *Foßa Lupi* dicebatur, vbi sita est Abbatia de *Nãtolio in valle*, ordinis Be-

CARAN-
TONVS.

Le Breuil aux Vigier.

Ruffec.

Condat.

Chãpagne Mouton.

Argent. ri. Or.

Nanteuil cen valle.

Franciæ per Flumina.

nedictini Pictauiésis diœcesis, quam Carolus magnus fundauit, inde progressi leuca vna in Carantonum labuntur, in loco qui *Porsac* appellatur retentis simul nominibus suis, id est Gallica voce *Argentor*. Sextus verò pons sub *Vertolio* castro rupi imposito oppido imminenti constitutus est, vnde Carátonus decurrit inter domos nobiles d'*Aunac* & *Bayec* in diuersis ripis, inde apud *Mauliam vicum*, vbi septimus pons est lapideus octo fornices continens, qui locus situ pulcherrimus ad Canonicos Engolisimenses pertinet. Prope Mauliam autem plures exigui amnes Carantono iunguntur, duo scilicet *Sonus* & *Sonulus*, quorum vnus à Monasterio *Cellæ fruini* Augustiniani Ordinis, alter è parrochia *Belli loci*, nobilique & egregia domo de *Sansac*, simulque iunguntur ad pontem parrochiæ quæ

Carantonvs.
Argentor. riuiere.
Vertenil.
Aulnac.
Bayec.
Maule.
Son & Sonnette.
Cellefruyn.

Vallentia appellatur: inde fluunt ad aliam, cui *Sancti Frontonis* nomen, & postea in Carantonum labuntur, troctisque delicatis abundant, luciis, atonibus siue curciis pisce albo, bramis & cancris. Fluuiolus autem cui nomen *Bonuira* è prioratu *Castellari* Cluniacensis ordinis profluens per pontem *Sancti Cirici*, & radicem *Podij regalis*, Carantonum ingreditur. *Tardopera* è Lemouicensium finibus profluens, per *Montis Berulphi* castrum & oppidulum, & *Fulcodiorum* Procerum arcem egregio rupi impositam, & oppidum, Carantoni alueum petens. At inter illa duo loca, de quibus proximè diximus, *Ranconia* est. Id parrochiæ nomen sitæ super alta rupe iuxta Tardopeiam, sub qua spatiosæ cellæ visuntur ingerssu stricto, nec quicquam in ij potest videri, nisi funalia, aut laternas, aut paleas accensas

marginalia:
GARVMNA.
La Bonuyre
S. Cyer.
Puyrean.
La Tardoere. riuiere.
Montbeion.
La Roche-Foucault.
Rancogne.
Les Caues de Rancogne.

Franciæ per Flumina. 623

accensas præferri iusseris. Intus autem spectantur variæ imagines seu figuræ aut hominum, aut ferarum, aut vestium, aut columnarum, aliarumque rerum quas magna voluptate atque delectatione animi qui presentes sunt aspiciunt, cùm subterranea loca illa ingrediuntur.

E Maulia autem Carantonus decurrit versus Goé, & Sanctum Gratianum, *Castrum Reginaldi* edito loco situm, postea *Echoisiec, Ternam, Amberiacum* & *Marciliacum*, cuius loci dominus donationem olim fecit congregationi Sancti Eparcij circa annum Christi millesimum centesimum quinquagesimum nonum, tunc Seguino Abbate: Ea sic habet.

Gerardus de Ranchono filius Aimerici cognomento Felicis, cupiës ab auditu malæ auditionis securus esse pro se & pro animarum parentum suorum, omniumque Christi fidelium redemptione tribuit

CARANTONVS.

Goé.
S. Gros.
Chasteau
Regnauld.
Eschoissy.
La Terne.
Amberac.
Marcill.ac.

Rr

Carantonus. ex sua hereditate congregationi beatissimi Christi Confessoris Eparcij totam terram, quæ est à puteo ante portam Marciliaci Castri sito, sicut duæ viæ pergentes diuidunt, vsque in Carontam fluuium, cum tota aqua de Esterio, in qua etiam terra, consilio Domini Vvilielmi Engolismensis Episcopi, ipsiusque largitoris Girardi, supradictæ congregationis monachi edificarunt Ecclesiam in honore Sancti Michaelis Archangeli.

Montignac. Inde *Villam* Ramnulphi Carantonus petit, *Montiniacum*, vbi pons lapideus constructus est, infra quem riuulus è puteo rusticano in sylua non procul à monasterio S. Amantij Brixiensis Ordinis Benedictini fluens Carantono permiscetur. De eo riuulo seu *Gauo* mentio facta est

Le Gaue. ruisseau. à Roone Episcopo Engolismensi, qui Roberto & Henrico Regibus vixit, his verbis.

Ego in Dei nomine Roho Episcopus En-

golismensis, cum consilio Arnaldi Archidiaconi, & omnium clericorum Sanctæ matris Ecclesiæ sedis sancti Petri, facio donationem de Ecclesia S. Mariæ quę est in Montiniaco, & de terra quæ est desuper, sicut via venit desuper vsque in Gauaro, & sicut Gauarus diuidit vsque ad Carantonum & Siluam Donello, & omnia de supercilio montis vsque in Carantonum, sanctissimo Petro & Sancto Amantio facio donationẽ ad cœnobium construendum & congregationem erigendam, vbi cum Dei laudibus perseuerent. Et hanc donationem facio cum consilio Veberti fratris mei, cui hoc succedebat ex meo honore in seruitio. EGO ROHO Episcopus manibus meis firmo hanc cartam. S. Vvillielmi Comitis & vxoris suę Gebergę S. Alduini, S. Gaufredi, S. Arnaldi Archidiaconi S. Veberti, S. Petri Vualdradi, cuncto populo spectante. Carantonus autem fluit apud Varnũ Episcopale domiciliũ, vbi pós est

CARAN-TONVS.

Varnũ

Pap. Maſſ. deſcriptio

CARAN-
TONVS.
Vindelle.
Ballezac.

lapideus, inde *Vinzelias* & *Balleza-cum*, & non procul ab eo loco riuulus nomine vulgo *Churet* in Carantonum fluit. Item eſt in finibus agri Icoliſmenſis fluuiolus, qui oritur verſus *Montem brunum* in Lemouicibus, fluitque per Petragorias *Iauurilliacum*, inde *Martonem* oppidulum, poſtea parrochias de *Chaſellis* & *Sancti Conſtantij* percurrit ad lo-

Aux Vmbrays.

cum vſque qui *Vmbroſus* dicitur, vbi ſe abdit per os exiguæ aperturæ, ſed cùm tumeſcit extra ripas, extendit ſe ad parrochiam de *Agriſio*, quartam partem ſcilicet leucæ circa *Braconiam* ſiluam, propter vliginoſas vt aiunt voragines. IN EVNDEM FLVVIVM Carantonum decurrit *Toluera* amnis duobus milliaribus ab *In-*

La Toulure.

coliſma præclara vrbe, quæ in altiſſimo colle, & idcirco ſalubri poſita eſt, quæ decurſis aliquot millibus ab ortu, fonteque ſuo, in Carantonum

labitur infra pontem qui *Gondius* di- CARAN-
citur. Hic verò amnis à noſtratibus ᵀᴼᴺⱽˢ·
Poëtis Gallico ſermone ob duas cau-
ſas celebratus eſt, propter pulchritudinem riparum eius, & infinitum
prope Cygnorum numerum, qui
eſſe in aquis eius ripiſq; deſierūt initio bellorum ciuilium, quæ Inculiſ-
mam vexarunt: territis enim aut cæ-
ſis plumbo ſocijs, ſedibus ſuis, &
priſtina quiete exules abierunt. Sidonius epiſtola xv. lib. 9. de Atace fluuio Narbonenſi loquens, ait: A ta-
cem ſonare cum ſuis oloribus: nec
vulgi prouerbium improbo quod
de Toluera dici ſolet: *Qu'elle eſt pa-*
uee de Truittes, lardee d'Anguilles, bor-
dee d'Eſcreuiſſes, & couuerte de Cy-
gnes. Id eſt, Tolueram troctarum
multitudine inſtar pauimenti ſub-
ſtratam, anguillis & cancris cir-
cūueſtitam cygnis cooperiri. Clemēs
Cadurcenſis Poeta, ſcribens ſuper

Rr iij

CARAN-
TONVS.

obitu Aloysiæ Sabaudiæ Francisci
primi, Regis matris, hæc de Toluera cecinit.

La pauure Toulure arrousant Angoles-
me
Ha son paué de truittes tout construit,
Et sur son eau chantent de iour & nuict,
Les Cygnes blancs dont toute elle est cou-
uerte.
Ad vada Meandri concinit omnis olor.
Paulus Thomas in Sylua à se edita
Tolueram fœliciter describit, his
quidem versibus.
Arduus haud facili consurgit in aere
cliuo,
Et gemina hinc atq; hinc protendit bra-
chia collis:
Mense velut primo nocturnæ curnua
Phœbes
Curuantur: vallis jacet infra angusta-
que primùm
Planitie, ingentem mox se diffundit
aperta

Franciæ per Flumina.

Colle sub hoc, ipsaque aperit qua bra- CARAN=
chia parte, TONVS.
Qui longo vallis secessu abducta recedit,
Fons scatet horrendus, priscum cui Toluera nomen,
Ille quidem geminus, sed nomine prodi-
tus vno,
Quod coeunt vndæ, communique agmine currunt,
Margine nec distant: collis porrectus
vtrumque
Marginis instar habens, claudit: miran-
dus vterque
Ingens, piscosus, gelida gratissimus vnda.
Sed dispar facies: Alter sine murmure
sensim
Defluit, vt tacito fallat quoque lumina
lapsu,
Turbidus aspectu, placido nil ore pe-
ricli
Promittens, vastus sed enim patet vndique gurges,

Rr iiij

CARAN-
TONVS.

Cęruleasque aperit fauces immensa vorago.
Huius conati quidam depędere fundum
Demisere graui subeuntes pondere funes
Innumero; verum nulli (mirabile dictu)
Fundū demissi valuerunt tangere funes.
Fons autem tumidos magno vomit impetu fluctus:
Cumque graui gemitu, perque interualla petitus
Undarum cumulos fundo inspirat anhelo;
Excitas Borea volui stridente procellas
Credideris, veniens imo cum gurgite summas
Unda super prorumpit aquas, & leue politi
Immani dorso conturbat fluminis aequor.
Fit fremetus; circum collis, syluæque propinquę,
Antraque curua sonant, spectantibus incidit horror.

Franciæ per Flumina. 631

Et si autem aqua Toluerę natura fri- CARAN-
gidissima est, capiuntur tamen in ea TONVS.
cancri, anguillæ, mustellæ, lucij,
percæ, alburni, gobiones, redones,
trottæ, purpures, vt alij eiusdem versus indicant in hunc modum.

Hic mihi vix primas tingenti flumine
 suras
Obuius obliquis cācer se gressibus offert.
Riparum ille cauis habitat, tam fercula
 prębens,
Quam medicas seruans & testa & vis-
 cere vires,
Lubrica pręlongum simul impellensque
 trahensque
Corpus agit, flexoque Anguilla volu-
 mine serpit,
Delicium vulgi, detracto tergore quon-
 dam
Nota nimis pueris, teneroque incom-
 moda tergo.
Hanc ego qua dicam causa cùm vita re-
 liquit

CARAN-
TONVS.

Non fluitare vadis cunctis è piscibus
vnum,
Sed grauis in morem fundo subsidere
saxi?
Tu quoque præcipua spectaris mole, gra-
uemque
Ouorũ gestas numerosis millibus aluum
Carpio, lingua cui tenero suauissima
gustu.
Nec tu oriunda mari Mustella silebere,
verno
Tempore perspicui subiensquę lata Ca-
rentæ
Ostia, in aduersum, quàm longum est,
serpere flumen
Non cessas, donec tot præteruecta procellas,
Tot populos pontesque, rapax quibus ob-
strepit vnda,
Accedit fonti haud ignobilis incola nostro.
Tu primùm intercepta, omni preciosa
macello

Franciæ per Flumina.

Regnas, diuitibusque paras obsonia CARAN-
solis, TONVS.
Tempore mox ipso pretium mutasque
saporem.
Ecce ferox pauidos metuendo Lucius ore
Insequitur pisces, mensis nunc ille receptus
Quem gula damnarat veterum: Germania Gallis
Hunc certo condire modo monstrauit:
hoc illis
Vnum pro toties populato reddidit
agro.
Deliciosa choro Percarum examina lu-
dunt,
Alburnique natant pingues, & Gobio
vilis,
Redoque vix fuluas inter noscendus
arenas
Concolor & tenuis, sed præstans carne
salubri.
Nunc te Trutta canam, quo non for-
mosior alter,

CARAN-
TONVS.

Suauior aut gustu piscis: variata re-
fulget
Purpureis tibi squamma notis: tu vef-
ceris albi
Exuis assuetum vere incipiente colorem,
Et penibus, ceu salmo, rubes. quis fon-
tis alumnum
Te putet ingenti Neptunia corpore
monstra
Aquanteum? nostri certè regnum om-
ne fluenti
Te penes; in te omnes conuertunt lumi-
na pisces.
Certatimque colunt, admiranturque na-
tantem.
Rarior & cùm sis alijs in fluctibus, & te
Non lacus insignem, non quilibet edu-
cet amnis:
Hic tamen vsque frequens adeò depren-
deris, vt non
Nobilior Tiberisue lupis, Misenus
echinis,
Vel fuerit tenera Lucrina pedoride

lympha.

Non tibi se Rhodani, quæ laudatissima
 fertur,
Non tibi se vitrei preponet trutta Lemani.

In Poemate Gabrielis Carlonij, cui
Engolisma titulus est, hi quoque
versus de Carantonio & Toluera habentur.

Anne Carantonei memorabo fluminis
 alueum
Piscosi, irrigui, gelidi, vernantis, opaci?
Illius, viden, vt ceruix collapsa recũbit,
Et tua cœruleis lambit vestigia labris?
Nec prælabentem gemino defonte To-
 ueram
Transierim, auratis præcinctum corni-
 bus, atque
Innumeras gelido refouentem flumine
 Truttas,
Scamnea purpureis stellatas tergora
 guttis.
Et communi piscatorum voce atq;

CARANTONVS. cōsensu Toluera piscibus & quidem optimis fertilis est, maxime truttis, angullis, & cācris. Cuis rei ratio redditur, quia ex puro fonte aquæ viuæ & admodum frigidæ oritur, eamque præter cęteros pisces Trutta appellere videtur, multoque meliorem piscem hic fluuiolus & solido sapore pressum nutrit quàm Carantonus. iidemq; piscatores Tructam Toluerę perdicem vocant: quia vt perdix volucribus, ita Tructa præstare cæteris piscibus existimanda est.

Nec sine causa Comes vrbis Engolismæ olim, circa annum Domini millesimum beneuolentia & liberalitate in monachos S. Eparchij vsus priuilegia piscandi in Tolluera eis concessit in hanc sententiam.

In Dei nomine Vvilielmus Engolis-

Franciæ per Flumina.

menſium Comes cognomine Sector ferri venit in Capitulum noſtrum, vbi dedit pro anima ſua, patris ſui, ſuorumque omnium parentum in præſentia Domini Bernardi Abbatis atque Conuentus conceſſit atque donauit Deo ſanctoque Eparchio, & monachis ibi ſeruientibus tantùm piſcium & auium, quantum per ingenium & laborem vnius piſcatoris in fluuio Toluerę capi poterit omni tempore. Hanc igitur donationem fecit per corrigiam in hoc pergameno pendentem, pro quâ tantùm donatione accepit à præfato Abbate nominatiſſimam loricam, quam Gerardus de Voluentio moriens dimiſit ſancto Eparchio, vt monachus fieret. Teſtibus his Goſleno, Gardrado de Valle, & multis alijs.

CARANTONVS.

Poſtea primogenitus Regis Angliæ priuilegium aliud Epiſcopi Inculiſmenſium ſcribi iuſſit, cuius

CARAN-
TONVS.

verba sunt. *Edoardus Regis Angliæ primogenitus Princeps Aquitanię & Vualliæ, Dux Cornubię, & Comes Cestriæ. Dilecto nobis Castellano nostro de Toluera Salutem. Mandamus vobis quatenus reuerendũ in Christo patrem Episcopum Engolismensem, seu per ipsum deputandos in fluuio Aquę Toluoræ cum duabus nauiculis & duobus filetis tantùm absque alio instrumento piscari de cætero permittatis tempore à festo beati Andreę vsque ad festum Purificationis beatę Marię singulis annis. Excepto dominio, consuetudine, & libertate dicti Castri nostri in alijs & in ijs illęsè conseruatis. Datum apud Engolismam decimo octauo die mẽsis Maij, Anno Domini millesimo trecentesimo sexagesimo quinto. Signatum Berch.*

De qua piscatione particulatim mentio fit in compositione facta anno 1224. inter Hugonem Brunum de Luzigniaco Marchiæ Comitem,

&

& Isabellam vxorem eius filiam Ademari Comitis Engolismensis, (quæ Regina Angliæ fuerat) Guidonem & Gaufridum eorum filios ex vna parte, & Robertum à Monteberulpho Engolism. Episcopum ex altera. *Per totam aquam à ponte villæ inferius vsque ad Carantonem piscari facient iure suo ipse Episcopus & sui successores cum duabus nauibus & duobus retibus tantum quotiens & quando vellent excepto tempore quod est inter festum Sancti Andreæ & Purificationem beatę Marię: ita tamen quod in illo temporis spatio à ponte villæ Toluerę vsque ad quãdam populum quę est subtus Magniacũ prope hortum Pecaudi, & ab oppositis ex altera ripa est portus qui vulgariter appellatur Maignha piscabũtur. Comes tantùm piscabit illud spatium ibidem non piscabitur, nec piscari faciet, sed tunc piscabitur in tota alia aqua. Verumtamen illo tem-*

CARANTONVS.

Le bourg du pont de Toulure.

CARAN-
TONVS.
pore quo Comes supra pontem villę Tolueræ piscabitur, Episcopus piscabitur. Cuius compositionis exemplar habetur in Cartulario Episcopij.

Toluera igitur fontḗ habet in loco de quo Virgilianum illud dici potest. *Est in secessu longo lacus*. Ad fontem verò illum plebs Inculismensis crebras deambulationes propter viciniam facere solita eum varijs nominibus appellat. Nam alij quidem Tolueræ fontem, alij gurgitem, alij abyssum, alij viuarium Regis, quod nullo tempore cuiquam liceat inuito Principe piscari. Itaque hospites suos præsertim curiosos atque extraneos visendi loci auidos eo secum trahunt. Ex quo tā magna vis aquarum effunditur vt eam ebulire videas, atq; in altum se attollere: quo fit, vt meticulosi cum nauiculis quidem propter vitandum periculum non audeant accedere: formidabilis

Franciæ per Flumina.

enim est duobus præsertim locis, vbi feruere quodammodo conspicitur, circuitusque scaturiginis illius talis est vt stagno ferè similis appareat: aqua verò cærulea est. CARANTONVS.

Tribus lapideis pótibus stratus est fluuiolus qui ex illo fonte fluit, quorum primus de *Ruella* vulgo appellatur, alter de *Toluera*, vltimꝰ vero *Gondius*, infra quē in Carantonū fūditur qua parte Incolisma vrbs in Septentrionē spectat, supra quē nauigia primū admittit, atq; in *portu ab Vlmello* dictus mercimonia diuersi generis aduehēda parátur, maxime lignorū quæ vel ædificijs faciēdis seruiāt, aut vindemiis, ibiq; sal Lemouicū gēti distribuitur, nec procul horrendæ rupes & præcipitium ingens Eparcij Monasterio sub illis posito imminere conspiciūtur, & prope id pons lapideus est in gratiam commeantium à majoribus constitutus. Cuius fluuij Angolesme. Port de L'Vmeau. Abbaye S. Cybar.

Ss ij

Carantonus. pontisque mentionem fieri video in priuilegio quod olim dicto monasterio concessum est à Vulgrino Comite hoc modo: *Ego Vulgrinus Comes Engolismę dono Deo & Sancto Eparchio à capite pontis S. Eparchij sicut vadit publicè versus Marcilliacu via & terra beati Eparchij quę dicitur Vaisnacũ extẽditur vsque ad fluuiũ Carantonis, vt habeãt monachij S. Eparchij defensionẽ omniũ animalium, leporũ scilicet, cuniculorum, fasium, perdicum in dominio & proprietate quantum vt supra dictum est à capite pontis Terra de Vesnaco protenditur. Hoc donũ feci Deo & sancto Eparchio in manu Domni Helię Abbatis pro salute & remedio animæ meæ. S. Vulgrini Comitis, S. Vvilielmi Fulcaldi, S. Iterij, S. Ioannis.*

Anguyene riuiere. Enguiena fluuiolus, è silua quæ vulgò de *Dirac* nuncupatur, oritur, fluitque ab oriente versus Septentrionem, & sub radice vrbis in Carantonùm intrat.

Boema amniculus è parochiis de *Vogesaco* & *Monasterio* fluit in Carantonum, ditissimusque est cancris.

In alia verò ripa fluuiolus est nomine *Noera*, qui è fonte oritur in parrochia seu Archipresbyteratu cui *Roliacus* nomen est, fluitque prope templũ, & cimiterium Sancti Eparchij, quod vulgo *S. Cybardeaux* dicitur, in militari via qua Burdigalam à Pictauia itur, vbi per exiguũ pontē lapideum transitur, qui locus non ab aquis appellari debet, sed ab ilice, specie nempe arboris glandiferæ: olim Gallicè de *Elz* dicebatur, quo vocabulo vsus est Lambertus Engolismen. Episc. anno 1143. quem sanctę memoriæ virum fuisse dicit Diuus Bernardus in Epistolis.

Croci Incolismésium Regio non tantùm quotánis suppeditat quantum Lauracenses, ac Albienses: qua-

CARANTONVS.
La Boeme.
riuiere.
Moutiers.

La Noere.
riuiere.

CARAN-
TONVS.

draginta tamen ballas, mercatorum enim verbo vti liceat, ad nundinas Lugdunum, aut alio deportari curat.

Carantonum bonæ fidei Icolismenses esse aiunt, quia raro extra ripas diffluit, alueum, veluti marginibus vtrimque coercitum, idcirco parum damni infert, & prata rigans faciem eorum quasi perpetuo virentem reddit.

Carantonus autem Nouum-Castrum petit lapideo pôte munitum, indeq; Iarniacum oppida incincta. Inter ea non procul à Castronouo, sed in diuersa ripa commissum est prælium Carolo nono Rege aduersus Segreges Caluinianæ sectæ defensores Catholicis victoribus, vnde Litium procurator natione Petracorius nomine Laualius, sic ait:
L'an mil cinq cens soixante & neuf
Entre Iarnac & Chasteau-neuf

Franciæ per Flumina.

CARANTONVS.

Fut porté mort sur vne anesse
Le grand ennemy de la Messe.

De Carantono ac de eo prælio Petrus Ronsardus Poëtarum nostratum Princeps hæc tradit.

Ode 66.

Lors que la tourbe errante
S'arma contre son Roy,
Le Dieu de la Charante
Fasché d'vn tel derroy,
Arresta son flot coy,
Puis d'vne bouche ouuerte
A ce peuple sans Loy
Prophetisa sa perte.
 Mon flot ores esclaue,
Et tout le verd esmail
De ces prez que ie laue.

Ode 66.

Ils ont esté foudroyez,
 Pouldroyez
Sur les bords de la Charante,

CARAN- *Charante qui prend son nom*
TONVS. *D'Acheron*
A leurs esprits sert de guide,
Et d'esbat pour trauerser
Et passer
Au riuage Acherontide.

Præclaram verò domum Chabotiorum familiæ Carantonus alluit, quæ primo vere, æstate autumnoque gratissima propter amœnitatem debet videri: tres enim pontes pensiles ibi sunt, vnus quo itur in hortos, alter in pratum ingens, tertius in syluam partim cæduam, partim non ; quæ loca circuitu aquarum eius fluminis iungutur. Ac de *Iarnacio* quidem idem Paulus Poeta ita scribit.

Chabotiorum clara nobilium domus
Trę̄terfluentis quam rigat Carantoni
Formosa limpha, tu mihi præ ceteris,
Dilecta terris, tu omnium pulcherrima:
Opaca syluis, læta pascuis, ferax

Frugum atque Bacchi, quàm tuo natum sinu
Beata tellus me fuisse gratulor.
Sed nec pigebit te mei, spero quidem:
Nam si qua nostri carminis potētia est,
Chabotiosque, teque in astra deferam.

A Iarnacio autem Coniacum regiæ agnationis municipium defertur, quod abest ab Inculisma septem leucis, duabus verò à Iarnacio. Ager Coniacensis vicinas vrbes habet vini copia præstantiaque nobilissimas. Hinc herbosam per planiciem latè, sed innoxiè spatiatur, extraque ripas diffluit, præsertim hyeme, affluentium aquarum concursu amplissimo, compluribusque interfluentibus aquis auctus, tū alueo pleno ad SANTONVM vrbem principem labitur, à qua genti & terræ inditum nomen, deinde excurrit in Oceanum, ea tamen lenitate, vt quam in partem labi soleat deprehendi vix

CARAN-
TONVS.

possit. Nam cùm æstus maris bis æstuescat inter duos exortus lunæ, nouilunio scilicet plenilunioque, & medijs inter hæc interuallis decrescat, itemque bissenis, quaternisque semper horis bis intumescat, tam lenta illic & mira mora vt vno fluminis latere deorsum, altero sursum dum sibi mutuo cedunt, fluere à quouis videri possit. Coniacum autem flumine eodem alluitur. Ausonius in laudibus Mosellæ ait Carantonum æstu Oceani refluum ipsi cedere hoc versu.

Concedet refluus non ipse Carantonus æstu.

Quoties enim Oceanus refluit, toties Coniacum vsque deprehenditur. Paulus Diaconus de gestis Longobardorum capite quinto. *Sequana*, inquit, *Aquitanica littora bis quotidie tam subitis inundationibus opplentur, vt qui fortasse aliquantulum*

Franciæ per Flumina. 649

introrsus ad littora deprehensus fuerit euadere vix possit. Videas earum Regionum flumina fontes versus cursu velocissimo relabi, & per multorum millium spatia dulces fluminum lymphas in amaritudinem verti. Propterea ex maiori Britannia, aliisque prouincijs, tam vicinis quàm remotis, ad vinum, frumentum, ferrum, aliasque merces omnis generis exportandas à littore Oceani cum nauibus Coniacum ascendi mos est. Extant versus Iacobi Bobini Coniacensis Poetæ qui sic habent.

CARANTONVS.

Illinc planicies, hinc cliuus, refluus urbem
Santonico lambit pater ipse Carantonus æstu,
Qui mox Oceani salientes intrat in vndas,
Altus, piscosus, nitidus, sinuosus, opacus,
Vitreus. —

CARAN-
TONVS.

Quod municipium præclaro quoque lapideo pôte iungitur, quo trāsito illud intranti occurrit ad vsum populi fons eximius qui numquam exhauritur.

Le Né. riu.
Maints
Fonts.
Ta Champagne de Cognac.

Non procul à Coniaco in Carantonū influit *Nedus* exiguus amnis, in parrochia Inculismensium à *multis fontibus* dicta, oritur, qui planiciem fertilissimam, quæ *Campania* appellatur, irrigat, quam terminare oculis nequeas.

Suyne. riu.

In iisdem Santonum finibus vrbs est à *Pontium* subliciorum ingressu appellata. *Siugona* è tractu *Albæ terræ* veniens abundat percis, troctis, carpionibus, plures insulas ad oppidum Pontium facit, sunt enim quatuor pontes. Ad vrbem Santonum postmodum peruenit Carantonus, à Cuniaco ad illam valde sinuosus: nam terrestri itinere quatuor leucis ab ea distat, octo verò & am-

plius si nauigio vtaris. De vrbe San- CARAN-
tonica, quæ totius prouinciæ me- TONVS.
tropolis est. Sic Ausonius ad Paulinum epistola prima.

----*tandem eluctati retinacula blanda,*
   Burdigalę molles loquimur illecebras
Santonicamque vrbem vicino accessi-
     mus agro
  Quod tibi si gratum est optime Pauli-
    ne proba.

    Idem epistola tertia ad eundem.
Vinum cum bijugo parabo plaustro
Primo tempore Santonos vehendum.

    Idem Tetradio,
Cur me propinquum Santonorum mœ-
   nibus
Declinas, vt Lucus boues,
Olim resumpto præferoces pręlio
Fugit iuuentus Romula?
Fortunatus de Basilica Eutropij.
Urbis Santonicę primus fuit iste Sa-
   cerdos.
In ea vrbe plures Romanarum an-

652   *Pap. Mass. descriptio*

CARAN-tiquitatum reliquiæ videntur, vt
TONVS. Amphiteatrum, aquæductus, ponsque ipse lapideus, quo Carantonus alluens cernitur, hanc inscriptionem habet.

CÆSARI NEP DIVI IVLII
PONTIFICI AVGVRI.

Campanile S. Petri in ea vrbe à Pipino Aquitanię Rege exędificari curatum pulchritudine operis atque artificij præstantia cætera Aquitaniæ campanilia vincit.

Taillebourg   Postea Carantonus *Tailleburgum* arcem egregiam atque oppidum alluit, vnde continuato cursu *Tonaciacum* vicū à Fortunato in vita Diui Hilarij memoratum attingit. Quo in
Chefbon-   loco *Vultumnus* amnis labitur in Ca-
tonne.   rantonum. Origo eius in finibus Pictonum, caputq; Vultumnę appellari solet, Santones decurrit præterfluitque *Engeriacum* oppidum, vbi Benedictini Ordinis monasterium

Franciæ per Flumina. 653

erat à Caluiniani euersum, quod nūc C ARAN=
Angelinum corruptè dicimus. De hoc TONVS,
fluuio extant versus aliquot, quos
etsi rudes hic apponam.

Quum de Pictauis bellum sit & Ande-
gauinis
Circa caput fluuij Vultumnæ, contigit
esse
Annus millenus tunc sexagesimus vnus.

Postremo *Solbiziam* (in membranis
S. Eparchij sic appellatur) oppidum arcemque nobilem præterfluit,
denique in ipso *Lupini* portu inter
medias salinas mari Santonico permiscetur. Huiusq; fluuij Franciscus
Corleus, vir eruditissimus Icolis-
mensis procurator fisci, triginta
tantum leucis cursum metitur. Miror autem quomodo Cæsar lib. 4.
dixerit Santones non longè à Tholosatū finibus abesse, compertū enim
est fines Tholosatū vt minimū 30. leucis distare, quarū singulæ quaterna

CARAN-TONVS.

millia passuum continent. Idem Cæsar primo Commétariorum: *Cæsari, inquit, nunciatur Heluetijs esse in animo iter per agrum Sequanorum & Heduorum fines facere, qui non longe à Tolosatium finibus absunt, quę ciuitas est in Prouincia: si id fieret intelligebat magno cum Prouincię periculo futurum vt homines bellicosos, populi Romani inimicos, locis patentibus maximeque frumentarijs haberet: sed hi à Cæsare cruento marte profligati, victique sunt, ita rerum omnium inopia adducti, victoris graues leges (vt ferè vsu venit) suscipere coacti. Hos itaque Cæsar in suos fines reuerti, & oppida quæ incenderant restituere iussit, nolebat enim locum in quo discesserant, vacare: vnde Cæsar ob agri Santonici vbertatem insignem, temperiem cœli, locorumque oportunitatem ad commercia commodè obeunda ob maris circuitum, virgulta interfluentemque fluuiorum vsum, hunc parando commeatui*

tui delegit, ex quo frumētaria res sufficeret exercitui in plures sepe partes diuiso. Nec prouerbium Santonicū à Frossarte in Gallicana historia vsurpatum pretermittere debemus.

Si la France estoit vn œuf,
Saintonge en seroit le moyeuf.

Id est si Galliam ouum statuas, Santones oui vitellum sunto. Nam præterquam quod cœli clementia, soli vbertate, & aquarum bonitate præstant, non datur in Gallia regio quæ vicinarum dotes minus desideret, siue generosas vites, siue frumentorum leguminumque copiam, siue salem, qui illis magis est peculiaris, siue portus tutissimos & commercia spectes. Nec prætereundum etiam videtur quod de abscinthio Santonico veteres dixerunt, vt Martialis illo versu.

Santonica medicata dedit mihi pocula
   virga.

CARAN-TONVS. Cuius simplicis in agro Santonico magna hodie quoque copia nascitur. Idem Martialis de vestis genere qua olim rustici Santones vtebantur sic ait:

Gallia Santonico vestit te bardocucullo
Certopitecorum penula nuper erat.

Et Iuuenalis.

Tempora Santonico velas adoperta cucullo.

Nec soli Santones maritimi hoc penulæ genere adhuc vtuntur, sed Burdigalenses Viuisci & omnis penè Vasconia, quæ cappas Bearnenses solet illas vocare. Sunt autem salinæ Santonicæ inter omnes præcipui nominis, tantique prouentus, vt non solum Franciæ vniuersæ, sed etiam Hispaniæ, maiori Britanniæ, Germaniæ, Sarmatiæ, & omnibus insulis Septentrionalibus abundè sufficiant, ad easq; infinitæ naues quotannis huius commercij gratia acce-

dunt, vnde non exilis pecunia redit CARAN-
ad principem qui vectigal salis hoc TONVS.
anno 1608. locat quatuor miriadi-
bus librarum Turonensium & sexcentis viginti vno millibus Fracicis,
vt ex ore conductoris audiui, & in
contractu cum Rege facto legi. Parum autem ab ipso Carantonis ostio
ingens maris sinus, qui ab occidente
terram intrans portum facit tota
Europa celeberrimur, cuius æque
tranquillus est accessus quàm exci-
piendis nauibus tutus mercatorum
illuc è Germania, Flandria, Anglia, atque alijs remotissimis regionibus commigrantium vt salem
cuius est in hoc sinu vberrimus
prouentus, ad suos exportent. Ibidem iuxta maris littus in loco arenoso cura Iacobi Pontani nobi-
lissimi viri è familia apud Santones spectatæ & antiquæ nobilitatis, qui licèt primogenitus fra-

Tt ij

CARAN-TONVS. trum non esset lata terræ saxorum immensium magnitudinis fumi & stercoramenti copia ædificata est vrbs nomine Iacopolis salinis vndique circundata, populosa, opulenta, quæ cùm antea præter tuguriola quædam & casas ostenderet bellis ciuilibus, quibus florentissimæ totius Galliæ vrbes conciderunt, & à magnitudine sua longè desciuerüt, in eam adoleuit amplitudinem, vt celeberrimum Franciæ propugnaculum & Emporium iure existimari debeat. Cæterum vrbi nouæ nomen impositum non statim à vicinis remotisque populis cognitum est, nec impedimento fuit veteri & antiquo nomini, quin vbique terrarum retineretur, idque ita factum est. Parrochia est Iacopoli vicina quæ nomen *Bragio* dedit, idque templum *Sancti Eutropij de Broda* appellatur, cui detracta litera d.

Broage.

Franciæ per Flumina.

CARANTONVS.

quam suo more vulgus fecit formator corruptorque nominum, Broagium dici cœpit. Quod quidem nomen ei impositum est propter antiquum castellum, quod in admodum edito tumulo situm erat, distatque à Iacopoli circiter dimidiam leucam, siue duo passuū millia. Appellabatur autem id castellum Gallica voce *Broa*, aut *Broüe*, euersum ab Anglis, quo tempore in Aquitania bellum gerebant, præter turrim vnam altissimam, quæ sola reliqua fuit, nuncque procul à nautis visitur. Id verò castellum validissimum atque munitissimum erat, vt etiam nunc apud Santones vulgari & antiquo prouerbio dicatur in hunc modum,

Fronsac, Cropignac, & Broüe
Ont faict aux Anglois la moüe.

Id est Fronciacum, Cropigniacum, & Broagium, tres notissimæ

CARAN-　arces Anglorum vires contempsere
TONVS.　despectuque habuere. Neque enim
poteſt magis appoſitè in Latinum
ſermonem conuerti. Iudicij autem
familiæ herciſcundæ moribus Santonum Iacobo Pontano etſi familiæ
ſuæ nequaquam primogenito contigit Brogium quam Iacopolim nominari voluit, vna domo ampliſ-
ſima propterea exædificata, vt mercimonia in ea ſeruarentur, cui inſcri-
ptionem eiuſmodi Latinam po-
ſuit in gratiam nationum quæ Gallicè neſcirent.

HAS ÆDES FVNDAVIT
IACOBVS PONTANVS.
Cæterum quia id ædificium non
ſufficiebat claudēdis omnibus mercimonijs, cœptum eſt permittente
eodem Iacobo amplius ædificari,
ac voluit præſcripſitque, vt ille locus à nomine ſuo impoſterum diceretur. Nihilominus plebs neſcia re-

Franciæ per Flumina.

rum vicit imperantem Dominum, semperque Broagium appellauit, & scholarum Magistri in Santonibus educati *Brugicorium* olim dictum putant. De sale igitur qua industria fiat non erit extra rem ostendere, quandoquidem Santones vsu vnius rei excellentia omnes nedum Aquitaniæ, verum etiam totius Europæ regiones antecellunt. De ea re scripsit Nicolaus Alanus Medicus, apud quem vt domesticum testem magis probo : scire enim melius potuit.

CARAN-
TONVS.

De sale, inquit, siue in terra, siue extra terram reperiatur nihil dicemus, neque de eo quem Lotharingi in Belgica atque etiam Germani exhausta puteis aqua salsa, ardentibusque lignis suppositia excoquunt tam diligenter, vt fossili & marino facile carere possint, quia nec hui^9 *est instituti, nec apud nos omnia solis*

CARAN-
TONVS.

genera sunt propria. Intumescente igitur ob æstum pelago brumali, aut etiam verna tempestate, in oppositione Solis cum Luna, aquam marinam in certa quędam veluti stagna, & spatiosos lacus. Iacos (fortasse quod illic immota aqua iaceat appellant) ligneis tubis ad id positis mare in lacum infundentibus Salinarij traijciunt: residente mox æstu, remicanteque in Pontum mari, cùm effluere & delabi undæ non possint, quod undique sit inclusus aggeribus lacus, & tubi obserati, obstrictique, in eo aquas conquiescere stagnantium more oportet, vsque ad æstatis initium, quo ex his lacubus ad Arearum campum deriuantur. Ea res in hunc modum transigitur, peragiturque labore improbo & industria Salinariorum, & sepimento terreo (quod quia extuberascit & intumescit, Galli id genus aliam Bossam, quasi tumorem indicantes, vocant, ad iustam impediendi æstus marini altitudinem, extructo.) Iam

Franciæ per Flumina. 663

CARAN-
TONVS.

verò ad salis aceruos in tuto collocandos planicies excauatur, in qua salinarias areas effingunt vndiquaque quatuordecim aut circiter pedum latitudine cauatas, easque oleaginosa terra condensata, subactaque magna vi expoliunt, pauimenta adæquant, marginesque in ambitu pedali fastigio & latitudine tripla erigunt, in quas quidem areas sordibus & limo verno tempore repurgatas, aqua marina è lacu educitur, & in campum admittitur. Sed aliquot diebus ante præparatur, incalescitque in fossis laxioribus eius rei gratia paratis, quas à concharum cauitate similitudineque Conchas appellant. Ex ijs ineūte Majo aut æstiuo sole in areas aquam pollicari altitudine immittunt: subinde aduentante mox æstu solis feruore & flatu Aquilonio præsertim, humor capitur, & siccari, coagularique cogitur, sale crassiore subsidente, & eius veluti flore candidissimo supernatante. Ea epota exsiccataque aqua, aliam

CARAN-
TONVS.

superingerunt, donec sal biduo, aut ad summum triduo in spissitudinem concreuerit, nisi forte imbrium copia cum sal adhuc per areas stratus iacet, superuenerit, quibus aqua ipsa dulcescit, quae ob id tanquam huic opificio inepta, inde emittitur. At vero concretum salem sub noctem probe exsiccatum instrumentis ligneis incuruis extrahunt, & in aggeribus circa factis aceruos salis construunt tàm altos vt prespicientibus colliculorum habeant speciem. Hos vbi coloribus obduruere, imbribus vix liquescere certum est. Nam cùm calore sit sal conglutinatus, siccitatem amat: contra humor potissimum gelidus, tepidusque est illi inimicus, quandoquidem in ipso positus liquescit, reditque in aquam è qua concreuerat, & in eam statim resoluitur. Humido item aeri expositus aliquam molis iacturam facit. Itaque cum in his siccis locis conseruetur,

Franciæ per Flumina. 665

Carantonvs.

grues ipsus salis arundineis, iunceisque operimentis in multos annos legunt muniuntque Salmacij, vt aduenientibus mercatoribus quandocumque libuerit vendant. Mitto vsus varios quos sal mortalibus ad excitannam edendi auiditatem, & arcendam à mactatis animalibus putredinem præbet, alia in vita quamplurima commoda subministrans, adeò vt in prouerbium abierit de re insuaui, & iniucunda eam esse sine sale. Vnde Plinius eleganter, vita humanior sine sale degere nequit, adeò necessarium alimentum est, vt transierit intellectus ad voluptates animi quoque. Nam ita sales appellantur omnisque vitæ lepos, & summa hilaritas, laborumque requies non alio magis vocabulo constat, honoribus etiam militiæq; interponitur, Salarijs inde dictis, magna apud antiquos autoritate & præstantia, atq; etiam necessitate, quando majus Regum

CARAN-
XONVS.

vectigal ex eo est, quàm ex auro, atque margaritis, quorum penuria in Galijs solus sal supplet. Nam argenti fodinę in Aquitania dudum neglectę sunt, quod prouentum superarent impendia.

Claudius Rutilius Numatianus Gallus, oriundus è minori Britannia, libro primo Itinerarij rationem salis faciendi in mari Mediterraneo & ipse tradit hoc modo.

Subiectas villę vacat aspectare Salinas
  Namque hoc censetur nomine salsa
    palus.
Qua mare terrenis decliue canalibus
    intrat,
  Multifidosq; lac⁹ paruula fossa rigat.
Ast ubi flagrātes admouit Syrius ignes,
  Cùm pallent herbæ, cùm sitit omnis
    ager,
Cùm cataractarum claustris excluditur
    æquor
  Vt fixos latices horrida duret humus:
Concipiūt acrem natiua coagula Phœbū,

Franciæ per Flumina.

Et grauis æstiuo crusta calore coit.

CARANTONVS.

Hæc ille Theodosij iunioris temporibus scribebat. Notandumque est salsas paludes dici ab eo Poeta, quas *Marais salans* Santones appellant. Britanniam vocans Armoricam, quam Sidonius Britanniam super Ligerim appellabat eiusdé Theodosij ætate. Ac ne quid de Carantono prætereā, Alanus idem scriptor medicus sic de eo loquitur, *Pauca de Carantono dicam fluuiorum huiusce regionis nobilissimo. Is est profundissimus, ac riparum anfractu tortuosus & ferè inuius: pauloque post à Castronouo oppido alueo quieto & nauigabili Santonicum agrum medium præterfluit. Eius ab illo oppido repente veluti maris vasti immensa panditur planicies, sic vt subiectos campos terminare oculis nõ facilè queas, cùm planiciem Campaniam quasi planissimos campos vulgus appellat. Hęc quidem secundùm longitudinem metro-*

Carantonus. polim pertingit ac non pridem etiam nemorosis ex diuersa parte sitis, amne distincta. Ab Santonica autem vrbe nõ distat Broagium pluribus quàm septem leucis, totidem à Marennis in vicinia sitis, vbi campanile altissimum visitur, in quo pharam noctu prelucentem quotidie collocant in gratiam nautarum qui procul adhuc ab optato portu absunt. Incolæ vero Broagij salsas quidem aquas habent, cùm dulcibus omnino careat. Itaque terrestri itinere in parrochia *Jersa*, quæ distat tantum à Iacopoli quarta parte leucæ vnius, illam haustum eunt, domumque aduehunt, quo quidem in loco prioratũ quoq; esse moneo. Ac prope Marennas sita est peninsula *Aruertũ* cæteris salsis paludibus latior, vbi ligna pinea visuntur, ilicesq; perpetuo virides, quibus abũdat: & quia oliginosa omnia facile ignẽ viridia concipiũt, ardent-

Marennes. Arduert.

que, idcirco à rei proprietate Santo- *CARAN-*
nica lingua peninsula illa *Aþuerd* *TONVS.*
nūcupatur. Ab eadem Iacopoli Olo- *L'Isle d'O-*
rionū nauigatur secundo vento dua- *loron.*
bus horis aut circiter. Hanc insulam
in Oceani Santonici littore à Plinio
libro quarto vocari *Vliarum* notissimum est, a Sidonio epistola sexta
ad Nammacium li. VIII. Olarionum,
de qua ita scribit. *Ac pudor si quis, temperas cursibus apertis, quatere campos, & insidiari lepusculis Olarionensibus, quos nec est tanti raro te insectante, superando scopulis palam ductis inquietari: nisi forsitan tibi ac patri, noster Apolinaris interuenit, rectius fiet vt exerceantur.* Eadē insula castro natura loci egregriè munito, Canonicorū Collegio, & Franciscanorū conspicua, parrochijs sex, &opimo Benedictinorū Cistercēsiū Cœnobio distincta est. Quod si quis scire cupit an hodieque quoq; Olarionū lepusculis abūdet

CARAN-
TONVS.

sciat quod mihi planè compertum est, insulam illam natura arenosam, & copia huius animalis nunc quoque affluere. Deinde frumenti, vini, salisque in hac insula tanta est vbertas, vt nihil ad vitæ huius vsum desiderari possit, aditumque satis facilem habet. Idemque de *Reaco*, de qua suo loco dicemus. In eadem peninsula monasterium est Mariæ Virgini sacrum dictum à Vallibus, in quibus sitũ est, & latere altero clau-

Sudre. riu.

ditur peninsula *Sudrio* amne, cuius ripæ vtrinque non virore graminis nitent, sed salinis circa factis. Qui fluuius multis riuulis vndique confluentibus in Santonibus originem sumit, &si minimè nauigabilis priusquam maris æstu augeatur, tamen ob prouétum pratorum contiguorum accolis magno est in pretio.

Fluuiolus quoque alius cui *Girun-*

La Gironde riuiere.

da nomen *Roianum* præterfluit, oppidulum

pidulum sanè antiquum, & in eo CARAN-
egregiè munita arx tàm natura loci, TONVS.
quàm arte, vbi est ita mari coniun-
ctus amnis, vt illius præ se ferat speciem, à quo statim excipitur, absor-
beturq;. Vnde fit vt Sardinij piscicu-
li in illo fluuioli ostio capti, popularibus præsertim, grati sint, gustum-
que eorum afficiant. Secundum verò promontoria, tàm est piscosus
Gerunda præter Ostrea quę porrigit
plurima, vt accolæ piscatores sibi inde lucrum non exiguum parent
mense Maio Iunioque: tunc enim
grandiores pisces aquæ dulcioris, &
pastus auiditate illecti in hoc veluti
stagno marino congregantur, reti-
busque validis irretiti capiuntur.
Cæterum pisces isti magnitudine
insignes duos habent in capite lapil-
los, quos appensos collo amuleti vice colico dolori remedium afferre
prædicant, ab incolis *Macræ* vocan- *La Maigre,*
poisson.

CARAN-　tur, quia sunt carne minimè pingui,
ONVS.　　tamen solida, albaque non minus
quàm bouina, idcirco messoribus
cæterisque operarijs apponitur, saleque & aceto in eorum vsum maceratur. Est verò Macra grandis admodum piscis, capitur enim in tres aut quatuor pedes longus, largusque, & crassus vnum vt minimum, ac per dispositos equos longè vendendus transfertur. Comeditur vt plurimum cum aceto, & recentioribus alijs. Cumque tonitru exauditur, incredibilis eius quantitas capi solet, nec solum hic, sed in Pictonico etiam littore. Eodem tractu protenditur regio ad pagum nobilem *Meschierium* nomine in acliui promontorij cacumine positum, in cuius summo vertice apparent moletrinæ ventosæ aquosis sola molendi inequalitate cedentes. Nam perpetuis flatibus ac procellis marinis ro-

Francia per Flumina.

tantur incredibili viciniæ concursu & commodo, exsiccatis æstiuo tempore fluuiolis. Et quidem in sublimioribus Promontorij marginibus petricosis crista marina longè proueni: tcocta æstu, sale & aceto condita seruatur ad excitandam edendi auiditatem & varios medicinæ vsus. Illic nemus pinorum, pinastrorumve perpetua coma capillamenti instar virentium arenoso solo conspicitur. Pinus vulnerata in trunco lacrymas fundit quas incolæ colligunt, eisque vtuntur ad obserandas naues, & alios vsus quamplurimos. Duobus passuum millibus *Talemundum* distat à vico Sancti Seuerini Vsetensis, in quo est portus nauibus tutissimus, facilique appulsu nobilitatus. Ceterum Talemundus, oppidum est quod in sublimi collocatum promuntorio mari imminet, & veluti celsa sedet Æolus arce.

CARANTONVS.

Talmont.

CARAN-
TONVS.

Qua verò parte tellus continenti adhæsit excisū est promontoriū, adeò id mare circa id oppidum ob æstum influentem & refluentem locū natura munitū arte munitissimum reddidit. Isque locus portū habet mercatoriū conuentu celebrē, à Mauritania abest duobus passuum millibus vicus *Usetensis*, & *Mauritania* quidem olim oppidum, vt in Concilio Lemouicensi nunc vicus Principatu, Castro & Augustiniensium Cœnobio nobilis est. In vita DIVI MARTIALIS scripta ab Aureliano dicipulo eius, de Mauritania scribitur in hūc modum. *Admonitus est à Spiritu Sācto beatus Martialis pergere super Garumnam fluuiū in loco qui dicitur Mauritania, vbi multus vndiq; conueniebat populus, cupiens frequenti exhortatione pleniº instrui mysterijs fidei, cuius multiplici ostensione signorū, ac sæpissima miraculorū, saluberrima vitæ æter-*

Mortaigne.

Franciæ per Flumina. 675

næ iàm olim acceperat rudiméta. Videns
autem Apostolus multum populum Deo
credere paratum, manſit ibi tribus
menſibus. Et Paulo infra. Poſt hæc
beatus Martialis à Mauritania reuerſus Lemouicum ſolum repedauit.
Sequitur Coſnacum Santonicæ ditionis oppidum, non diſſimili loco
ſitum, egregieque munitum, cuius
hodie tantum reſtat caſtrum iniuria
belli, quod inter Anglos noſque
diu exarſit. Blauia autem ita ſita
eſt, vt nulla niſi famis obſidione expugnari poſſe videatur. in quo præſidiarij milites ad cuſtodiendos Regni fines perpetuò excubant. In vita
Gregorij Turonenſis : Cauſa, inquit, fuerat qua Germanum fluuium
iuxta Blauienſe caſtrum tranſmeare debuerit. Quo in loco non Germanum,
ſed Garumnam ipſam ſcribi oportuiſſe ſuſpicor.

Nunc ad oſtium Carantoni reuer-

Vu iiij

CARANTONVS.

CONAC.

CARAN-TONVS.

L'Isle de Ré.

timur, vt inde oram maritimam profequamur vsq; ad oftium Ligeris, vltimofque fines Pictonum. E Regione infula confpicitur altera, vulgò *Reacus* dicta, *Rea* in antiquioribus monimentis, quod illic rei obærati tranfmigrare, & facinorofi tamquam ad refugium tutiffimum tandem deportarentur. Apud Gregorium Turonenfem libro quinto cap. 48. hæc verba reperio. *Cracina Pictauienfis infula vocitatur*, quibus verbis putarem infulam Santonum defignari, fi non addidiffet effe Pictauenfem. nam Pictauenfium fines à Santonum agro diftant, & fortè prima litera addita eft, qua detracta *Racina* infula vocatur; rectè enim refpondet nomé nomini. Aqua quidem infula ad *Rupellam* ampliffimum Aquitaniæ emporium non eft difficilis traiectus. Influit enim dum æftuat mare bis quotidie in in-

La Rochelle

Franciæ per Flumina.

timam vrbis partem, celebremque portum inftituit, vbi naues in mare, & merces fub tecto collocari folent. Neque enim in claufum portum penetrant naues, neque intromiffæ fibi inuitis foluunt, quia præter antiquæ vrbis muros immenfa machinarum bellicarum omnis generis copia munitos, turrefque altitudine ad propugnandum funt aliquot delectæ, quæ vix æneorum tormentorum fulminibus deijci poffe videntur. Ædificatæ vtrinque ad portus ingreffum à Carolo quinto, Ioannis filio ex caftri ruinis turres validæ, & machinis ingentibus munitæ ad terrendos arcendofque hoftes & piratas, fi forte fub noctem fcaphis in portum irrepere tentent. Oppidani enim cathenam ferream quotidie prætendunt, ne quifquam noctu ingrediatur aut exeat. Rupella militum Stationario-

CARANTONVS.

CARAN-
TONVS.
rum vacua, solos ciues habet, seu belli, seu pacis tépore. Ad maius latus, arduus vsque adeò est vrbis situs, vt illa nisi famis obsidione expugnari non posse videatur. Hęc autem vrbs *Rupella* Latinè dicitur à Gregorio nono in hunc modum. *Maiori & Burgēsibus de Rupella.* Quare non probo Andreæ Tiraquelli doctissimi Iurisconsulti locum illum in tractatu de retractu. *Rupella*, ait, *est participium Hebraicum fœminini generis, quod significat mercatricem siue quæ mercatur.* Indeque vrbi nomen impositum fuisse coniicit. Adde quod in planicie sita est, non in rupe. Hæc quidem mœnibus & portu celeberrima, superiori seculo celebritatis famam ob mercaturam extendit latissimè. Ea regio vitibus abundat vndique vinum præbentibus satis generosum, quodque exteris largè suppeditari possit. Ma-

Franciæ per Flumina. 679

ritimumque illum Tractum qui ad Santonicam diœcesim pertinet incolæ ipsi *Alnesium* appellant. Cæterum penè in conspectu Rupellæ maior portus est dictus *Caput lignorum*, siue nauium eò appellentium, quorum mali è muris conspiciuntur, maximo plerumque numero; vt syluam in portu se videre putent. Rupella in Alnensi pago, qui ad Santones pertinet, ad Oceanum patenti planicie sita est, quæ paulatim tamen, vt vix sentiatur, ad eam partem quæ Orientem & Septentrionem spectat, assurgit. Mare, quod vrbem alluit alueo facto cɔ. passuum latitudine porrigitur, & dimidium in longitudinem patens portum efficit, tutissima ad naues tàm longas quàm onerarias capiendas statione, in cuius faucibus binæ turres ingentes erectæ sunt lateritio solidiori opere structæ, &

CARANTONVS.

Pays d'Aulnis.

Chef de bois

CARAN-TONVS. feneſtratæ in mare proſpicientes, tormentis in latera directis firmatæ, quæ vel minimas ſcaphas ſubeuntis portus ſummouere poſſunt: atque is locus, quod catena vtrinque ducta ingreſſum à mari prohibent, *Catena* vulgò appellatur. Prȩterea à Rupella duobus milliaribus *Boſium* promontorium vulgò dictum aſſurgit, quod ſinu vaſto, ſed à ventis & omni tempeſtate tuto, cuiuſmodi ſinus eo tractu Baias vocant, imminet, cuiuſuis claſſis magnæ capax, turribus ijs, quæ portum claudunt, murus mira craſſitudine iungitur, rectoque ductu nouo & in orbem extructo mediocris magnitudinis propugnaculo occurrit Garrotio communiter dicto, quòd totius aluei imperium obtinere videtur, & pro armamentario vrbi eſt. *Separis* autem fluuius in Pictonibus ortus ſupra San-

La Sepure, riuiere.

Franciæ per Flumina. 681

ʂti Maxentij oppidum vetus Gregorio Turonensi notum, muros Niortij alluit. Carpiones & lucios habet, à Niortio vsque ad mare Separis troctas alit. De Niortio Philippidos lib. 8.

CARAN-TONVS.
Nyort.

Lodunumque ferax Cereris Bachique
  Niortum.

Erat (inquit Gregorius cap. 37. lib. 2.) *in his diebus vir laudabilis sanctitatis Maxentius Abbas reclausus in monasterio suo ob Dei timorem intra terminum Pictauensem, cuius monasterij nomen lectioni non indidi, quia locus ille visitur, hodieque Cellula sancti Maxentij vocatur.* Niortium, vt diximus, ob nundinas celebre, vnde magna nauigia vsque ad Oceanum, qui septem aut octo leucis abest, feruntur. Deinde Altizia accepto per *Malleacum* insulam facit, vbi Ioannes XXII. Episcopatum constituit, & *Vandia*, qui Fonte-

S. Mexrn.

Aulnize. ri
Maillezins
La Vandee
riuiere.

CARAN- naium vrbem alluit, versus *Maran-*
TONVS.
Fontenay le *tium* fluit, id est magni nominis &
Comte.   opulentum mappale, mareque in-
Marans.   greditur duabus leucis à Marantio.
          Notandumque est paludes spatio-
          sas esse secundùm id flumen. In ea-
          dem ora maritima visitur Lucio-
Luçon.   num vrbs Episcopalis ab eodem
          Ioanne XXII. constituta, ornataque
          Collegio Canonicorum.

          Sequitur *Diui Michaëlis* Archan-
S. Michel geli templum, ad mare situm in
en l'Er, ou Pictonibus, totusque ille tractus à
Hermitage. Luciono sede Episcopali Rupellam
          vsque olim ab Oceano, vt creditur,
          inundatus fuit, dein recedente ma-
          ri apparuere terræ paulatim, & pa-
          ludes desiccati, propter situs com-
          moditatemac soli vbertatem coli ac
          frequentari cœperunt. In eo sacel-
          lum primò extructum est, peregri-
          nationibus ac religione celebratum,
          quod postea in amplissimum & lo-

cupletissimum monasterium euasit. CARAN-
Quod tamen à prima origine, siue TONVS.
à situ *Eremi* nomen retinuit. Arcis
forma quadrata ac prealta contra sa-
gittarum & balistarum machinarum
non hodiernarum ictus firmissimo
muro, ac turribus paulum ad angu-
los prominentibus ac fossa profunda superioribus annis ad orae mariti-
mae defensionem ab Anglis vallata.
occurrit postea *Talmuntiũ*, vbi portus & statio nauium est. Deinde, maxime arenosa regio sabuloque mul-
to abundans *Ollonia*. Tum *Insula* Les Sables
Dei, ineptè sic appellata ab imperi- *d'Olone.*
tis. Insula enim ouorum dici debet,
quòd sit cooperta ouis Anserum sil- L'Isle
uestrium. *Herus* etiam insula depen- *d'Oeuf, au-*
dens à Tornachio ad Ararim mona- *trement*
sterio oppiduloque. *Nerũ* nunc non *l'isle Dieu.*
Herá vulgò *Ner.* id quoque mona- L'Isle de
sterium Nautae album vocant, quod *Nermõstier.*
procul videatur sylua populea, cuius

684 *Pap. Maff. descr. Fr. per Flum.*

CARANTONVS.

frondes vna ex parte albæ sunt, ex altera verò virides: inque ea insula est oppidulum octingentarum casarum, eiusque insulæ circuitus quatuor leucas complectitur, cùm latitudine vnam tantùm habeat. Vsuardus. *Hera insula Sancti Philiberti, Abbatis, qui post militiam temporalem Christi tyrocinio mancipatus monasteriorum extitit fundator deuotus.* Itáque od ostium Ligeris peruentum est.

FINIS.

INDEX
RERVM ET
VERBORVM.

A

Abbatisuilla 264. 317.
Abrinci, seu Abrincenses 302
S. Abundus 25
Achassia, 422
Acilio, vrbs 544
Aculus amnis 533
Acutus, fl. 595
Adura 313
Ægircius, fl. 536
S. Æmiliani oppidum 586
Agaunum 360
Agedunum 84
Agendicum Senonum, 195
Aginnum 511. 541. 542
Ainsula 108
Aira 413
Aisia 260
Alambra 3
Alba 8
Alba Heluiorum 593
Alba & Albula 151. 152
Albantia 100
Albaterra 587. 588
Albia 593
Albenastrum 8
Albiconium 84
Albigninum 73
Alecta 496
Alenconium 101
Aletha, 144
Alexia 170. 171. 172.
Algia 303. 304
Alingonis portus 550
Allogium 105
Almantia 159
Alpes 439. 440.
Altaripa 602
Altarupes 173
Altilia, fl. 318

Xx

INDEX.

Altio, amnis 98.99.
Amatissa fluuius 64
Ambasia 64
Amberiacum 623
Amberta 39
Ambiani 265.316.317.
Ancenisium 111
Ancium-francum 176.270
Andancium op. 410.
Andelaum 347
Andelia 293
Andresiacum 259.328
Anetum 284.
Anger 76
Angerulus 79
Anglarum, castrum 579
Anglinus, fluuiolus 86.
Angularia 156
Anisiacum 169
Annonia, vrbs 410
Ansa 13.391.392.
S. Antemius 13
Antipolis 435.440
Antoninus vicus 215
Antrum, & Antrese monasterium. 114.115.
Aon amnis 142
Apamia 662
Apta, 454
Aquæ, opp. 600.608
Aquę, recessus Episc. Tree. 183
Aquæ Augustæ 513

Aquæ Sextiæ 453.454.455.
Aquenses Vicani 513
Aquila 284
Aquitania 131
Arar fl. 363.364.& seq.
Arausia. 427
Arbrela, opp. 392
Arceia 153.154.
Arcus, fl. 454
Ardilio 270
Ardra 112
Arduco, fl. 161
Arduenna silua 345
Arduus, fl. 299
Arearum insulæ 435. 480. 481.
Arefluctus 228.290
Arelate 482.483. & seq.
Argenta 294
Argenteus fl. 18. 427. 451. 477.620.
Argentolium 256
Argentonium 84
Argentonium castellum. 96
Arlantium 38
Armeniaci 532
Armentio, fl. 167.168.
Armorica regio. 134.135.& seq.
Arocsia 262
Arotius amnis 28
Arsia amnis 157

INDEX.

Aruernum	37.83	Aura amnis	297
Aruertum	668	Aurancia, fluuiolus	87
Arula	105	Aurelia	54. 55. 60. 61.
Aruoyum	374	Aureolus	419
Aseium	392	Aureus amnis	18.620
Aseium Ducis	148	Aurigera, fl.	529.599.600.
Asergius, fl.	591	Ausci	512.532
Aspernacum	206.207	Ausellæ	14
Aspeus amnis	517	Ausona	159
Assius vicus	210. 211	S. Auftregesilus	15
Astaracensis Comitatus. 536		Autisiodorum	169
		Axona	266.267
Astensis arx.	605	Ayrensis ciuitas.	606
Atax, fl.	494.495.504.		
Athenopolis	435	B	
Atisio	163		
Attiniacum	266	Baigneriæ aquæ.	605.
Aturus	513	Bajocassium vrbs.	297.
Atyrus fl.	513.603.	Baiona	514.610.611
Atyrensis ciuitas	606	S. Baldomeri oppidum	22
Aualo, fluuiolus	168	Balgenciacum	62
Auaricum	68	Balisma	202
Aubeta	290	Balisa fl.	512.544
Aucum	308	Ballezacus	636
S. Audoeni oppidulum. 254.		Balma, specus S. Mariæ Magdalenæ 442.443.& seq. 451. 452	
Auenio	425.426.419.		
Auerio, fl.	596	Barbiniacum	15
Augustodunum	28.	Barrina, riuus	405
Auicium	3.4.6.	Barsa amnis	160
Aulerci	303	Barsonus vicus	164
Aunac	621	Barus ducis	205
Auosna	173	Barus super Sequanam	149

X x ij

INDEX.

Basilia 86
sancta Basilia 545
Bassa 7.14
Bassinia regio 203
Basso, oppidulum 167
Bassotius vicus 176
Bastia 15
Bassum, castrum 579
Baufremontium 207
Baugeium 99
Bayec 621
S. Beatus, vrbs 528
Beccus quid significat 32.33
Beccus duarum aquarũ 85
Beccus ambarum aquarum 590
Bedacius, amnis 38
Bedoria 97
Belacus 86
Belfaya 147
Bellauilla 25.185.390
Bella villa super sabulo 227
Bellijocensis præfectura 22
Bellouaci 320.322
Bellus-locus 621
Bellilocus in Cenomannis 105
Bellus mons 327
Belna 385
Belsia 51.52
S. Benedictus super Ligerim 48.49
S. Benedictus de Quin-ceyo 92
Benearnum 512.514.515
Benearnensis Prouincia 606.607
Bercenaium 164
Bergeracum 585
S. Bertrandus, vrbs 528
Bertuliense stagnum 285
Besbria 42
Besna fl. 376.377
Betina vallis 214
Beuero amnis 80
Beussa 97
Bia, riuulus 189
Bibara 212.213
Bieria silua 191
Bigerri, seu Bigerrones 513. 604
Biona 269.270
Biscaini 512
Biterris 498
Bituricæ 68.69.75.76
Blaisium 174
Blasia 208
Blauia 555
Blauita, fluuius 138
Bleriæ 73
Blesæ 63
Blesia 283
Blesocium 208
Boema, amniculus 643
Boencus 14
Boslerium castrum 319

INDEX.

Boilacum oppidum	574	Brigidus saccus	100
Boij piscei	566	S. Brioci oppidum	144
Boiorum vrbs	40	Briquebec	299
Bolonia	329	Britannia	134. 135. & seq.
Boloniensis sylua	256	Briua	6
Bonauallis	105	Briuate vetus	34
S. Boniti castrum	14	Broa & Broagium 658. 659.	
Bonium	164	& seq.	
Bonuira	622	Brolium	285
Borbo ancius	30	Brolium Vigerij	620
Borbonenses	40	Brugicorium	661
Borna	6. 7	Bucca Aisiæ	266
Bortum oppidum	584	Bucca Armentionis	176
Boteressia	14	Bucca Meduanæ	110
Botio villa	22	Bucea	175
Boueriarum stagnum	214	Bulsardio, riuulus	303
Braconia silua	636	Burda fl.	555
Brancacuria	208.	Burdigala	553. 514
Brancia amnis	87	Burgites lacus	351 & 572
Branlia, fluuius	67	Burgolium	82
Branna & Brannouices	413	Burgus in Bressia	362
Brannacum	275	Burgus Matronus	95
Bratuspantium	324	Burgus Pontij Leontij	590
Braya	110	Burgus pontis S. Iusti	94
Brena, amnis	174	Bursoria	385
Bressia	362	Bussea	91
Bressuira	96	Buta	9.
Brestius portus	143		
Bretulium	323. 325	C	
Bria	210		
Brianda	97	Cabanesium	89
Briaria	46. 191	Cabilinum	385
Brigantinm	438	Cadenatum	575

INDEX.

Cadillacum 552
Cadomum 294
Cadurcum 576. 577
Cæsarodunum 64. 65
Cailliacus 286
Cala 350
Calarona 402
Caldebecus 290
Calderolium 549
Calensis villa 229
Calesium 330. 331
Caleti 290
Calmantium 545
Calniacus 262
Calonesus 139
Calotii 386
Calumna vicus 99. 111.
Caluus mons 203
Cambris insula 490
Camborinum, insula 80
Camilliacum 99
Campania Catalaunensis. 154
Campaniacus de mutone 620
Canceia, fl. 319. 320.
Cancelli oppidulum, 147
Candatensis vicus 81
Caniza, fl. 410
Cantia, amnis 410
Capella alba 84
Caprosia 214
Caput Vultomnę 652

Carantonium 201. 210
Carantonus 618
Carantum, oppidum. 299
Caraunia 478
Carcassona 496
Carennacum 584
S. Carilephus 107
Carisiacus 262
Carnutes, 282. 283
Carolilocus 24
Caroli-vallis 293
Carpentorax. 428. 429
Carthusia 414. 415
Carus, fluuius 67
Cassinogilum 90. 580.
Castellare 91. 622
Castellio super Lupam 46. 187. 188.
Castellio super Maternam 206
Castellio super Sequanam 148. 149.
Castellionum 96
Castillionea arx 559
Castellum Maurum 581
Castellum super Tyla 378
Castra 76
Castrensis pagus 200
Castricium 177
Castrum, 533
Castrum Airardi 89
Castrum-Arrij 531. 591.
Castrum Celsi 111

INDEX.

Castrum dunum	105	Chartreuilla	259
Castrum Lidi	107	Chenoncellę	73
Castrum Portiani	268	Cheronnacium	618
Castrum Reginaldi	623	Chiciacum	96
Castrum-rotundum	22	Chisso, amnis	39
Castrum Sarracenum	535	Ciro, fl.	512. 552.
Castrum Theodorici	209	Cisa amnis	64
Castrum-villanum	153	Cistercium	383
Catalanum adMatronam, 150. 205.		Ciuraium	618
		Clameciacum	46. 168
Catalaunici campi 154. 155. 272		Clarauallis	151. 152.
		Clariacus	59
Catena	680	S. Clarus	277
Catillio, castrum	293	Clarus-mons	37. 83.
Caudunia	478	S. Claudij Cœnobium	362
Caunacum	557	Clemenciacum	177
Cauuiniacum	89	Clergeacium	3
Cazenę	607	Cleyracum	581
Cazeræ	529	Clianus, amnis	90
Cellafruini	621	S. Clodoaldus	252
Cellæ	32	Cloëra, riuulus	91
Cellense monasterium	150	Clomartius, riuus	406
Cenomani	102. 104.	Cluniacus	386
Centro, vicus	413	Codiciacus	324. 325.
Centula	318	Codrotium	545
Centulia villa	326	Coësnus	145
Ceuennę	33	Coëthnus	303
Chalançona	14	Coisus fluuiolus	22
Chalilo, riuulus	477	Colentia	6
Chalucetum	88	Colinium	211
Chambonium	40	Columniacum	211
Chanaualetus	11	Combralii	41
Charitas, oppidum	43	Compendium	269

X x iiii

INDEX.

Conada	45	Credonium	99
Concorcellum	73	Credilium	327
Condacum	26	Crepantium	169
Condensis portus	211	Creuantum	185
Condetum	286	Creusa fluuiolus	157
Condomium	544	Creusia	85
Condresius vicus	34	Crispiacus	184
Condria	96	Crista	529
Conflictus	203	Crociciacus	26. 112.
Confluentes,	89	Crotosium	318
Confluentum	210.259	S. Crux Floræ	43
Confluentum sanctæ Honorinæ	264	Cuisaium	91
		Cularo	417.418
Coniacum	647. & seq.	Cura amnis	168
Conquestus	143	Curianum promontorium 566
Constantia castra	292	
Consuerani	525.533.	Cursus Sullę	296
Conuenæ	525.526	Curtaco	206
Corbia	317	Curtapetra	39
Corbilio	63	Curuauilla	281
Corbolium	195	Cussetium	39
Corduana turris	560	Cusso amnis	80
Cormeriacus	79	**D**	
Cormorna	144	Daletinus vicus	37
Cornutus vicus	137	Danielis fons.	101
Cosalium Gabalorum	599	Dea	16
Cosnacum	675	Deciza	30
Costio Vasatum	549	Deruus sylua	160
Cotrasium	587	S. Desiderius	14
Couturensis vicus	83	Desurena	335
Craudi campi	436	Dia,	412. 420
Crausia	80	Dieppa	308
Creciacum	111	Digoini portus	28

INDEX.

Dinanum 144
S. Dionysius monast. &
  oppidum 254
Diua, Pictonum riuus 94. 97
Diuio 147
Diuionense castrum 381. 382. 383
Doibius, fl. 407
Dola 385
Dola, Sequanorum vrbs. 376
Dolensis vicus 76
Doma, amnis 410
Dora, amnis 38
Dordanum 200
Dordana 545
Dordonia 555.583
Dormani 209
Doua amnis 298
Draco, fl. 417
Draconiana vrbs 478
Drocæ 283
Droma 297
Druentia 427. 438. 441
Druma, fl. 419
Druna, fluuiolus 587
Dubius amnis 185
Dubio 386
Dulcis, fl. 409
Dulendium 318
Duma oppidum 584
Dunziacum 23
Duogilum 255
Duranius, fl. 581.582
Duratium 547.552
Durostallum 110
Durtanus 195
Duza, amnis 608

E

Esorolacense prædium 41.
Ebrolium ibidem.
Eburonices 285
Eguillionum 581
Elauer 32
Elaueris beccus ibi.
Ella, amnis 587
Elœnia 142
Elsa, oppidulum 88
Elusa 532
Engeriacum 652
Enguiena, fl. 642
Epta, amnis 276
Erdera 106
Eschendo, riuulus 79
S. Eugendus Iurensis 362
S. Eulalia 5
Exoldunum 70
Exona 197.198

F

Fara Picardiæ 262
Fara Tardonensiũ 262

INDEX.

Fasiana villa 402
Feritas Bernardi 108
Ferrariæ 181
Ferrariense monasterium 188.
Ferrassonium 579
Feruaquium 315
Filetinum 83
Filiceriæ 284
Fimæ 274
Fiscannense Monasterium 305
Fixa seu Fleschia 110
Flauia Heduorum 28
Flauinia vrbs 173
Flauinium 147
S. Florentij castrum 168
Floriacus 48
Fongraua 581
Fons-Blaudi 190.191
Fons fortis 22
Fontenayum 981.682
S. Fortunatus 25
Forenses 4.8
Forum 4.12.22
Forum-Iulium 457
Fossa Boloniensis 335
Fossa Lupi 620
Fossa Solstitij 298
Fossana, arx 536
Fossiacus 151
Frigidus mons 323.324
Fronsiaca arx 587

Frozelinæ 84
Fulcaquerium 478
Fulcinatium iuga 361
Fulgeriæ 145
Fumellum 579
Furania 9
Furiana 406
Furninus amnis 23.24
Fuxum 600.601

G

Gabali & Gabalia 33
Gala fl. 555
Galliæ laus & diuisio 124. 125. & seq.
Galliacum 594
Gallio, secessus Archiep. Roth. 279
Garectum 83
Garrotium 680
Garumna 499. & seq. 541
Gauaretum 514
Gauasus, fl. 514
S. Gaudentij vrbs 529
S. Gauela 602
Gaurensis præfectura 535
Gauus fl. 613.614.617
Gauus Oloronensis 516
Gaya, fl. 414
Genabum 47.54.55
Genebra, mons 438
S. Genesius 414

INDEX.

Geneua	357
Genolium	619
Gentiliacus	215
S. Genulphi monasteriũ	78
Gerbarium iugum	3
Gergouiæ mons	37
Geria, fl.	405
S. Germani oppidum	17
S. Germanus in Lalia	259
Gertanus fl.	550
Gerunda viculus	549
Gessoriacum	334
Giemum	49. 47
Girunda	670
Gisortium	277. 278
Giuortium, oppidum	402
Glanafolium	99
Glenium	84
Godecium	6
Godonia villa	533
Goerea	89
Gornacum super Maternã	179
Gornaium	277
Granata	511. 535. 607
Grandis mons	605. 614
Grassa, Monaster.	496
Gratiæ portus	228. 308
Gratianopolis	417. 418
S. Gratulfus, sic lege non S. Gratianus.	623
Grayum	734
Gresigninum	174
Grigniacum	402
Grimalderia	95
Grona, fl.	386
Guaisna	97
S. Gualericus	265
S. Gualerici Monasterium	309
Guangarinus vicus	32
Gunterij castrum	101

H

Hadra	283
Hambantum	138
Hanneboutum	141
Haum, riuus	520
Haya in Turonibus	84
Heluij	422. 423. & seq.
Herus insula	683
Hesdinum	320
Herissa	194
Hictius amnis	531. 532
Hiesso	261
Horda	518
Hortesiorũ academia	607
Hudencum	283
Huinnis	108. 109
Hubensis Vicecomitatus	520
Hunfluctus	290

I

Iacopolis	678
Ianceya	91

INDEX.

Ianurilliacum	6,6	Iuliodunum	93
Iargolium	50	S. Iunianus	89
Iarniacum	644. 646.	Iunifontis Monasteriũ,	159
Iazenelium	91	Iunna, amnis	197
Ibra	284	Iurensis parrochia	17
Icauna	166	S. Iustus Cabalinus,	16
Idanus, fl.	361.362.& seq.	Ito, amnis.	286
Iersa,	668	Iuueniacum	179
Igniacus vicus	215		
Imperatus pons	13	**K**	
Incolisina	636. 637.		
Ingrandia	111	Kimper	142
Insula, vrbs	512. 595.	Kimperlé	141
Insula-Adami	327		
Insula Barbara	393	**L**	
Insula Burchardi	89		
Insula Iordanis	89	Laburlia, regio	522
S. Ioannes Licharenus	521	Lactora,	536
S. Ioannes Lugiensis	612	Lagnia	157
Iolara amnis	39	Laio fluuiolus	98.99
Ionuellia	374	Lalia silua	259
Iossedum	195	Lamboya	179
Iosselinum	138	Landa Menaia	144
Iotrum	211	Landæ	568
Iouium	214	Landona S. Ioannis,	379
Isablium	18	Langiacum	34
Isara	261.413.417.	Lapurdia	512.515
Islerae	105	Larodius,	513
Issiodorum	34	Larrosus fl.	606
Itius portus	331	Lasicuria	208
Iua, fl.	308	Latiniacum	210
S. Iudoci Cella	320	Lauallis	101
Iulia bona	290	S. Laudus	304

INDEX.

Magna silua 536
Magni curtium 320
Maius-monasterium 66
Malburgetum 513
Malconeuse oppidum 96
Malepertusum 91
Malleacus 681
Malliacus vicus 160
Manergium 38
Manlia 621
Mansiones 298
Marantium 682
S. Marcellinus 419
S. Marcellus 17
Marcigniacum 24. 28
Marciliacum 162. 623
Marennæ 668
S. Margaretæ insula 458. 462
Marmanda 545
Marneium 204
Marnotta 204
Marticarum insulæ 490
S. Martinus à campanili, 619
Marto, opp. 636
Mascriæ 337
Massilia 465. 466. & seq.
Materna 201. 202. & seq.
S. Mathei promontorium 143
Matholium 159
Matisco, 389

Maubussonij foramen 559
Maurienna 413
Maurilionis municipium, 86
Mauritania 557. 674
S. Maxentij Monasterium 681
S. Maximinus 450
Mazeriæ 569
S. Medardi oppidum 198
Mediomatricum vrbs 348
Meduana 100. 101
Meduana Iuhela 101
Medulli 558. 562. 563
Medunta 276
Meldorum vrbs 209. 210.
Meledunum 184. 193
Mellentum 276
Mellianum op. 413
S. Menechildis 266
Monigutta 91
Merignia vallis 600
Mesincus 3. 6.
Meudonis castellum 252
S. Michaelis monasterium 682
Miciacense monasterium, 58
Midonus fl. 608
Milialdum, 593
Milliacum 320
Millius mons 322
Mimatę 573

INDEX.

Mina	9	Mons Ioannis	111. 619
Mineta	145	Mons Iouis	362
Miossa	91	Mons-Laudiaci	65
Mirapincum	569	Mons Martyrum	154
Miræ, Cister. Cœnobium 157		Mons S. michaelis 299. 300. 301	
Moissiacum oppidum 535. 597.		Mons-Seguri	547
		Mons Tricharii	73
Molinæ	39. 40. 41	Monstrolium Belaii	94. 97
Molisma	157	Montilium Ademari	422. 424
Monasterium, parrochia 943		Montiniacum	634
Monasterium Deruëse	158	Montoirium	107
Monasteriolum	8	Moretum	190
Monasteriolum ad Icau-nam	165. 177	Morinus, amnis	211
		Morini	291. 328
Moncellæ	211	Morunius pons	17
Moncontorium	95	Morrundia	177
Monlucionum	68	Mosa, fl.	337
Mons marsanus	608	Mosella	338. 339. 346
Mons-Albanus	33. 34. 593. 595	Mosomus	265
		Mota Borbonia	96
Mons Argisi	188	Motellæ	283
Mons-Bardorum	175	Mugronum oppidum	606
Mons Barri	168	Munstrolium super mare 319	
Mons Berulphi	622		
Mons-Basonis	79	Muretum	529
Mons brisonis	12	Murgo	390
Mons-brunus	636	Musuuin	109. 100
Mons Chalni	298		
Mons Desiderij	323	**N**	
Mons Gaudii	601	Nancium	348
Mons Hermetis	323	Nannetes	112

INDEX.

Nantolium in valle 620.
Narbona 496
Nasio castrum 347
Naum, fluuiolus 72
S. Nazarius 112
Nebosani Vicecomitatus. 529
Nedus fl. 650
Nemosium 190
Nemptodorus 257
Neratium 512.544
Ner & Nerum 683
Neruij 316
Neslensis Abbatia 179
Nésus, fl. 517
Nigra-vnda 23
Nigrum stabulum 14
Niionium 256
Niuus fl. 522.612.616
Niortium 681
Niueris & Niuerinæ 31
Nobiliacus 91
Noera, fl. 643
Nogarolium 532
Nogenium siue Nogentum in diœc. Trec. 163
Nonanticuria 283
Nonneta 326
Norum, riuulus 274
Nouigentum 151
Nouigentum, seu S. Clodoaldus 252
Nouigentum Regium 283
Nouigentum ad Sequariam 165
Nouiodunum, oppidum Suess. 265
Nouiodunum Heduorum 31.
Nouus vicus 45
Nucetum, Burg. opp. 168
Nulliacus portus 256

O

Oblincum 84
Obris fl. 534
Ocellum, promont. 438
Ocrium promontoriū 299
Oderus 142
Oessanti insula 143
Oldus, siue Oltus, fl. 573
Olena, amnis 294
Olizo 6.7
Ollonia 683
Olorionum 518.669
Oratorium 83.86
Orgelli 528
Orgius, amnis 498
Orgueillium 293
Orna, fl. 347
Otthæ 512
Oruallum 96
Oruiacum 94
Osauus, fl. 517
Oscara, fl. 379
Oserain

INDEX.

Oferain	316	Pictauium vetus	92
Ouus, riuus	45	Pila, mons	407
		Pilmium	112

P

Paciacum	284	Pineum	15
Pallicia	42	Pinei pons	18
Paludellus, villa	196	Pitiueris	60
Palum, vrbs Bearnenſ.	515.	Pixedunum	259
607		Placentia	605
S. Papulus	595	Planceium	156
Paraclitum, Monaſterium		Podennacum	552
161		Podium regale	622
Pariſiorum inſula 217. 218.		Podium Xolduni	524
& ſeq.		Poiſſiacum 252. 258. 259. 260	
Partiniacum	94	Poliſa caſtrum	157
Paſaugiæ	175	Polleniacum	175
Pauliacus	558	Pomerium, Prioratus	18
S. Pelagius, vrbs	521	Poncharum vicus	330
Penna, vrbs Regia	580	Pons Arcuatus	280
Pequenſes inſulæ 490. 493.		Pons Arliciorum	374
Pequigninum	317	Pons Beluicinus.	414
S. Perdulcis	386	Pons Collinarum. 318. 319.	
Perona	316	Pons Corbinus	138
Peruſa, fl.	619	Pons Dominarum	211
Pertica regio	281	Pons Fucharius	94
Petra Buffaria	87. 88.	Pons Gibaldi	41
S. Petri Monaſterium	77	Pons ſuper Icaunam	184
Petrocorij	585	Pons S. Maxentij	327
Pianeta, fl.	388	Pons-Murus	41
Picardi		Pons S. Petri	294
Picardia	309	Pons S. Spiritus	414
Pictauis 92. 93. 133. 134.		Pontes, vrbs	650
		Pontes Ceī 26. 99. 111.	

Y y

INDEX.

Pontesia 260.261.
Pontigo 183
Pontiniacum 166.167
Pontiuensis regio 318
Pontiuium 338.329
S. Pontius Tomerarium 333
S. Portiani oppidum 42
Portus Picensis 258
Portus Pilæ 84
Pratum Fori 10
Prisciniacus, vicus 402
Prumia 42
Pruuinum 194.210

Q

Qvestocqua 335
S. Quintini municipium 315

R

S. Ragnebertus 8
Rambuicus fons 31
Ramerudense castrum 153
Ramnulphi villa 634
Ranconia 622
Rea, seu Reacus 676
Redeueris 296
S. Regina 171
S. Reginaldi oppidulum, 67

Regiteste 268
Regniensis abbatia 176
Regula 511.545.546.
Remi 271.275.
Remorantinum 72
Renaiso, fl. 25
Reotortium 5
Resbacense Monasterium 211.
Resconsus amnis 28
Rhedones 137
Rhenus, fl. 342.343
Rhodanus, fl. 349.350. & seq. 421.
Riceium 157
Ricomagus 42
Rilla, fl. 99.308
Rinctius 144
Riuena 529
Riuntium 552
Rixeus vicus 156
Robetio 290
Rocæfortium 26
Rocha-bruna 478
Rodulphi castellum 76
Rodumna 4.21.
Rohanium 138
Roianum 557.670.671
Romanus, vrbs. 418
Romenaium 388
S. Romerici mons 342
Ronio 207
Rothomagus 287

INDEX.

Rotunda 142
Ruellium 257
Ruffetium 620
Rupella 676
Rupes fortis 41
Rupes Fucaudi 622
Rupes Guidonis 277
Rupesscissa 11. 393
Rupistagnum 594. 595
Russa fl. 429

S

Sabolium 102
Sacer portus 194
Sacrum-Cæsaris 44
Salatus amnis 525. 533
Saldria maior & minor 72
Salia fl. 340
Salinæ 419
Salinæ prouinciales 458
Saliza, amnis 405
Sallon, castrum 389
Salmurum 93
Saltus 178. 705
Saluaterra 518
Saluertium 68
Saltus Brigiensis 178
Sambra 327
Samelius, monasterium 335
Sana, fl. 535
Sanceium 150
Sangiacus 181

Sania amnis 166
Sansac 621
Sansayum 91
Santeriensis Regio 316. 324
Santonum vrbs 647. 651
Saron, vicus 164
Sarta 102. 103. & seq.
S. Satyrus 45
Sauardunum 602
Sauiniacum 200
Scutum, amnis 18
Sebris, fluuius 98. 99
Secalaunia 50
Segusiani 4. 9
Sena insula 143
Senones 182
Senuna, fl. 299
Separis 589
Sequana 147
Sequanæ inundationes 216. 217
S. Sequanus 147
Sera, riuus 168
Sesuuij 294
S. Seueri oppidum 513. 607
Sillerij castrum 271
Siluanectum 316
Siluæ Prouinciales 457
Siluiacus 190
Sinemurus 170
Singona 650
Siuolis fluuiolus 41
Solacum 559

INDEX.

Solemniacum 88
Soliacense castrum 48
Soligninum 164
Solliacum 584
Somona 265.313
Sonus & Sonulus 621
Sorda 516.613
Sorellium 81
Sorga, seu Sorgia, fl. 430.
 & seq.
Sorliua 37
Sorma 163
Soruinus amnis 25
Spina, vicus 270
Spinogilus villa 256
Stampæ 51.198
Stapulæ 320
Strata 285
Subreno, Baronia 175
Sudrio, amnis 670
Suena, riuus 391
Susia 203
Sulla amnis 296.512
Sulliense monasterium 98
Summa fl. 314
Summa-Vela 269
Summa-vera 153
Surinæ 253
Surregium 384
Susio, fluuius 148
Susio, riuulus 379.380

T

Tailleburgus 652
Talemudum 557.673
Tanneium 391
Taratrum, mons 392
Taratrum oppidum 28
Tarbea 513.605
Tarbelli 605
Tardopera 622
Tarnis fl. 592. 593.
Tartasus 608
Taruanensis Episcopatus 329
Tauredunum 409.411
Taurium, fluuiolus 87
Tenissa 174
Terna 623
Terrassia 529
Tescunus fl. 593
Thaero, riuulus 385
Thara & Therina 320. 322
S. Theobaldi portus 44. 274
Theolius amnis 70
Thoarcium 94
Thoeda 94
Thoeretus amniculus 96
Tholinum 14
Tholosa 529.530
Thonnus, riuulus 96
Tierachia 262

INDEX.

Tinurtium	4.21	Vallis Guidonis	101
Toluepa, amnis	636.637.&	Vallis lucens	180
seq.		Vandia, fl.	681
Tonensium vrbs	545	Vandopera	161
Tornodorum	167.176	Vangionis riuus	204
Toruillare	180	Vannæ	156
Trancartium	91	S. Varnus	96
Tranquillus vicus	162.165	Varnum	655
Trappe	214	Vartampa, amnis	85
Trecæ,	149.150.	Vasates	512.549.556
Trecorense oppidum	144	Vastinium	71
Trignellium	164	Vaucereus pons	15
Triuoltium	393	Vaurum	533
Tullus	347	Vcetica	35
Turba, fl.	265	V.do, amnis	98.99.295
Turnonus	409	Vegria	285
Turnorchium	386	Vela	268.270
Turones	65.66.	Velauni	5
Tyla fl.	376.377.378	Veneti	138.139
Tyronium	109	Venna, seu Veneta	179.181
		Verberia	262.263.316

V

		Verdunum	337.385
		Verdunum opp.	535
Vabrincum	534	Vermandense oppidum,	
Vadum S. Clementis	298	315	
Vaisio	428	Verneso, fluuiolus	23
Valentia	412.623.	Verno, opp.	279
Valentina	589	Verno in Gastina	94
Valerianus Mons	255	Vernolium	284
Valgia	383	Vertolium	621
Vallia	270	Verturus, seu Virtutum vi-	
Vallis super Auram	297	cus	209
Vallis benedicta	11	Veruinium	262.314.315.

INDEX

Vesesia	12	S. Vitus	87
Vetus-pons	296	Vinatium	422. 423
Vgernum, castrum,	434	Viuona	90
Viala	9	Vlda amnis	137. 138
Vibraya	110	Vliarum	669
Vicenonia,	136	Vlphei castrum	17
Vichiacum	39	Vogesacum	643
Victoriacum Parthorum, 104. 265		Vogesus,	337. 373. 374
		Volcę,	489
Victriacum	139. 185	Volsonna, vicus	391
Victriacum Fracicum	208	Volta	7
Vidacus, vicus	521	Vonna, fluuiolus	90
Vidosus amnis, 521. 522. 614		Vosia	194
Vidula	270	Vrapisij	188. 193
Vienna	403. & seq.	Vrca amnis	210
Vigenna	80. 86.	Vrilia	45
Vigera amnis	158	Vrsa siue Vssa	156
Villa Berninus	173	S. Vrsi pons	32
Villa Franca	390	Vsturicius	522
Villamurus	595	Vso amnis	28
Villanoua	6. 157	Vultumnus fl.	652
Villare	179	Vxellodunum	574. 575
Villerezium	16	Vzaris riuus	404
Villonoxa, fl.	179		
Vindocinum	106	**Y**	
Vinella vicus	160		
Vinzelię	636	Yaucurtium	214
Viria, seu Vironus	298	Yeuura amnis	71
Viriacus pagus	407	Yona fl.	166
Virsio	68	Yonæ pontes	195
Vitellium	175	S. Yoni	200

FINIS

www.ingramcontent.com/pod-product-compliance
Lightning Source LLC
Chambersburg PA
CBHW061951300426
44117CB00010B/1294